4/5

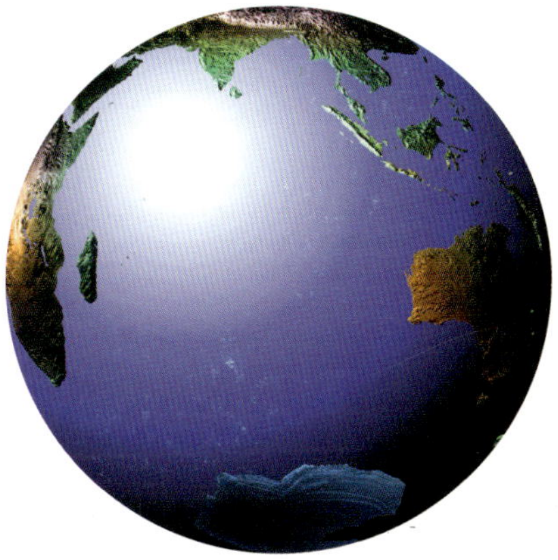

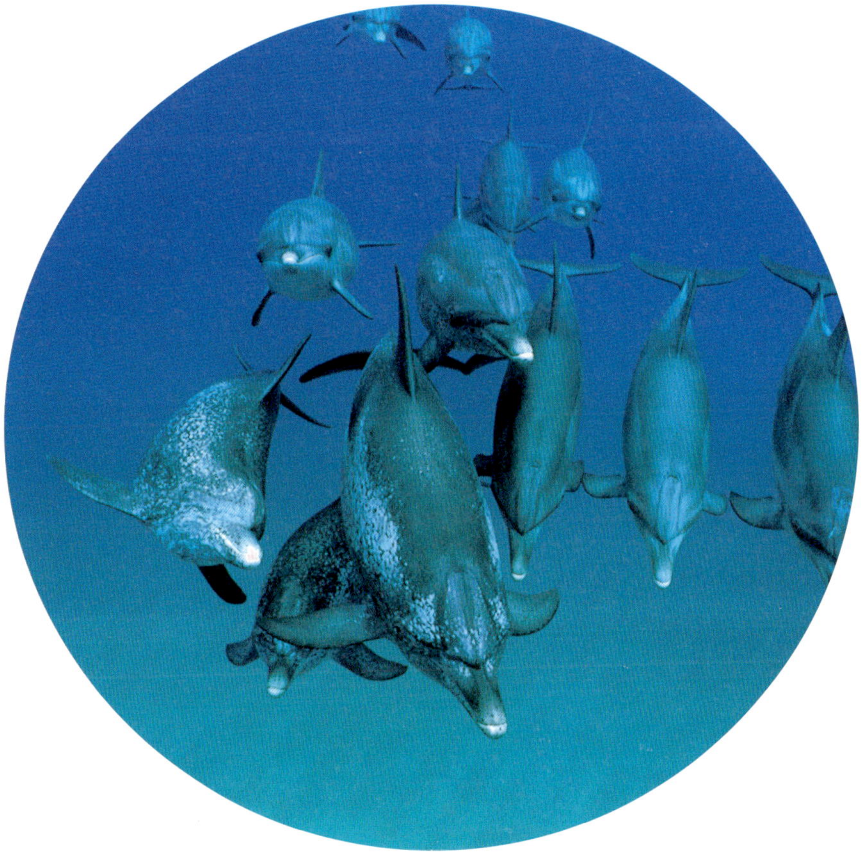

Four Fifths
The Ocean Planet

la planète d'océan
der ozeanplanet

كوكب البحار : اربعة اخماس الأرض

o planeta do oceano
el planeta del océano

introduction

One of the greatest underwater explorers of the present century, the late Cmd. Jaques Yves Cousteau, co-inventor of the Aqualung, also contributed to the development of our own country, the United Arab Emirates. His underwater survey, conducted off the coastline of Abu Dhabi in 1954 with the aid of his recently acquired oceanographic research vessel, Calypso, paved the way for an oil industry in the Gulf, which in turn provided the means for us to raise living standards and provide essential social amenities such as health care and education to all our people.

As a maritime nation, with a long history of pearl-diving, fishing and sailing, we have a particular interest in preserving our coastal marine environments. Among many practical steps that have been taken is the replanting of mangroves which provide important nurseries for shrimp and many fish species, as well as nesting and roosting sites for birds. In addition certain species, such as dugongs have been protected and designated marineparks have been declared. In recognition of his major role in wildlife conservation the UAE's President, H.H. Sheikh Zayed, was presented with the WWF Gold Panda Award in March 1997 by HRH The Duke of Edinburgh and Claude Martin, the first Head of State to be so honoured.

Four-fifths: The Ocean Planet, appropriately published during the International Year of the Oceans, takes its readers on a unique marine voyage from the Arctic to the Antarctic, spiralling the globe, and visiting many marvellous locations enroute. It is an inspiring journey of discovery that cannot fail to instill in us all an even greater determination to do what we can to protect this priceless marine heritage.

Abdullah bin Zayed Al Nahyan

Minister of Information and Culture

United Arab Emirates

introduction

L'un des plus grands explorateurs des fonds marins de notre siècle, feu le commandant Jacques-Yves Cousteau, co-inventeur du scaphandre autonome, a entre autres choses contribué au développement de notre pays, les Emirats arabes unis. Le levé hydrographique qu'il effectua au large des côtes d'Abu Dhabi en 1954 à bord de son nouveau navire océanographique, la Calypso, ouvrit la voie à l'industrie du pétrole dans le Golfe, ce qui, par la suite, nous permit d'élever le niveau de vie de notre peuple et de mettre en place des équipements sociaux essentiels tels que des systèmes de santé et d'enseignement accessibles à tous.

La découverte du pétrole ne fut - ce qui n'ôte rien à son importance - qu'un événement de plus dans la longue histoire maritime des Emirats. En tant que nation maritime au sein de laquelle la pêche des perles, la pêche du poisson et la navigation ont joué un rôle considérable, nous avons tout intérêt à préserver l'environnement de nos fonds marins. Parmi les nombreuses mesures prises figure un programme grâce auquel nous avons replanté des palétuviers, qui servent d'habitat aux crevettes et à de nombreuses espèces de poissons, et sont aussi un lieu de nidification et des perchoirs pour les oiseaux. De plus, certaines espèces telles que les dugons sont désormais protégées et des réserves sous-marines ont été créées. En reconnaissance du rôle considérable qu'il a joué pour la protection de la faune et de la flore, le Président des Emirats, son Altesse le Cheikh Zayed, a reçu le Panda d'or du WWF en 1996, devenant ainsi le premier chef d'Etat à être honoré de la sorte.

Les quatre cinquièmes: La planète Océan, pertinemment publié pendant l'année internationale de l'océan, entraîne les lecteurs dans une traversée unique qui va de l'Arctique à l'Antarctique, les fait parcourir le globe et s'arrêter en chemin en maints lieux merveilleux. C'est un voyage exaltant qui ne manquera pas de renforcer notre détermination de faire tout notre possible pour protéger un héritage marin qui n'a pas de prix.

Abdullah bin Zayed Al Nahyan

Ministre de l'information et de la culture

Emirats arabes unis

introduccion

Uno de los más destacados exploradores del mundo submarino de este siglo, el fallecido comandante Jacques Yves Cousteau, coinventor de la escafandra autónoma, contribuyó además a la prosperidad de nuestro país, los Emiratos Árabes Unidos. El estudio submarino llevado a cabo por Cousteau frente a las costas de Abu Dabi en 1954, con la ayuda del buque de investigación oceánica, Calypso, adquirido recientemente en aquella época, preparó el terreno de la industria petrolera del Golfo Pérsico, que a su vez nos proporcionaría los medios necesarios para elevar el nivel de vida y garantizar esenciales prestaciones sociales, tales como los servicios sanitarios y la enseñanza, para todo nuestro pueblo.

El descubrimiento de los yacimientos de petróleo representó un acontecimiento más en la larga tradición marina de los Emiratos Árabes Unidos. Siendo una nación marítima, donde la pesca tanto de perlas como de pescado, y la navegación han sido protagonistas históricos, tenemos una preocupación especial por preservar el entorno natural de nuestro litoral. Entre las medidas ecológicas puestas en práctica, destaca la repoblación de mangleses, principales lugares de reproducción para el camarón y numerosas especies de peces, así como de anidamiento y refugio para nuestras aves. Asimismo, se han protegido determinadas especies, como el dugón, y ciertas regiones marinas se han declarado parques naturales. Como reconocimiento a su gran labor de conservación de la fauna, el presidente de los Emiratos Árabes Unidos, H.H. Sheikh Zayed, fue premiado con el Panda de Oro del Fondo Mundial para la Naturaleza (WWF) en marzo de1997 por S.A.R. el Duque de Edimburgo y Claude Martin, convirtiéndose en el primer jefe de estado en recibir esta distinción.

Tres cuartas partes: El Planeta marino, publicado con gran acierto en este Año Internacional del Océano, embarca a sus lectores en un viaje sin igual por el mundo marino desde el Ártico al Antártico, en un amplio recorrido por nuestro planeta, visitando numerosos parajes de excepcional belleza. Es éste un evocador viaje de expedición que no dejará de inculcar en todos nosotros la determinación aún más firme de hacer lo posible por proteger nuestro magnífico patrimonio marino.

Abdullah bin Zayed Al Nahyan

Ministro de Información y Cultura

Emiratos Árabes Unidos

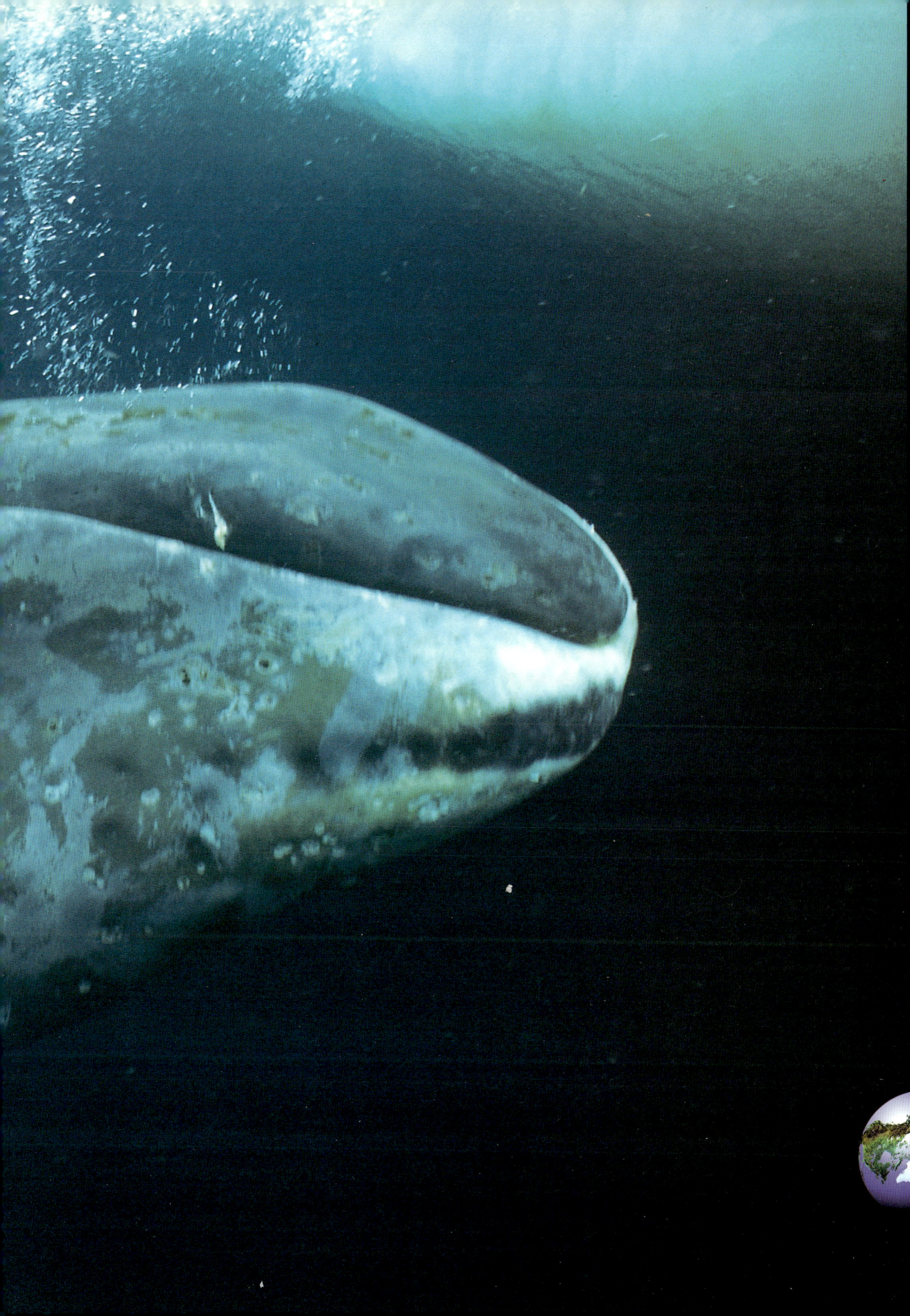

Bowhead whale under ice, *Balaena mysticetus*

Baleine boréale sous la glace, *Balaena mysticetus*

Ballena de Groenlandia bajo el hielo, *Balaena mysticetus*

Baleia-de-bossa sob o gelo, *Balaena mysticetus*

Ein Grönlandwal, *Balaena mysticetus*, unter dem Eis

البوهد – حوت البحار
القطبية الشمالية
حوت البوهد تحت
الجليد
Balaena mysticetus

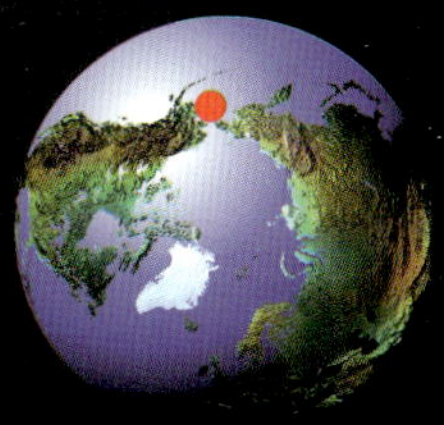

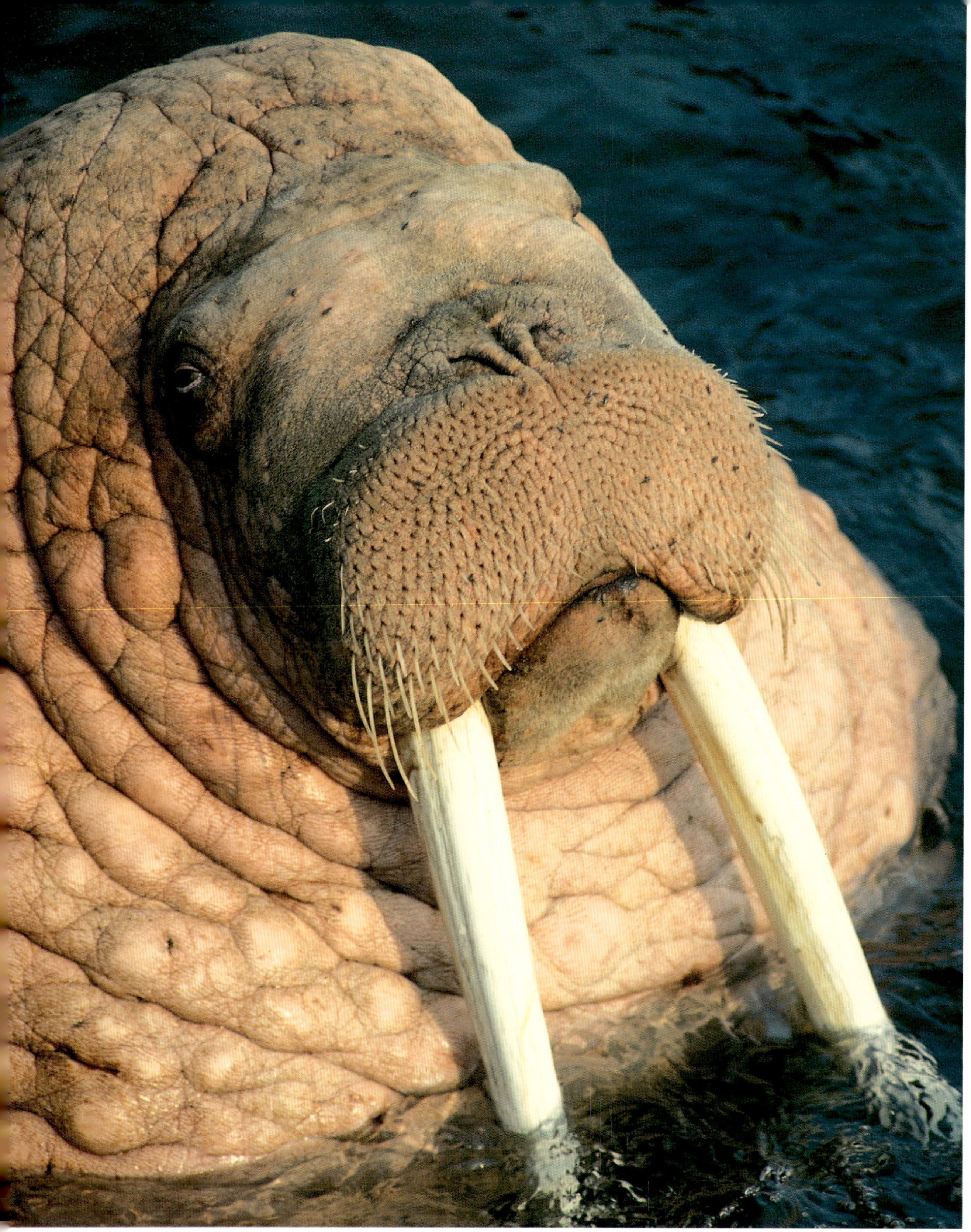

Walrus, *Odobenus rosmarus*

Morse, *Odobenus rosmarus*

Morsa, *Odobenus rosmarus*

Morsa, *Odobenus rosmarus*

Walroß, *Odobenus rosmarus*

الوار لوس
Odobenus rosmarus

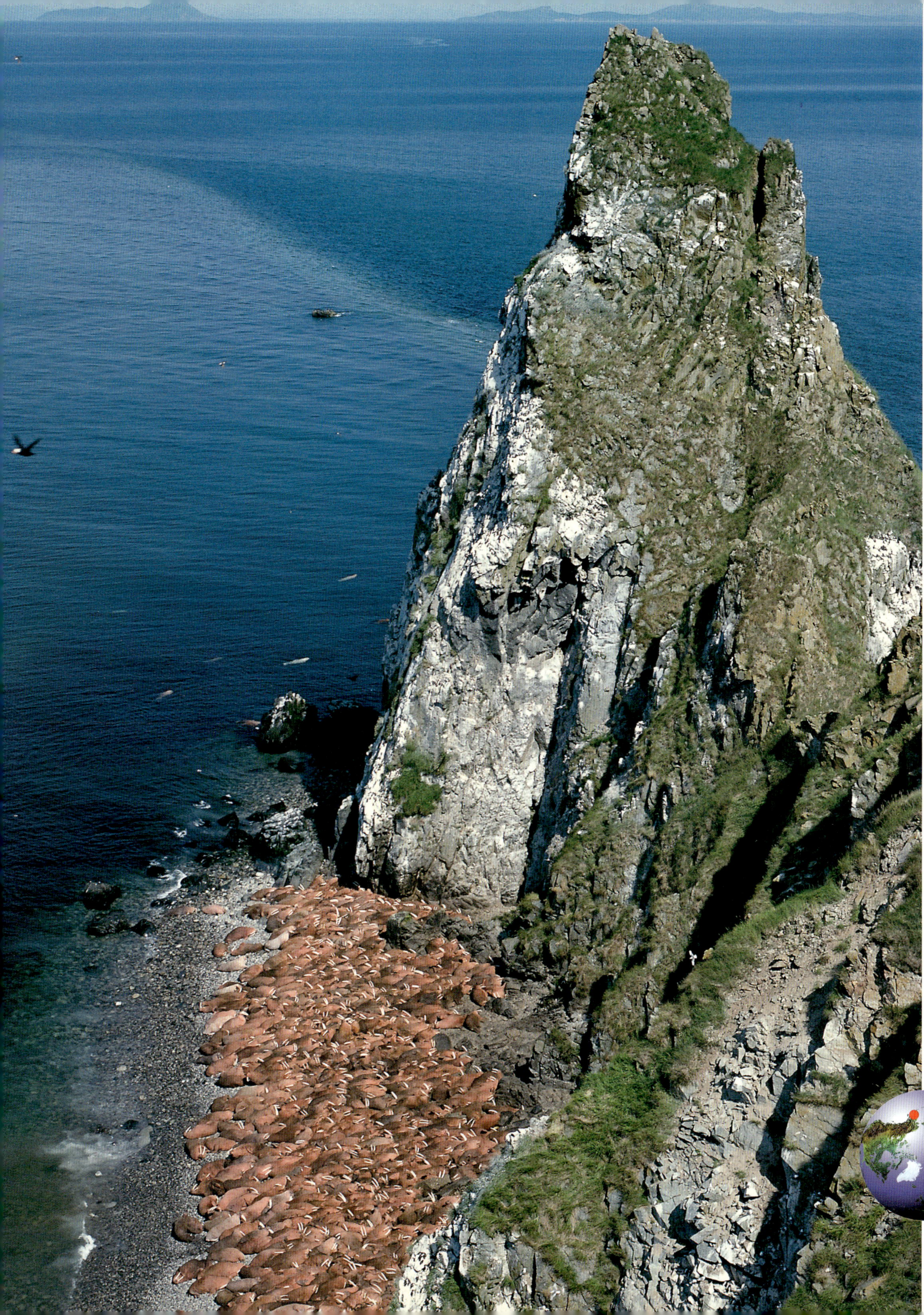

Aerial view of walrus colony, *Odobenus rosmarus*

Photo aérienne d'une colonie de morses, *Odobenus rosmarus*

Vista aérea de colonia de morsas, *Odobenus rosmarus*

Vista aérea de colónia de morsas, *Odobenus rosmarus*

Luftaufnahme einer Walroßkolonie, *Odobenus rosmarus*

منظر جوي لمستعمرة للوارلوس *Odobenus rosmarus*

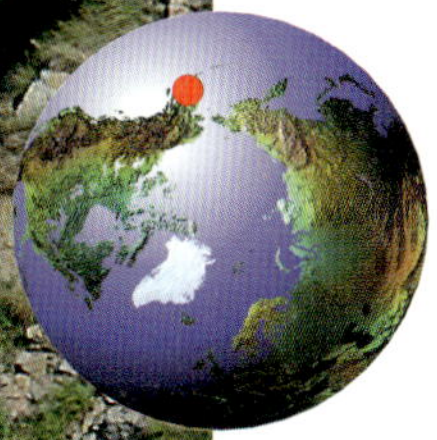

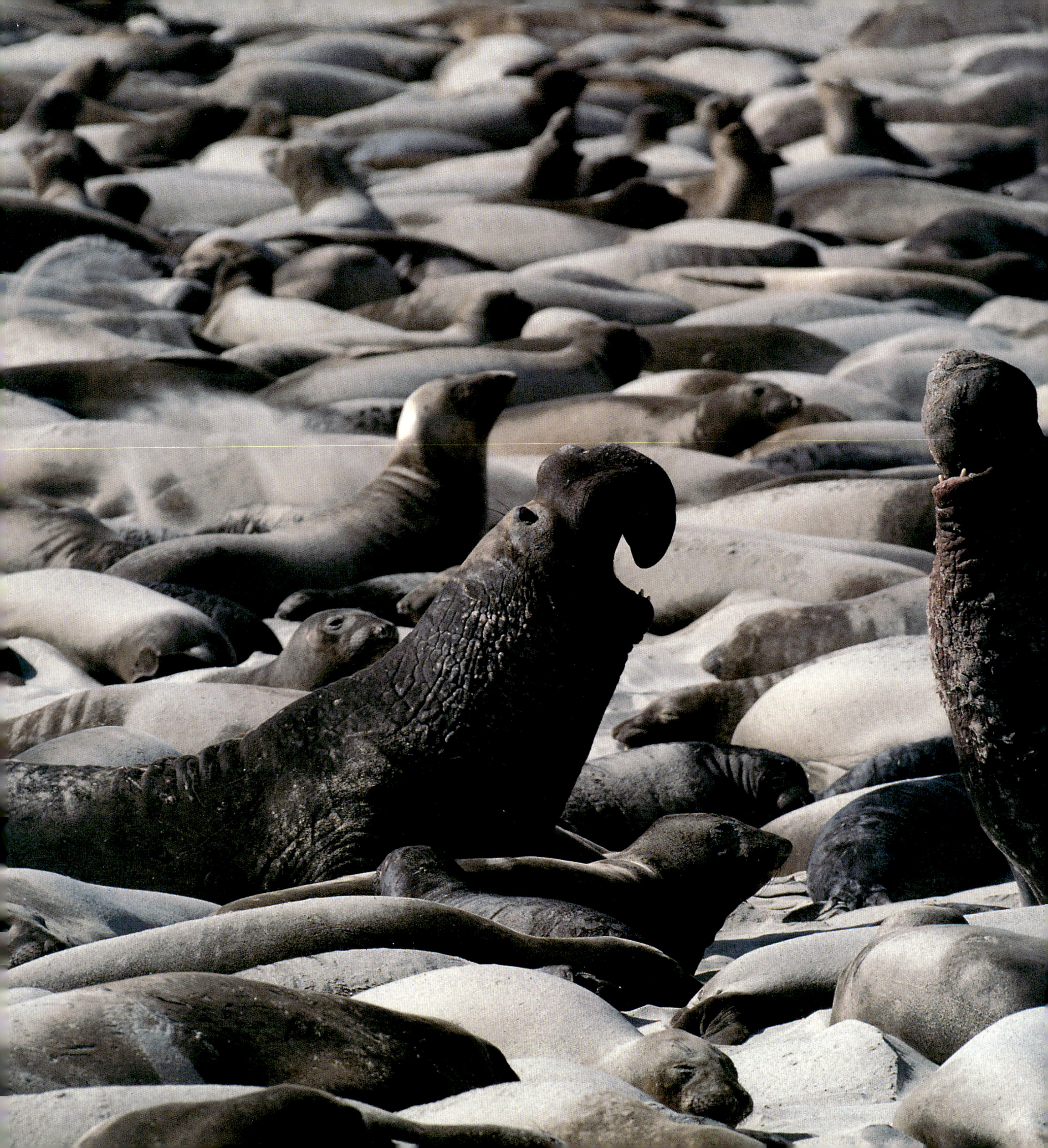

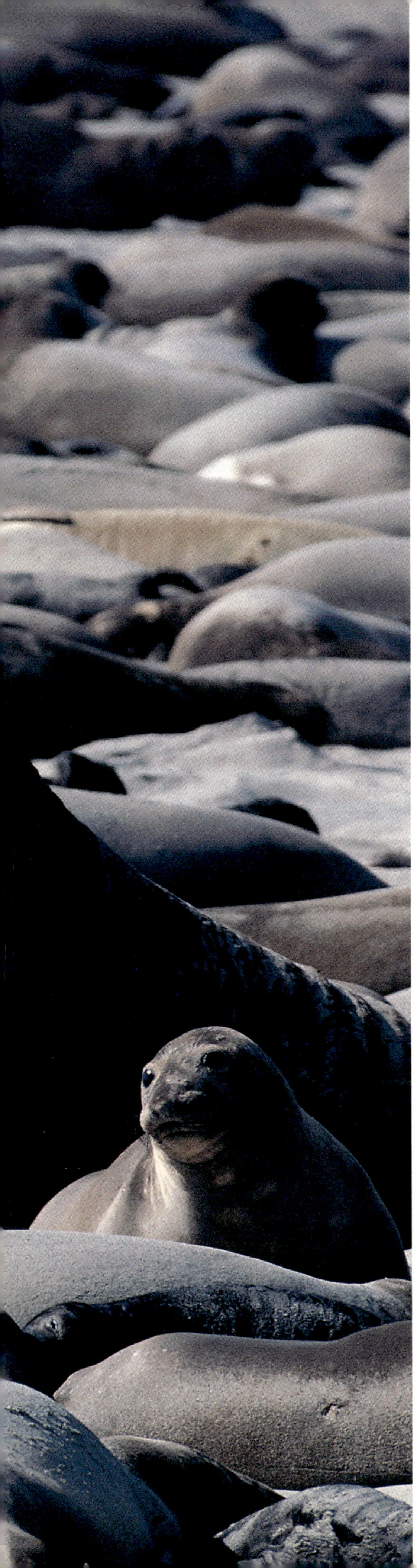

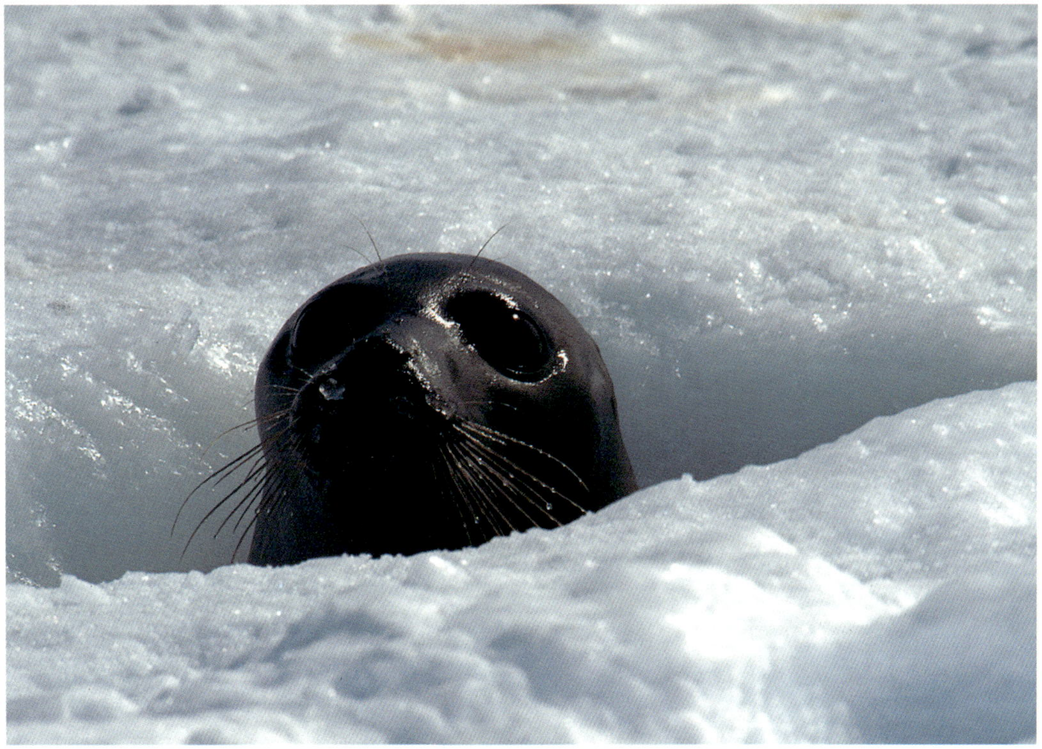

Harp seal, *Phoca groenlandicus,* at breathing hole

Phoque du Groenland, *Phoca groenlandicus,* respirant par un trou

Foca de Groenlandia, *Phoca groenlandicus,* en un agujero

Foca, *Phoca groenlandicus*, num respiradouro

Grönlandrobbe, *Phoca groenlandicus*, an einem Atemloch

فقمة الجرو لانديكوس تتنفس
Phoca groenlandicus

Northern elephant seal colony, *Mirounga angustirostris*

Colonie d'éléphants de mer, *Mirounga angustirostris*

Colonia de focas elefante del Norte, *Mirounga angustirostris*

Colónia de elefantes-marinhos, *Mirounga angustirostris*

Nördliche See-Elefanten-Kolonie, *Mirounga angustirostris*

مستعمرة للفيل الفقمه الشمالي
Mirounga angustirostris

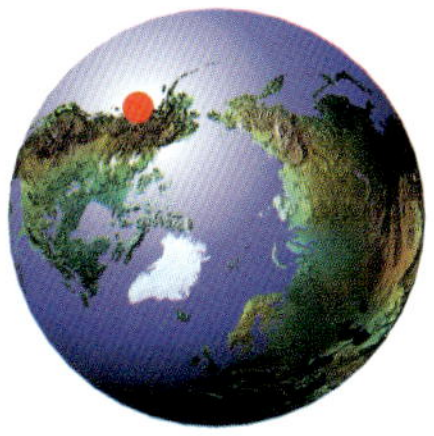

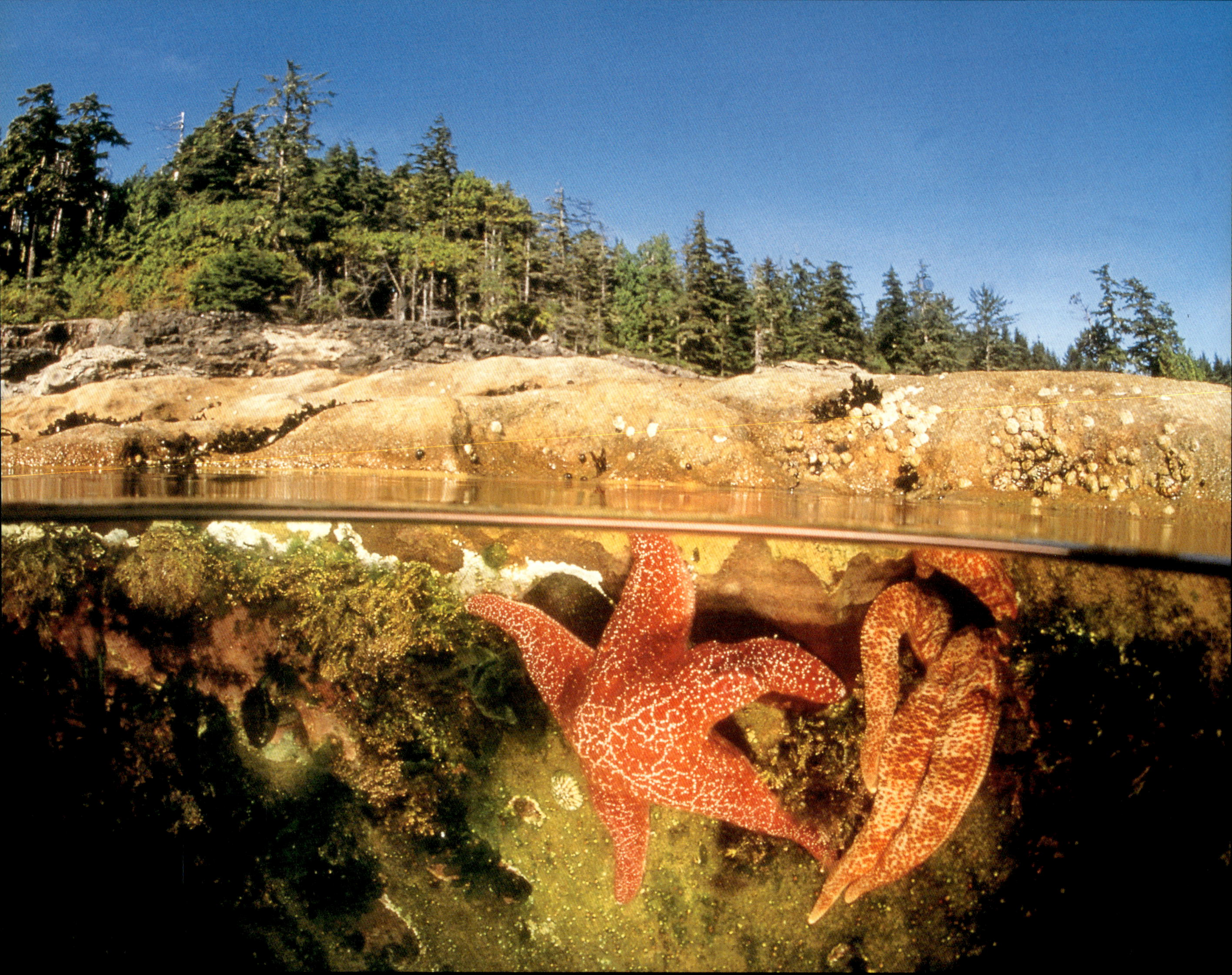

Starfish in tide pool

Etoile de mer dans un trou d'eau à marée basse

Estrella de mar al bajar la marea

Estrela-do-mar em poça deixada pela maré

Seestern in Tidepfütze

نجم البحر في مياه المد

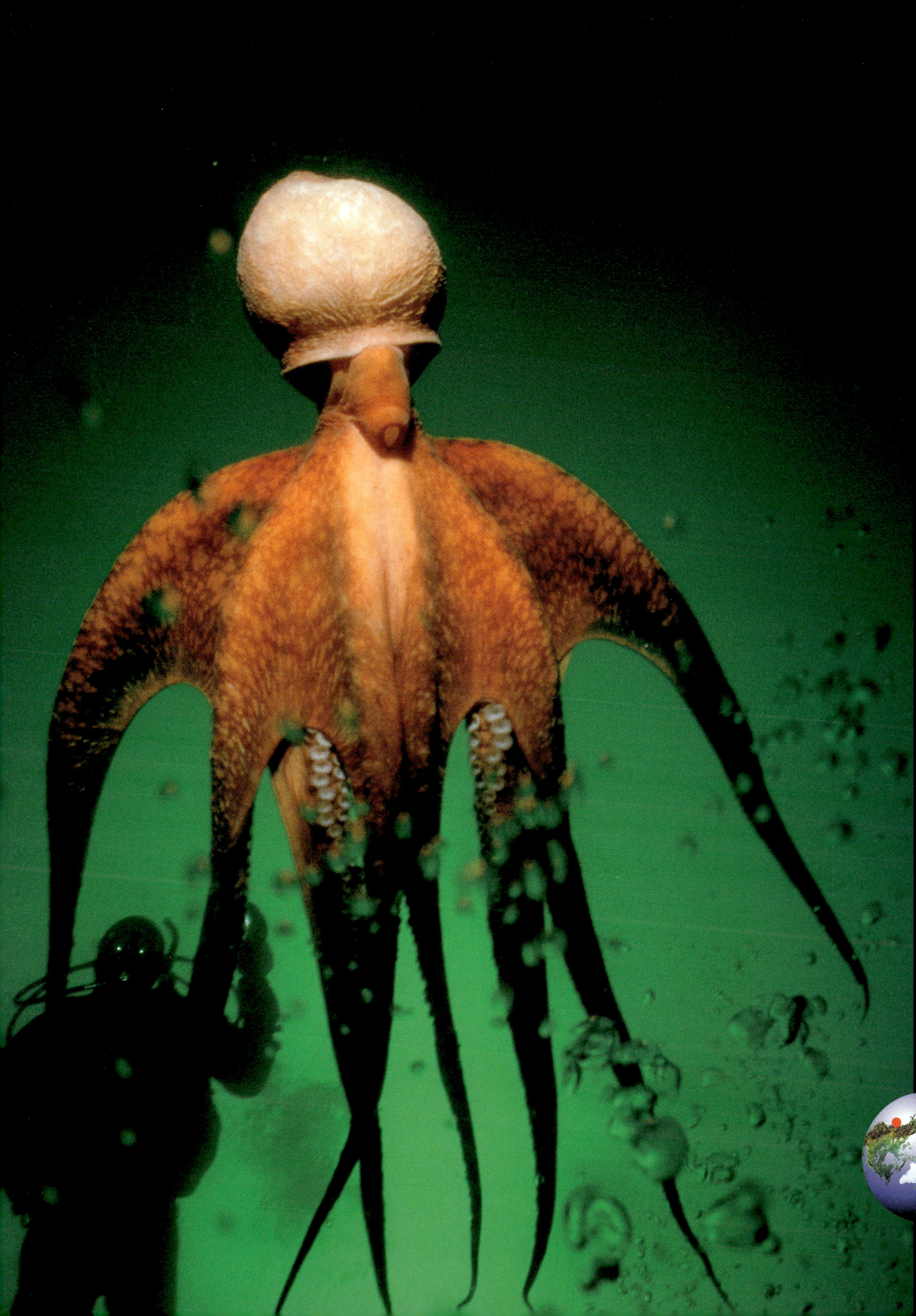

Giant octopus,
Octopus dofleini

Pieuvre géante,
Octopus dofleini

Pulpo gigante,
Octopus dofleini

Polvo gigante,
Octopus dofleini

Riesenkrake,
Octopus dofleini

اخطبوط عملاق
Octopus dofleini

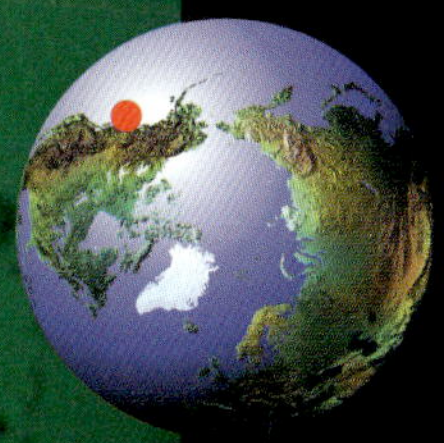

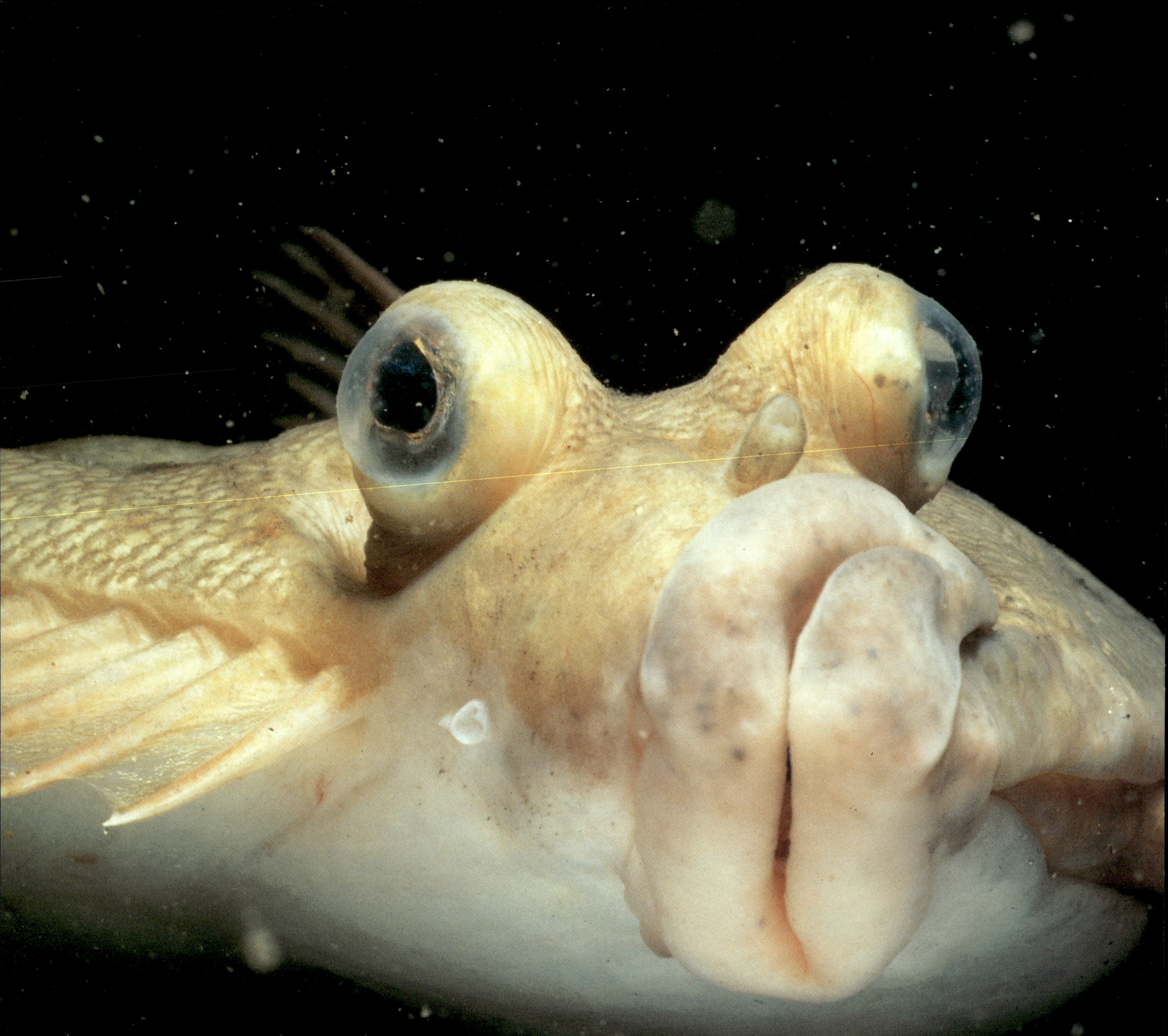

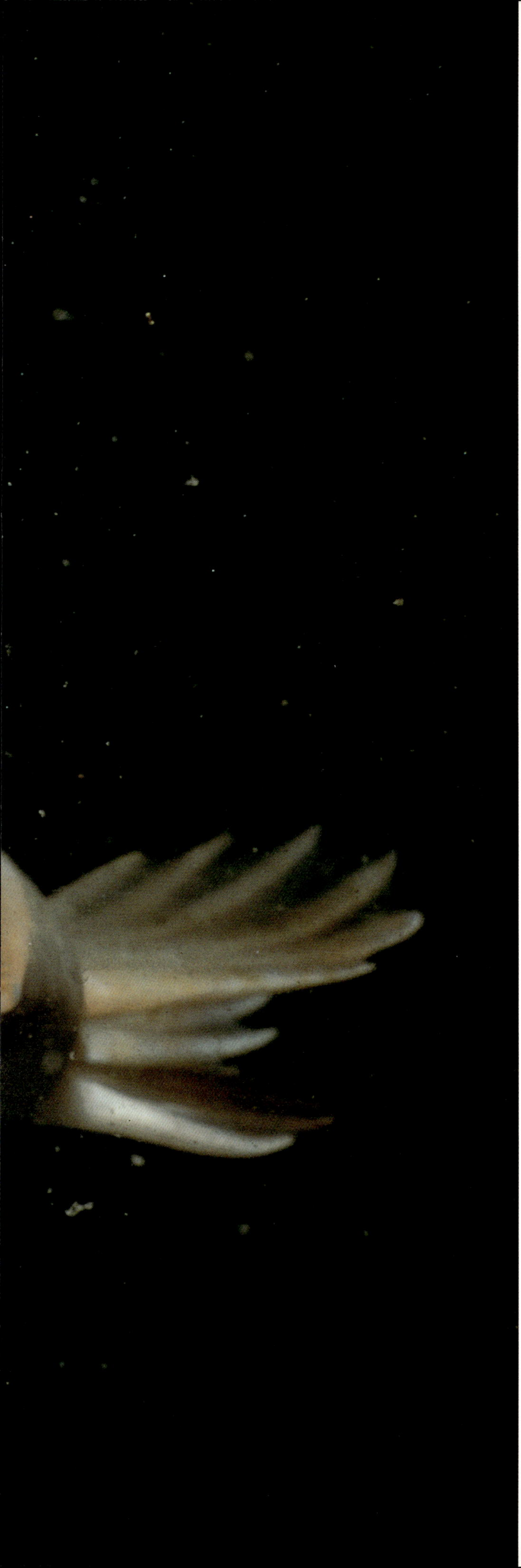

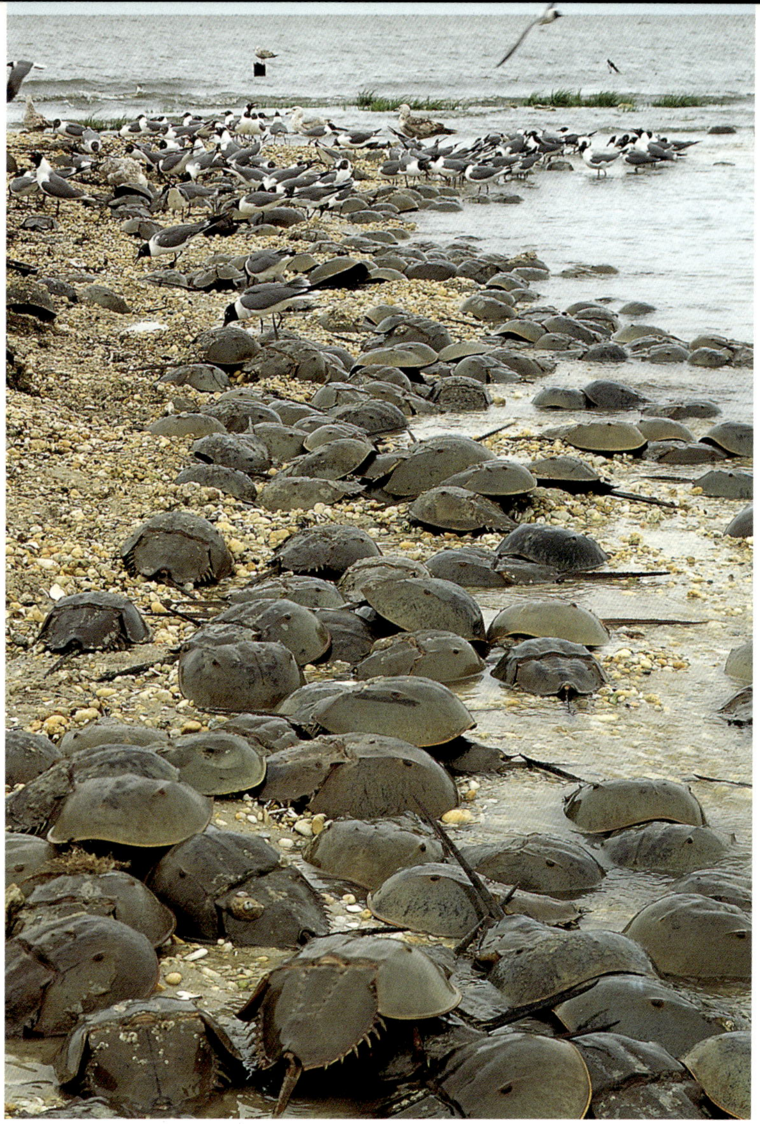

Horseshoe crabs spawn on beach, *Limulus polyphemus*

Crabes des Moluques frayant sur une plage, *Limulus polyphemus*

Freza del cangrejo cacerola en la playa, *Limulus polyphemus*

Caranguejo-rei desovando na areia, *Limulus polyphemus*

Pfeilschwanzkrebs beim Laichen am Strand, *Limulus polyphemus*

سرطان على شكل حدوة يفقس على الشاطئ
Limulus polyphemus

Winter flounder, *Pseudopleuronectes americanus*

Flet, *Pseudopleuronectes americanus*

Platija de invierno, *Pseudopleuronectes americanus*

Linguago, *Pseudopleuronectes americanus*

Amerikanische Winterflunder, *Pseudopleuronectes americanus*

سمك موسى الشتوي
Pseudopleuronectes americanus

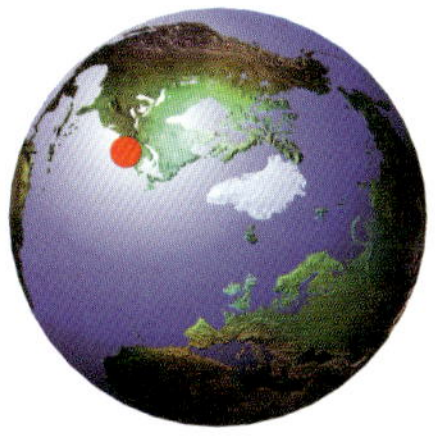

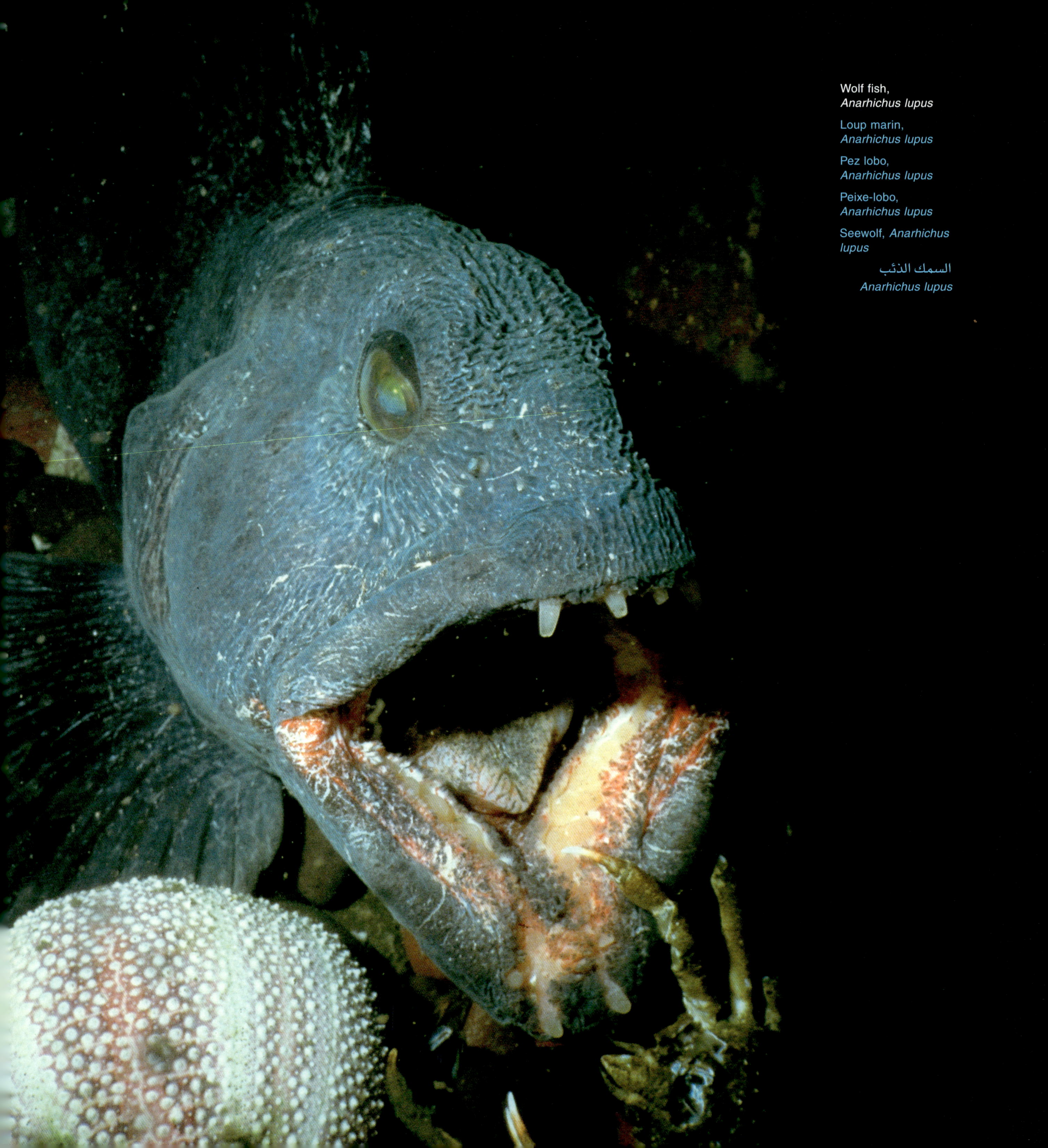

Wolf fish,
Anarhichus lupus

Loup marin,
Anarhichus lupus

Pez lobo,
Anarhichus lupus

Peixe-lobo,
Anarhichus lupus

Seewolf, *Anarhichus lupus*

السمك الذئب
Anarhichus lupus

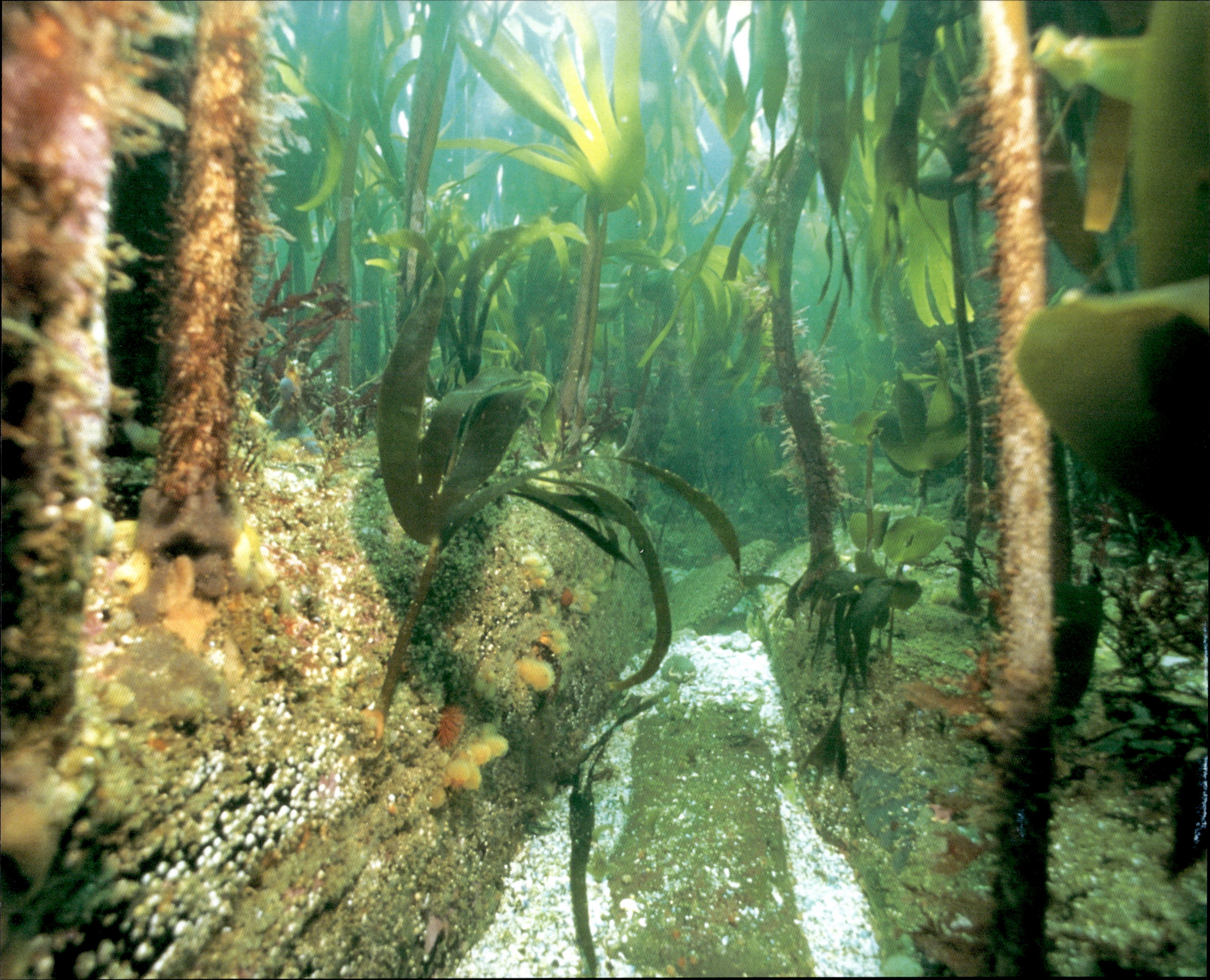

Shallow kelp forest, *Laminaria digitata*

Laminaires en eaux peu profondes, *Laminaria digitata*

Bosque marino de algas kelp, *Laminaria digitata*

Sargaço, *Laminaria digitata*

Tangwald im seichten Wasser, *Laminaria digitata*

غابة حمُول البحر في
مياه ضحله
Laminaria digitata

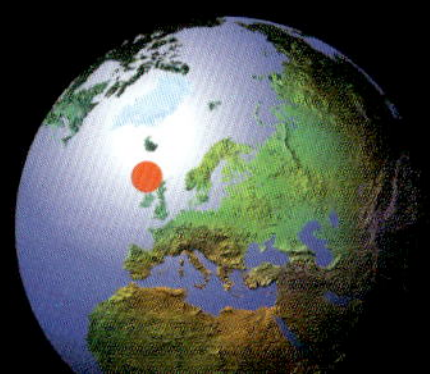

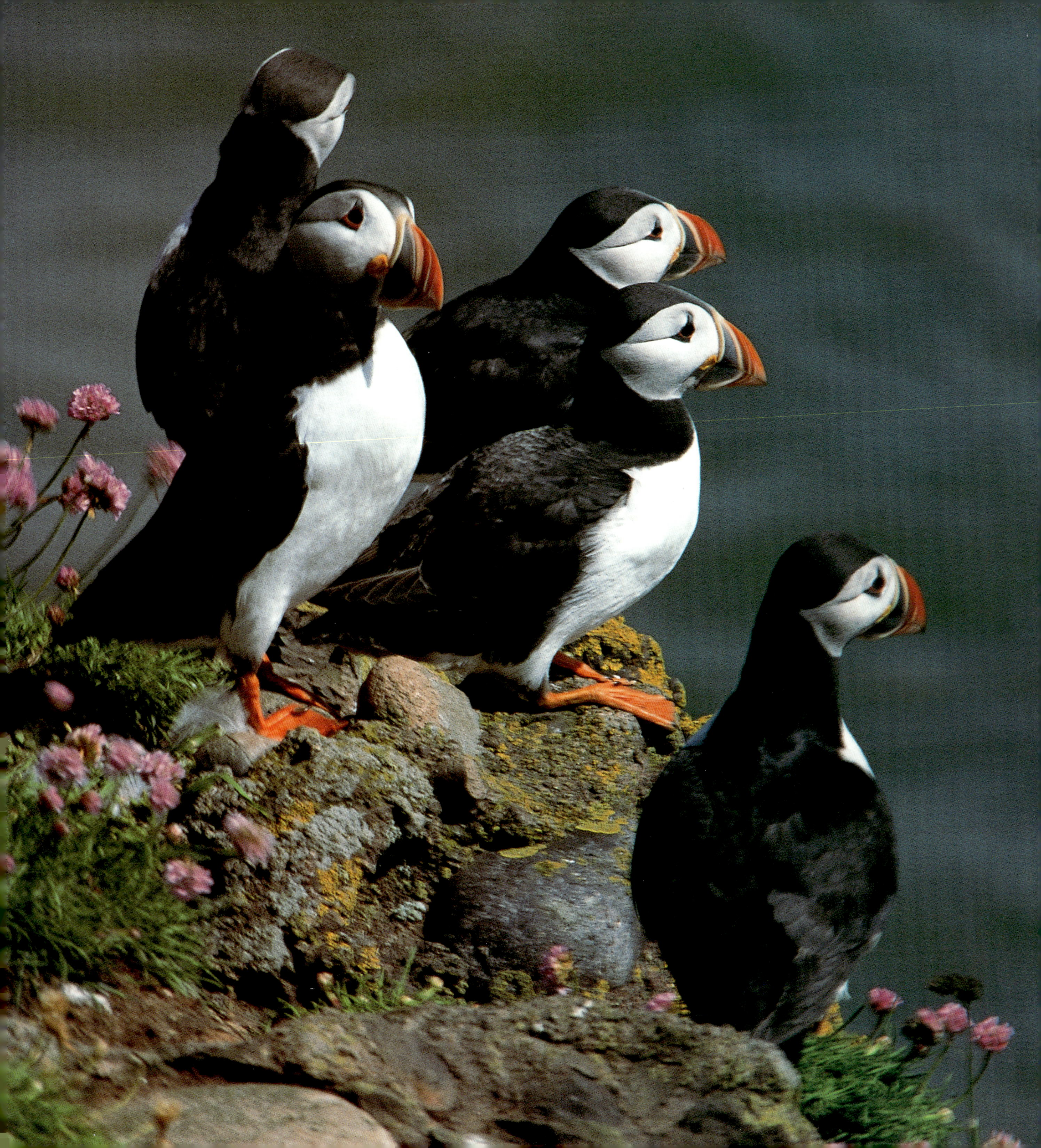

Bridled common guillemot,
Uria aalge

Guillemot bridé, *Uria aalge*

Arao común, *Uria aalge*

Alca torda, *Uria aalge*

Trottel-oder Ringellumme, *Uria aalge*

الغلموت
Uria aalge

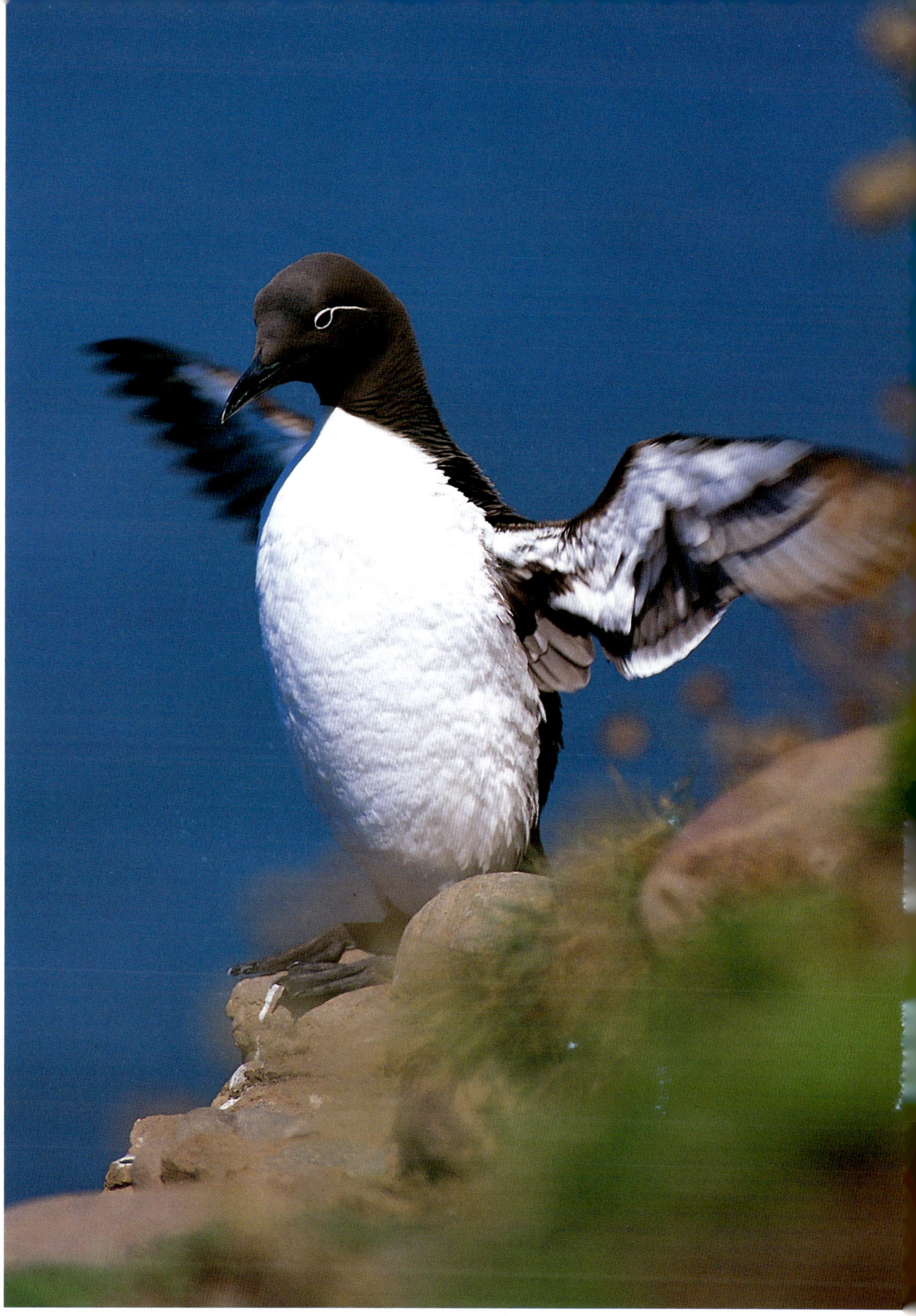

Puffin colony,
Fratercula arctica

Colonie de macareux, *Fratercula arctica*

Colonia de frailecillos, *Fratercula arctica*

Colónia de papagaios-do-mar, *Fratercula arctica*

Lundkolonie, *Fratercula arctica*

البَفَنْ
Fratercula arctica

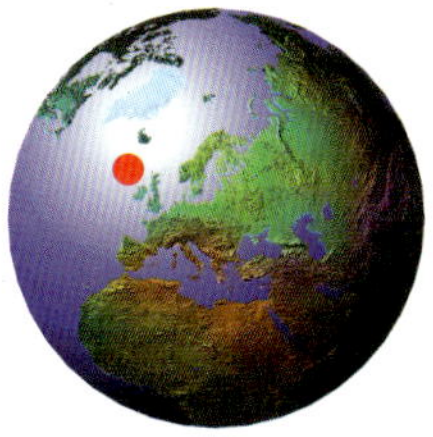

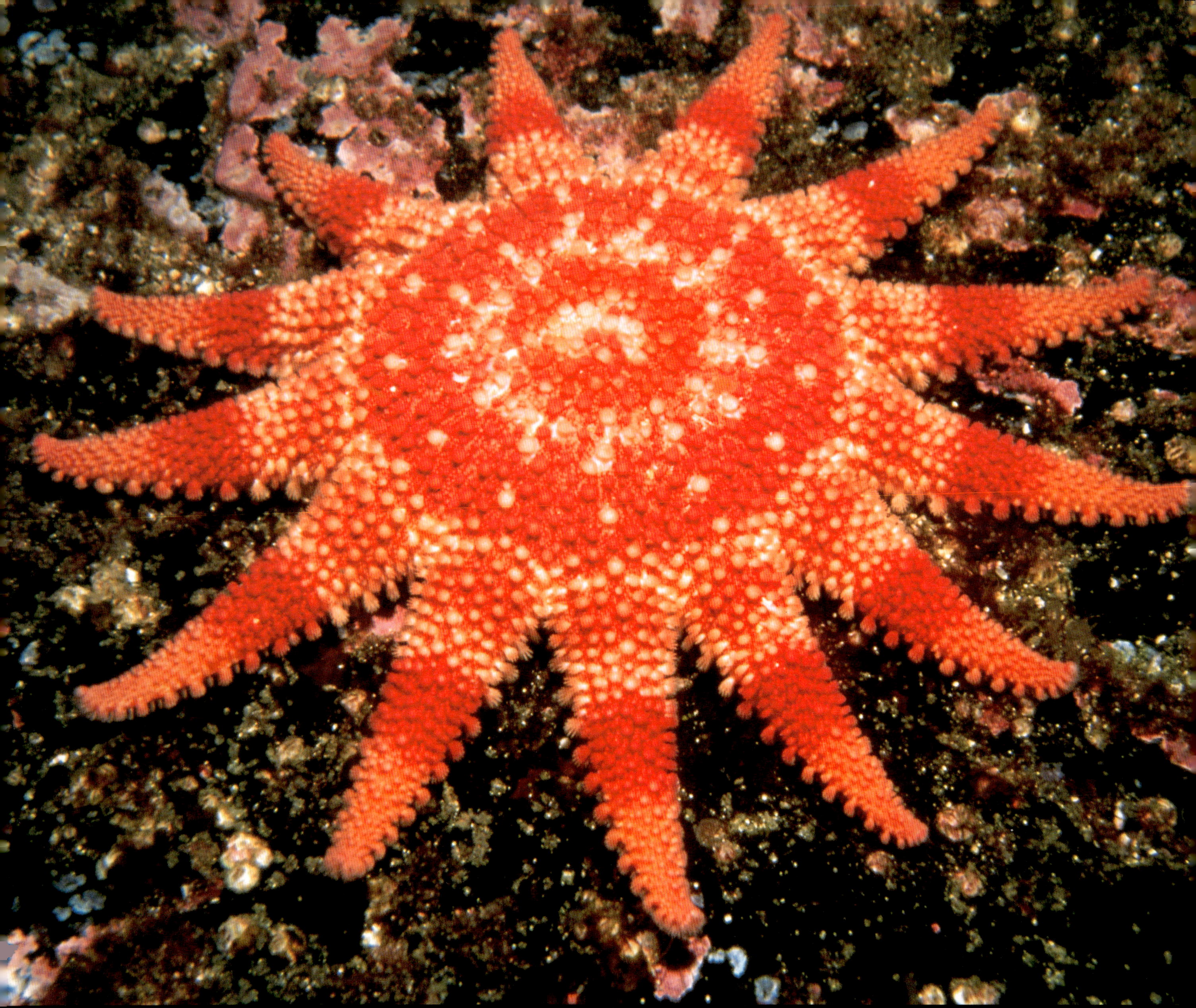

Common sunstar, *Crossaster papposus*

Etoile de mer, *Crassostrea papposus*

Estrella de mar común, *Crassostrea papposus*

Estrela-do-mar, *Crassostrea papposus*

Gemeiner Seestern, *Crassostrea papposus*

قنديل البحر *Crassostrea papposus*

Common lobster | Langosta común | Hummer
Homard | Lagosta | سرطان بحري

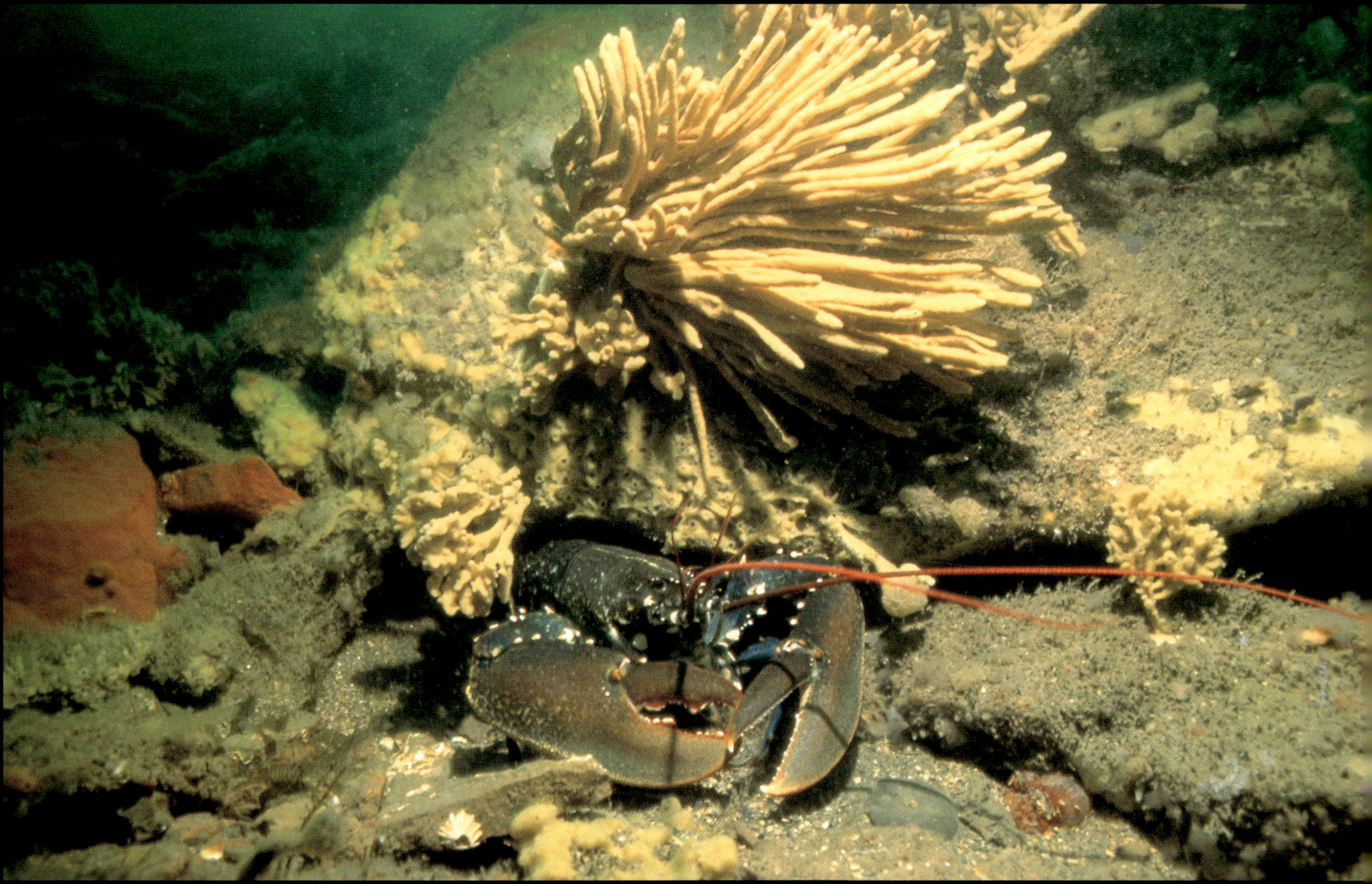

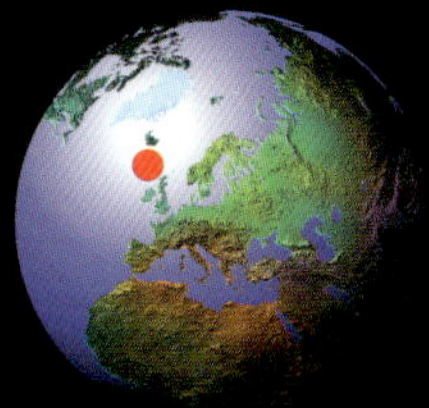

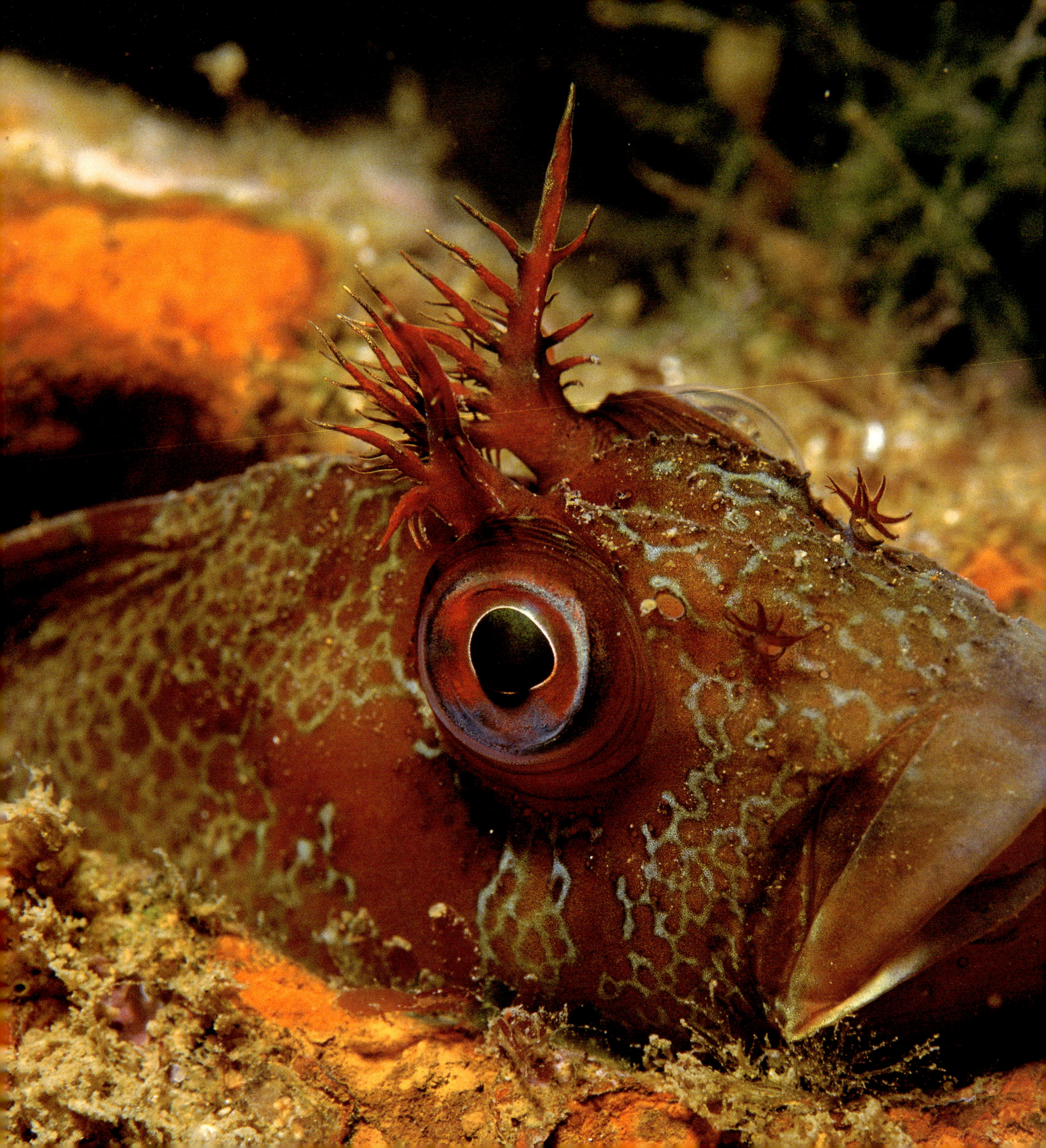

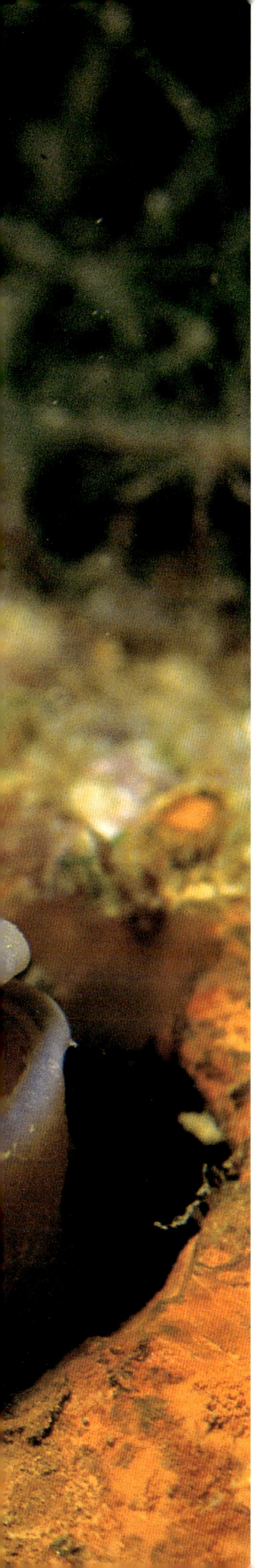

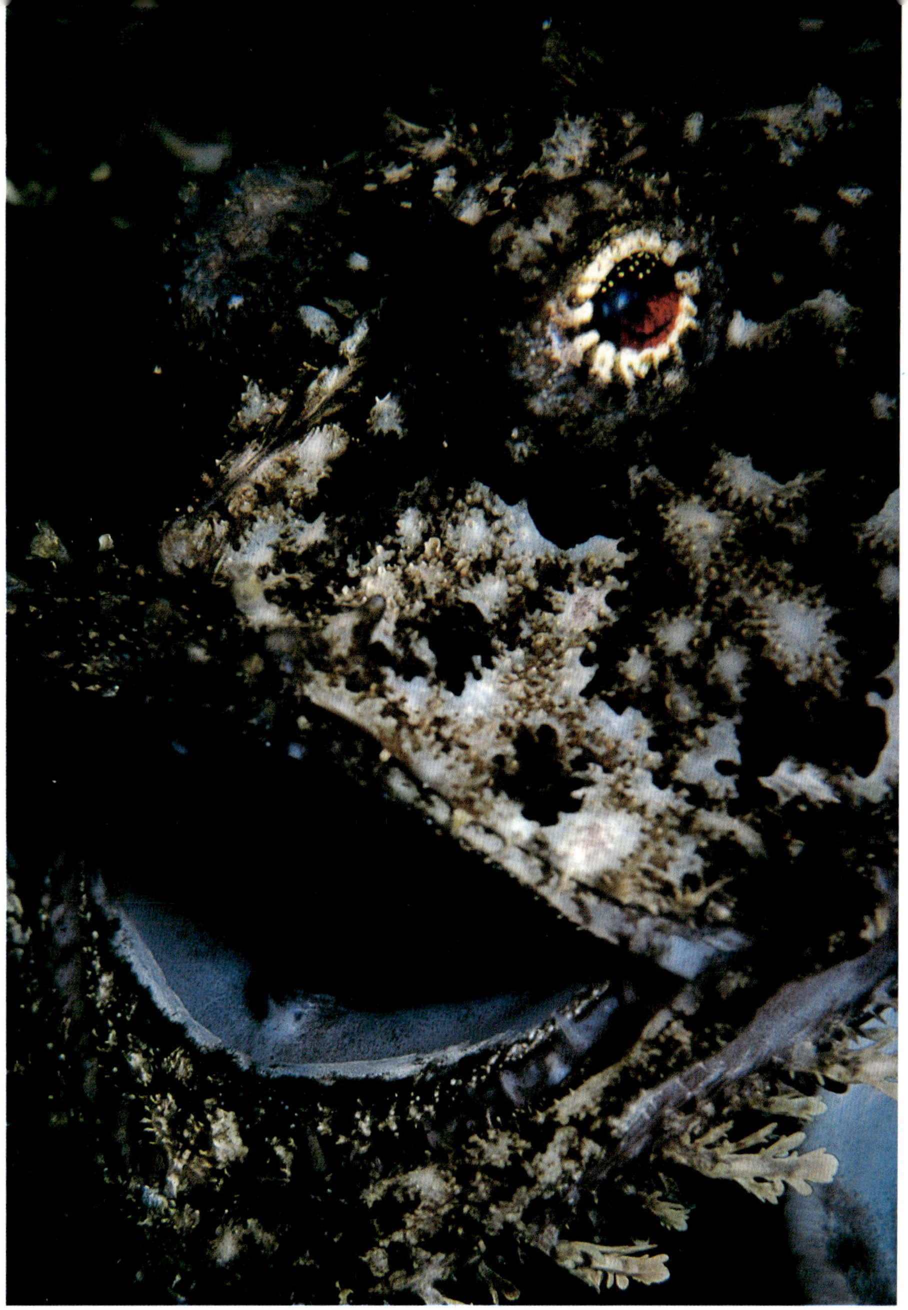

Anglerfish

Baudroie

Rape

Peixe-pescador

Seeteufel

سمك أبو السَص

Tompot

Blennie

Blenio Tompot

Tompot

Gestreifter Schleimfisch

التُبُت

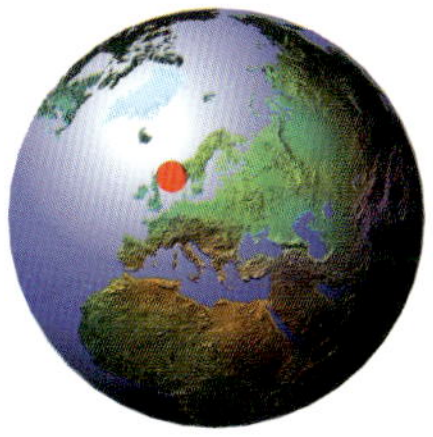

Dahlia anemone,
Urticina eques

Anémona Dalia,
Urticina eques

Dahlienanemone,
Urticina eques

Grande actinie,
Urticina eques

Anémona-do-mar,
Urticina eques

انوميه داليه
Urticina eques

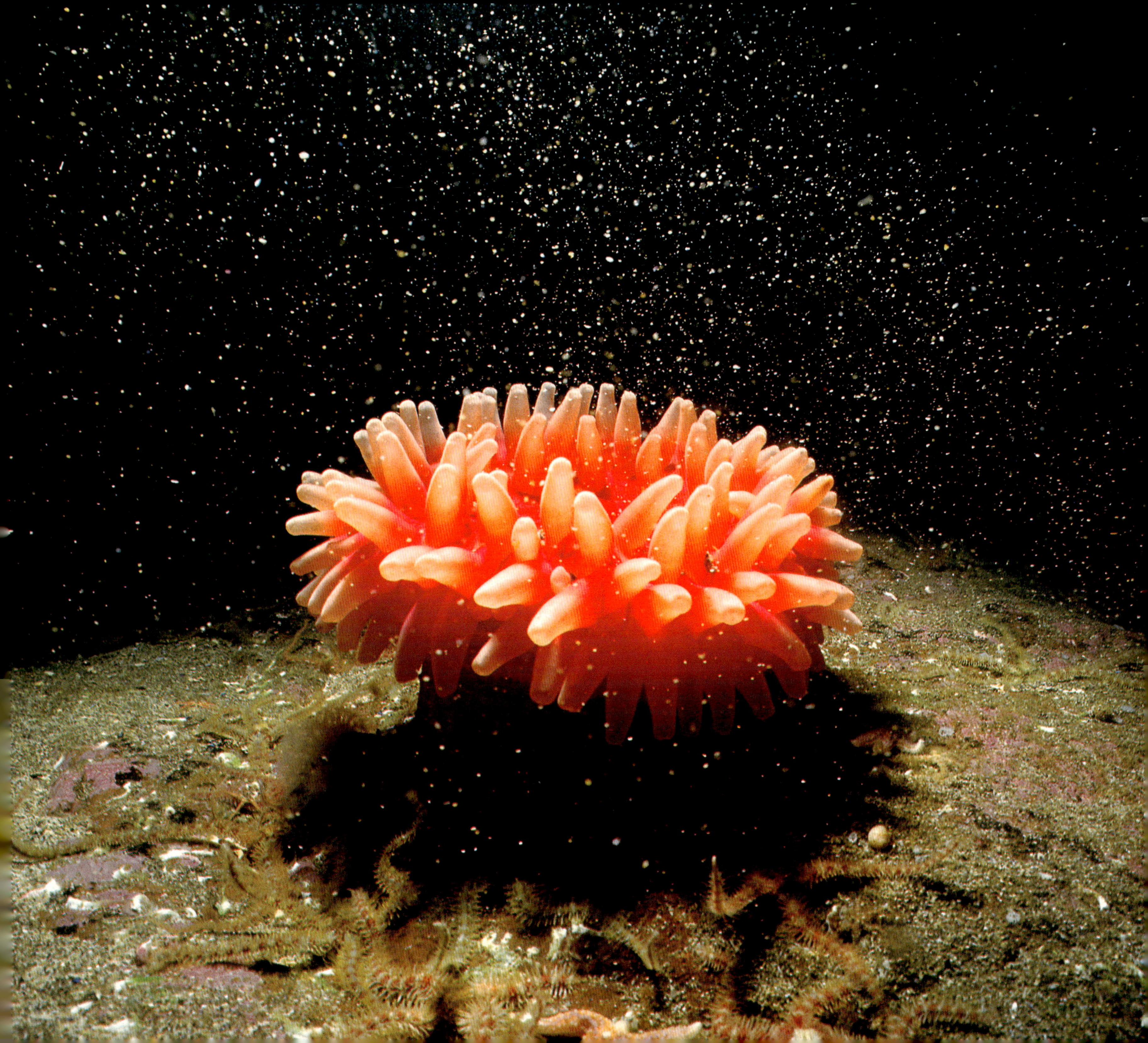

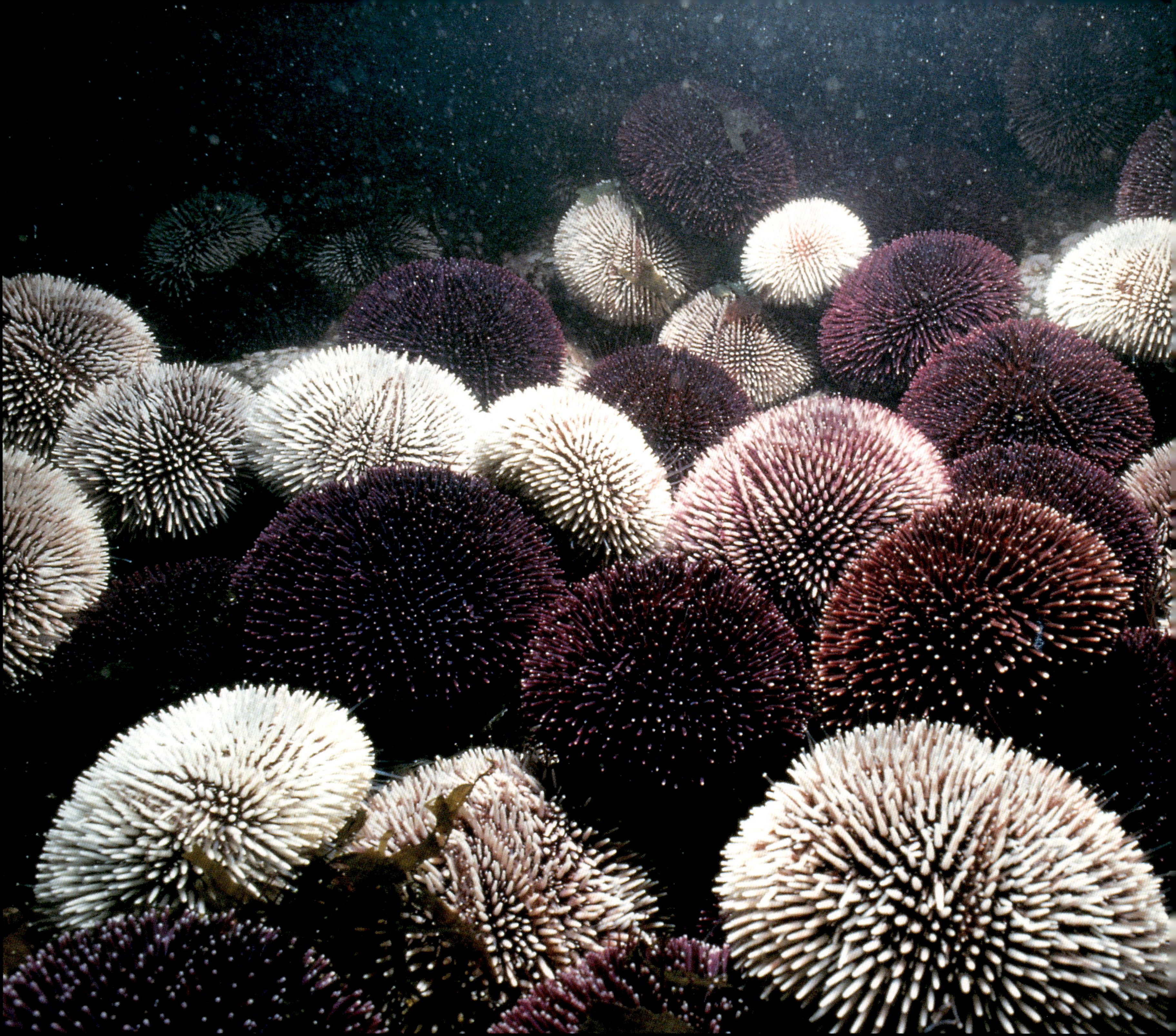

Sea urchins, *Echinus esculentus,* graze on algae

Oursins, *Echinus esculentus*, se nourrissant d'algues

Erizo de mar, *Echinus esculentus*, junto a algas

Ouriços-do-mar, *Echinus esculentus*, roçando as algas

Seeigel, *Echinus esculentus*, grasen an den Algen

قنفذ البحر
Echinus esculentus

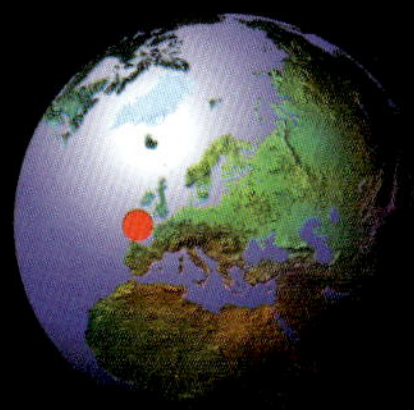

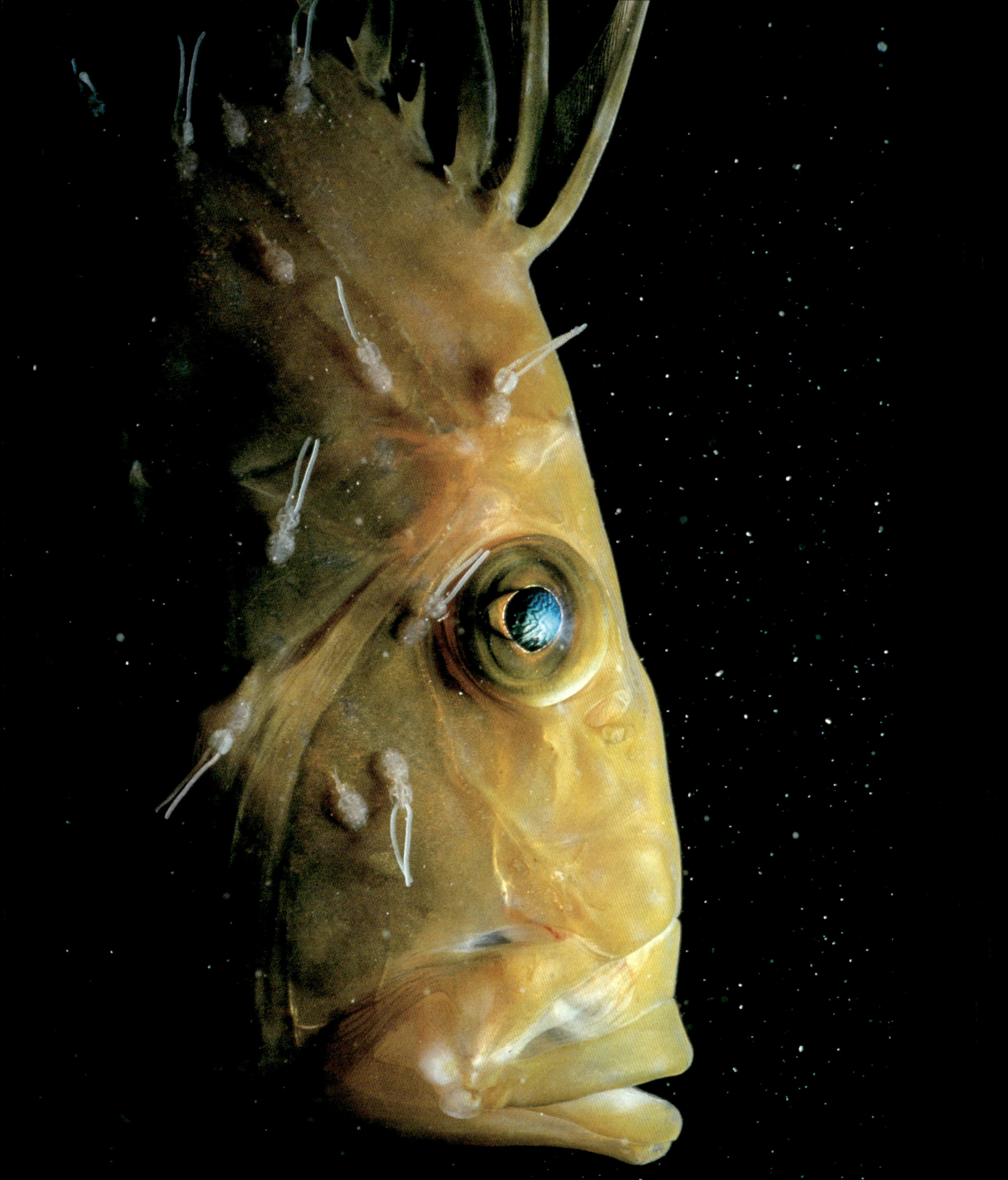

John Dory or St Peter's fish, *Zeus faber*, with parasites

Saint-pierre, *Zeus faber*, couvert de parasites

Pez de San Pedro, *Zeus faber*, con parásitos

Zeus faber com parasitas

Heringskönig, *Zeus faber*, mit Parasiten

سمكة جون دوري مع طفيليات
Zeus faber

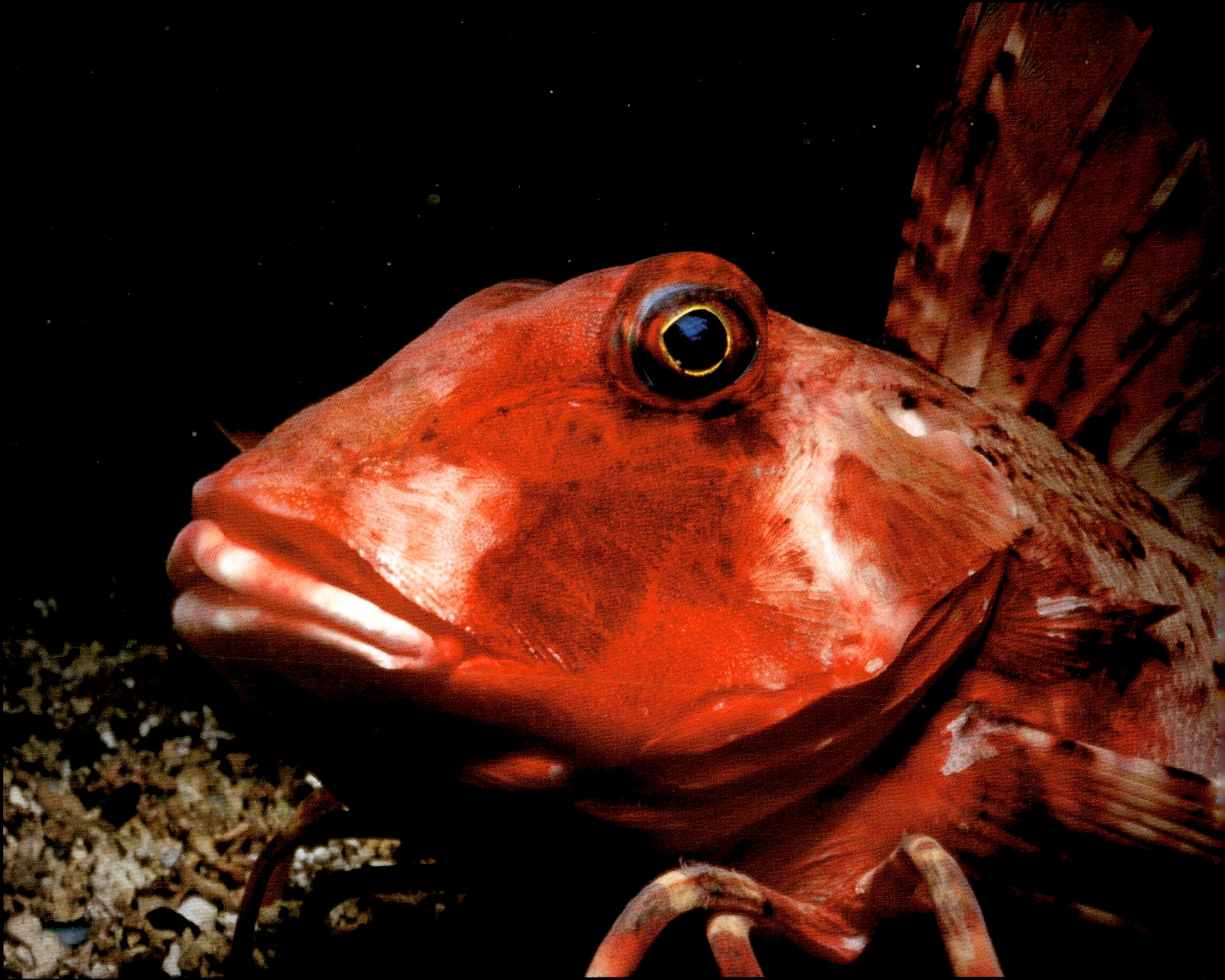

Sea robin, *Triglidae*
Rubio, Triglidé
Knurrhahn, Triglidé
Malarmat, Triglidé
Pisco-do-mar, Triglidé
أبو الحناء البحري

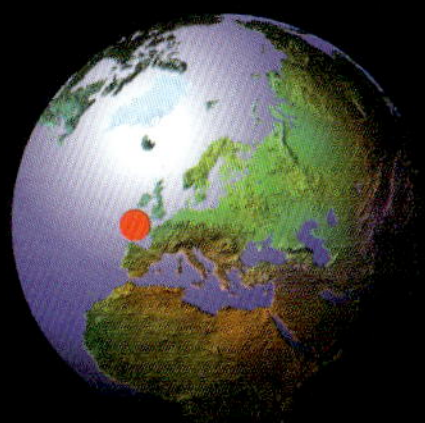

Peacock worm, Sabellidae

Sabelle, Sabellidae

Lombriz, Sabellidae

Verme-pavão, Sabellidae

Sabellidae

دودة الطاووس

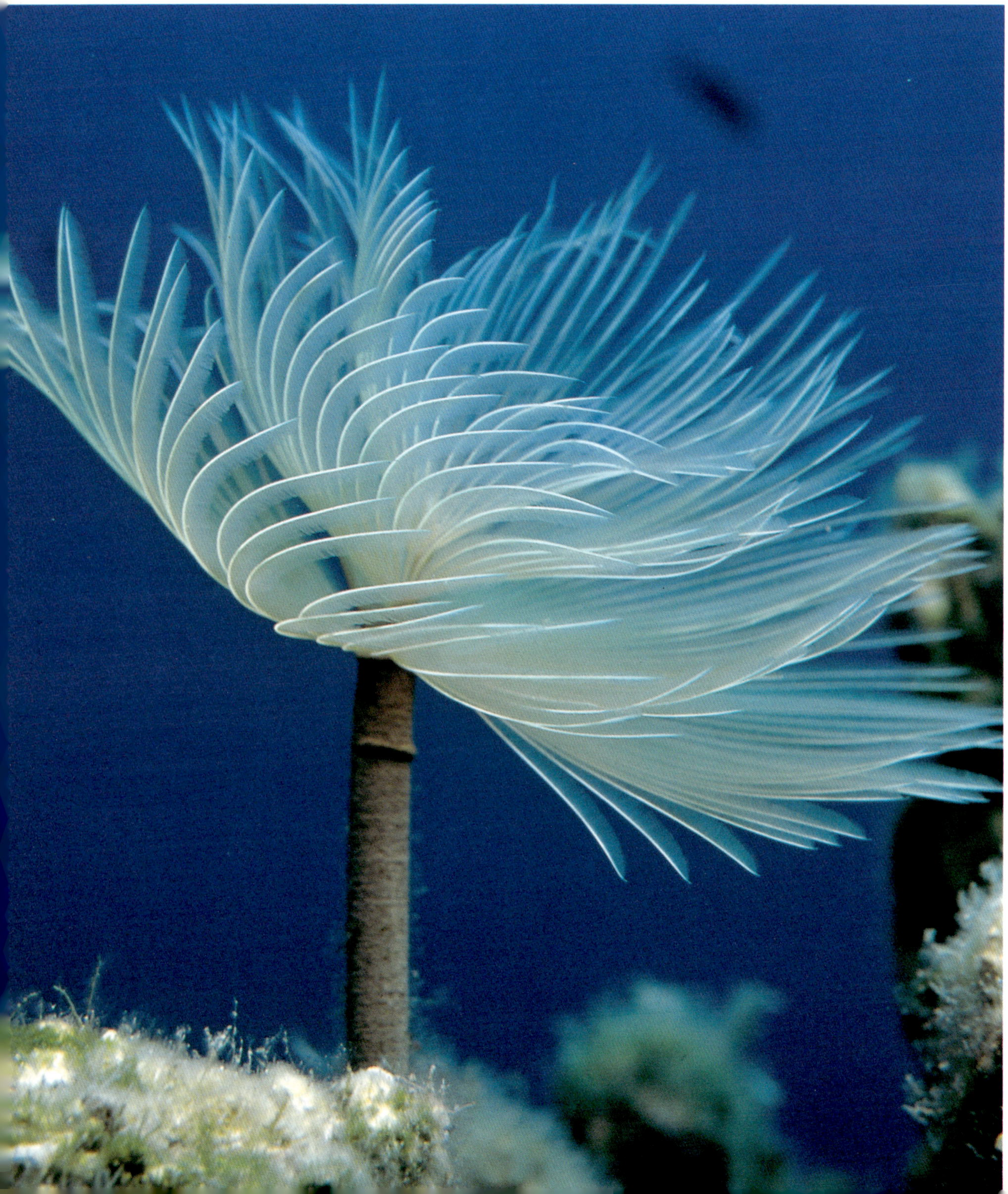

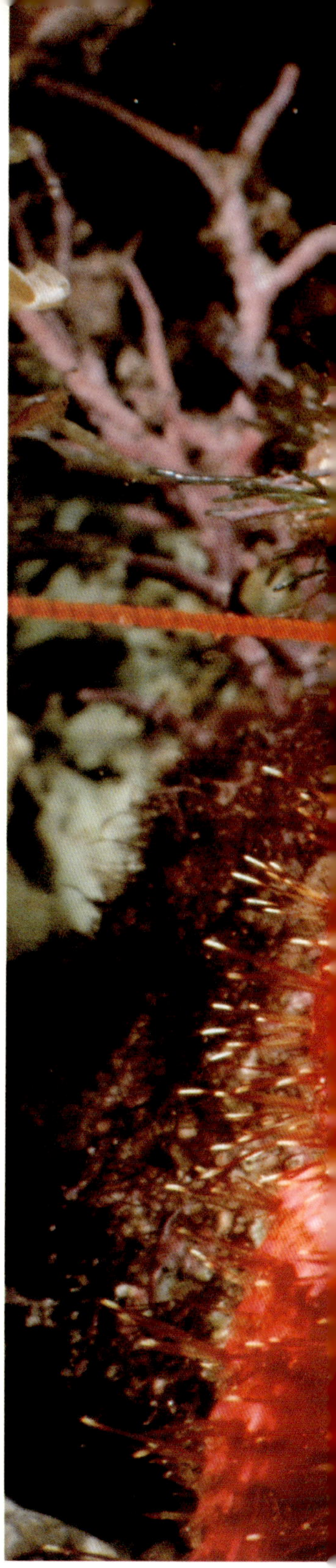

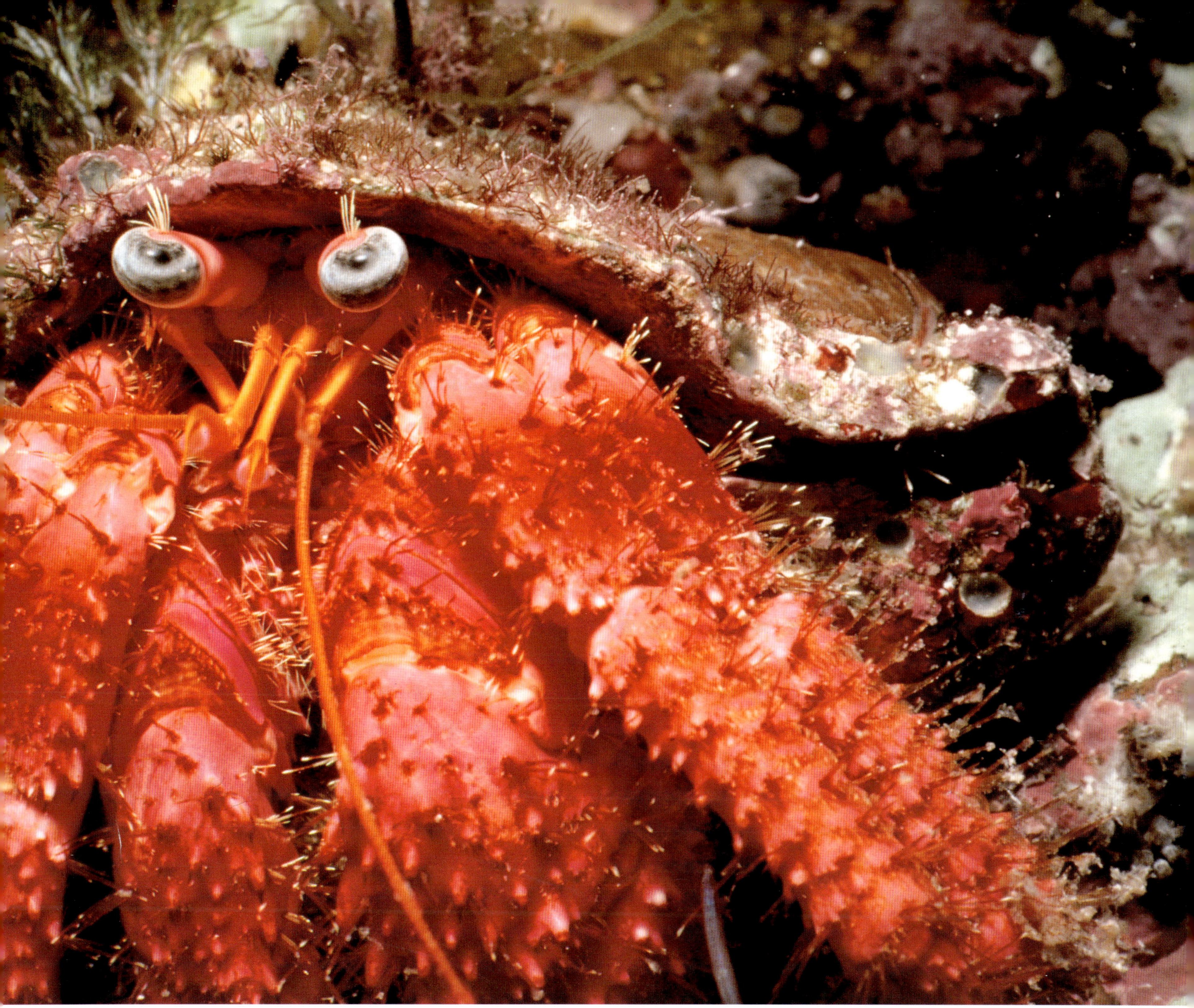

Hermit crab,
Paguridae

Bernard-l'hermite,
Paguridae

Paguridae

Paguridae

Einsiedlerkrebs,
Paguridae

سرطان البحر

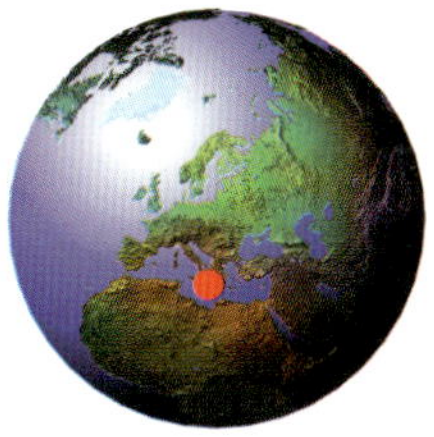

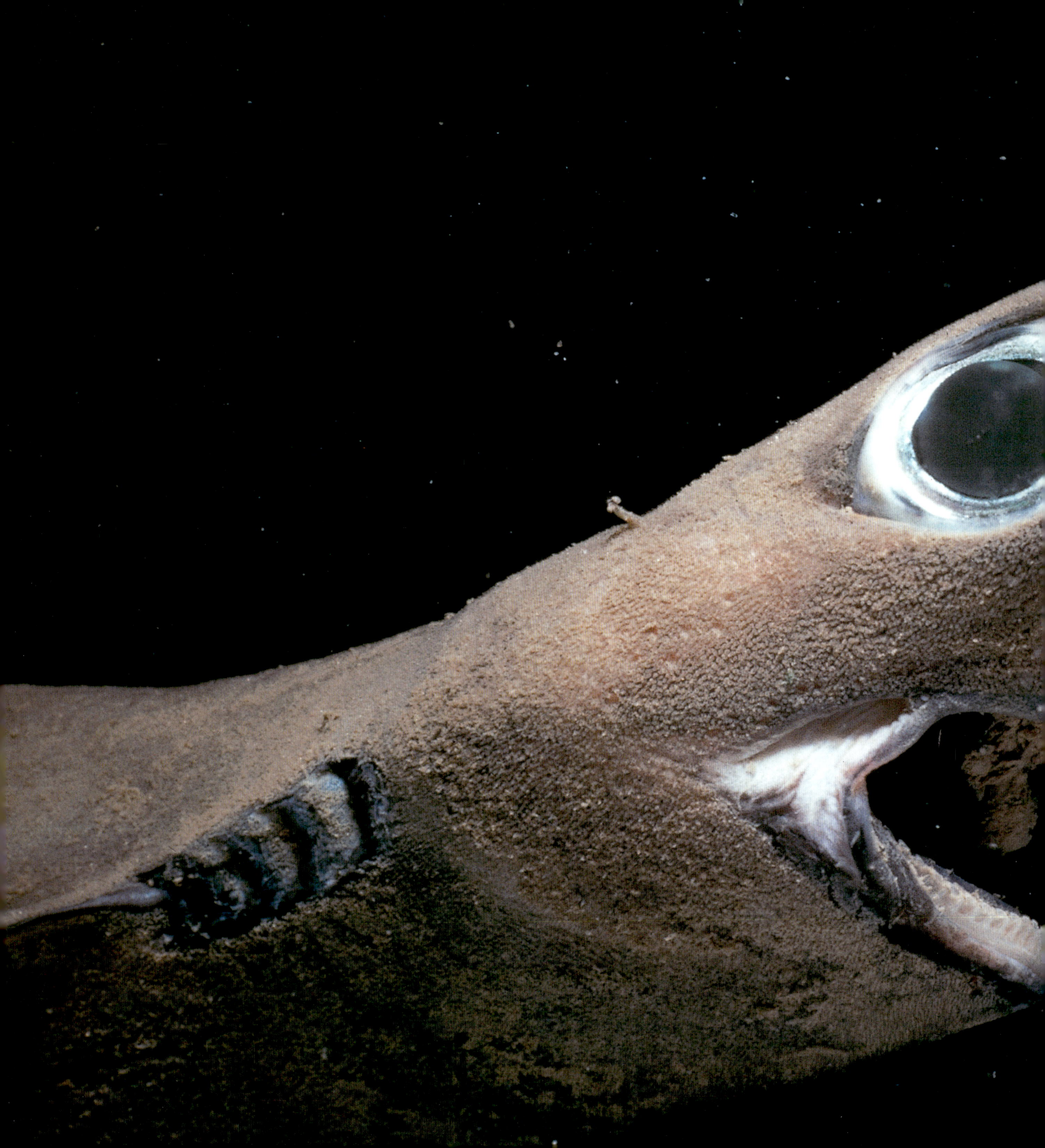

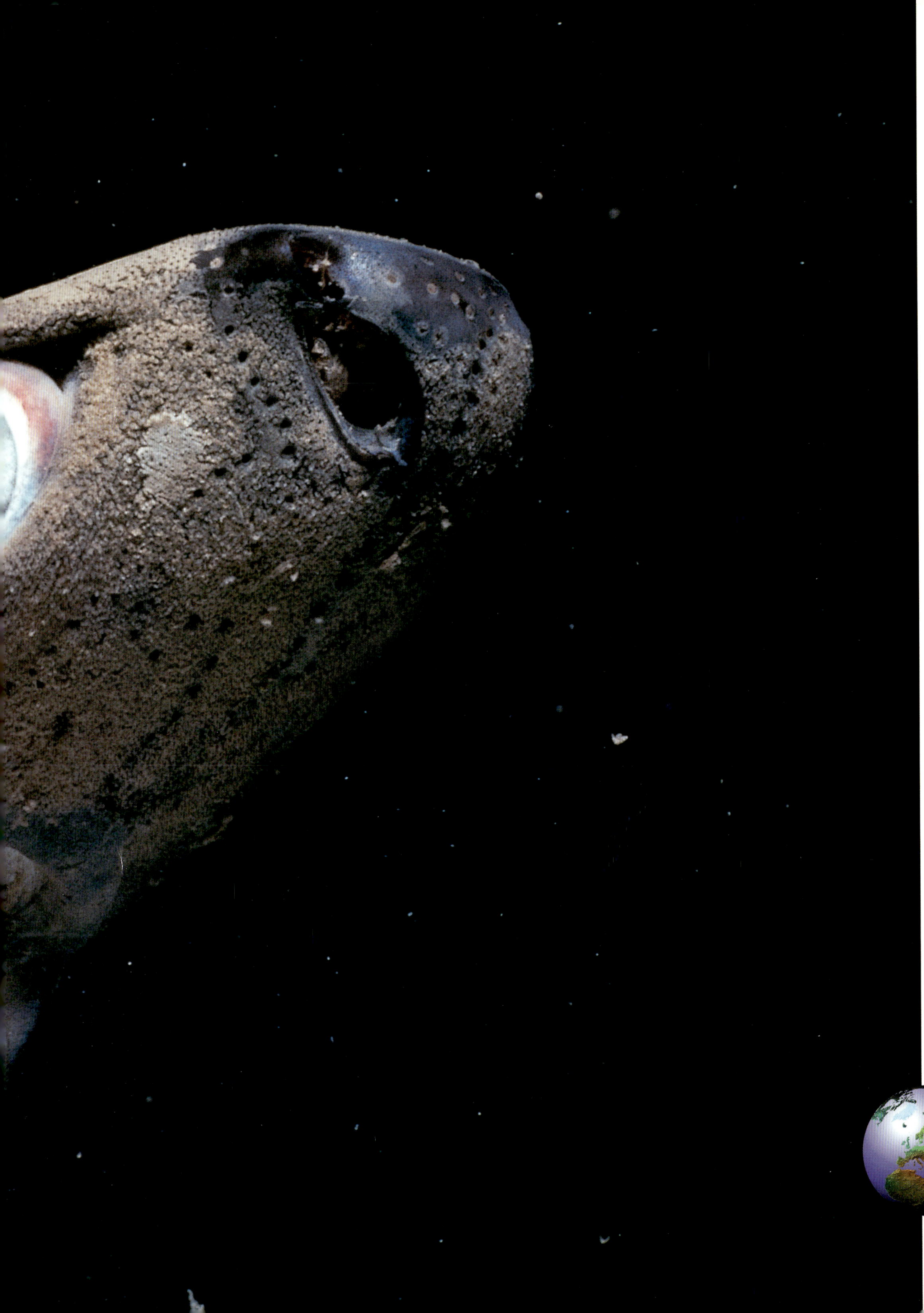

Deepwater shark,
Etmopterus spinax,
at 1200 metres depth

Requin des profondeurs, *Etmopterus spinax*, à 1200 m de fond

Tiburón de aguas profundas, *Etmopterus spinax*, a 1200 m de profundidad.

Tubarão, *Etmopterus spinax*, a 1200 m de profundidade

Tiefseehai, *Etmopterus spinax*, in 1200 m Tiefe

قرش على عمق
١٢٠٠ متر
Etmopterus spinax

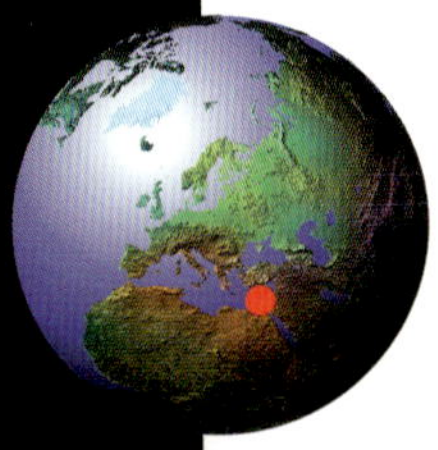

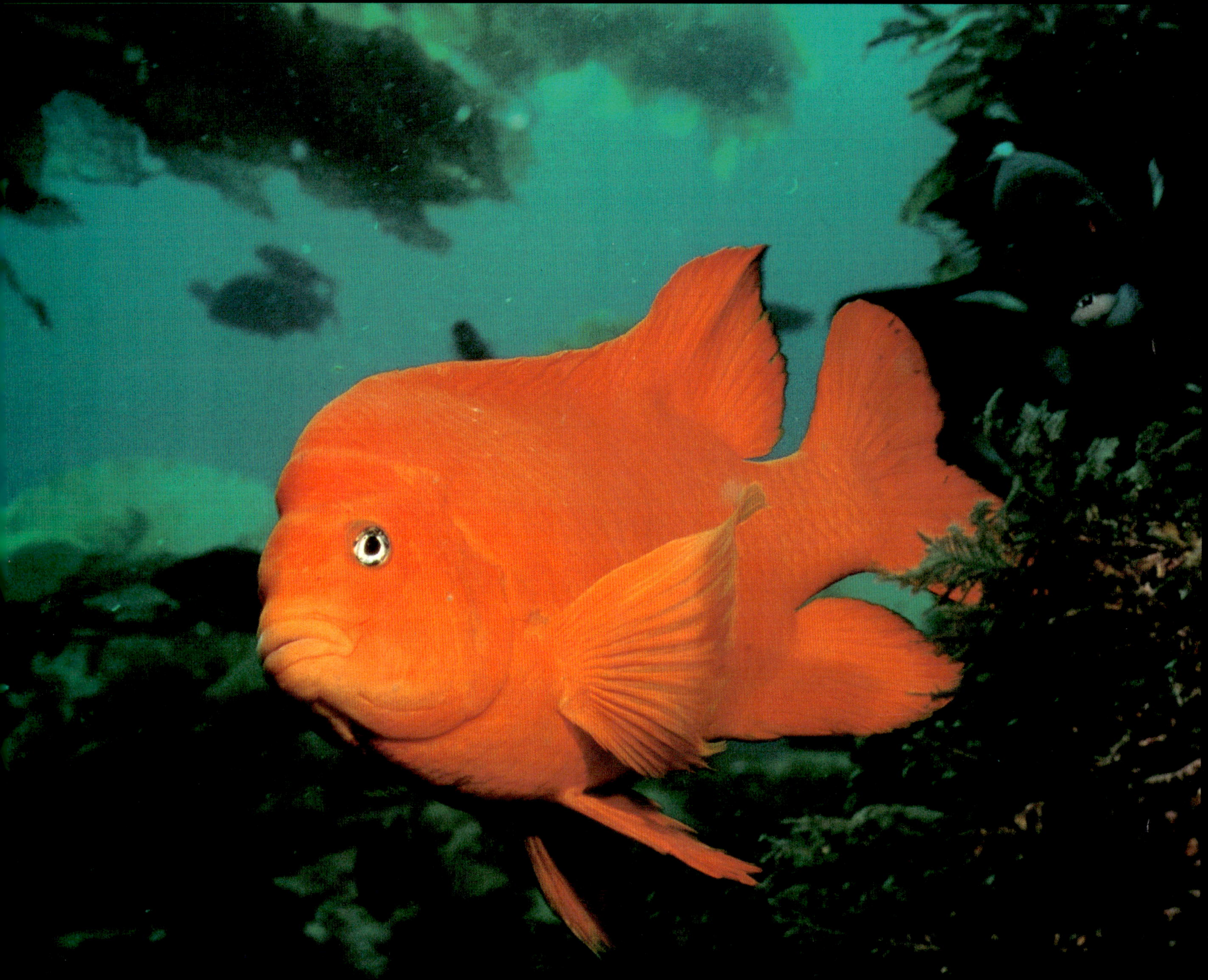

Garibaldi,
Hypsypops rubicundus

Garibaldi, *Hypsypops rubicundus*

Garibaldi, *Hypsypops rubicundus*

Garibaldi, *Hypsypops rubicundus*

Hypsypops rubicundus

جاريبلدي
Hypsypops rubicundus

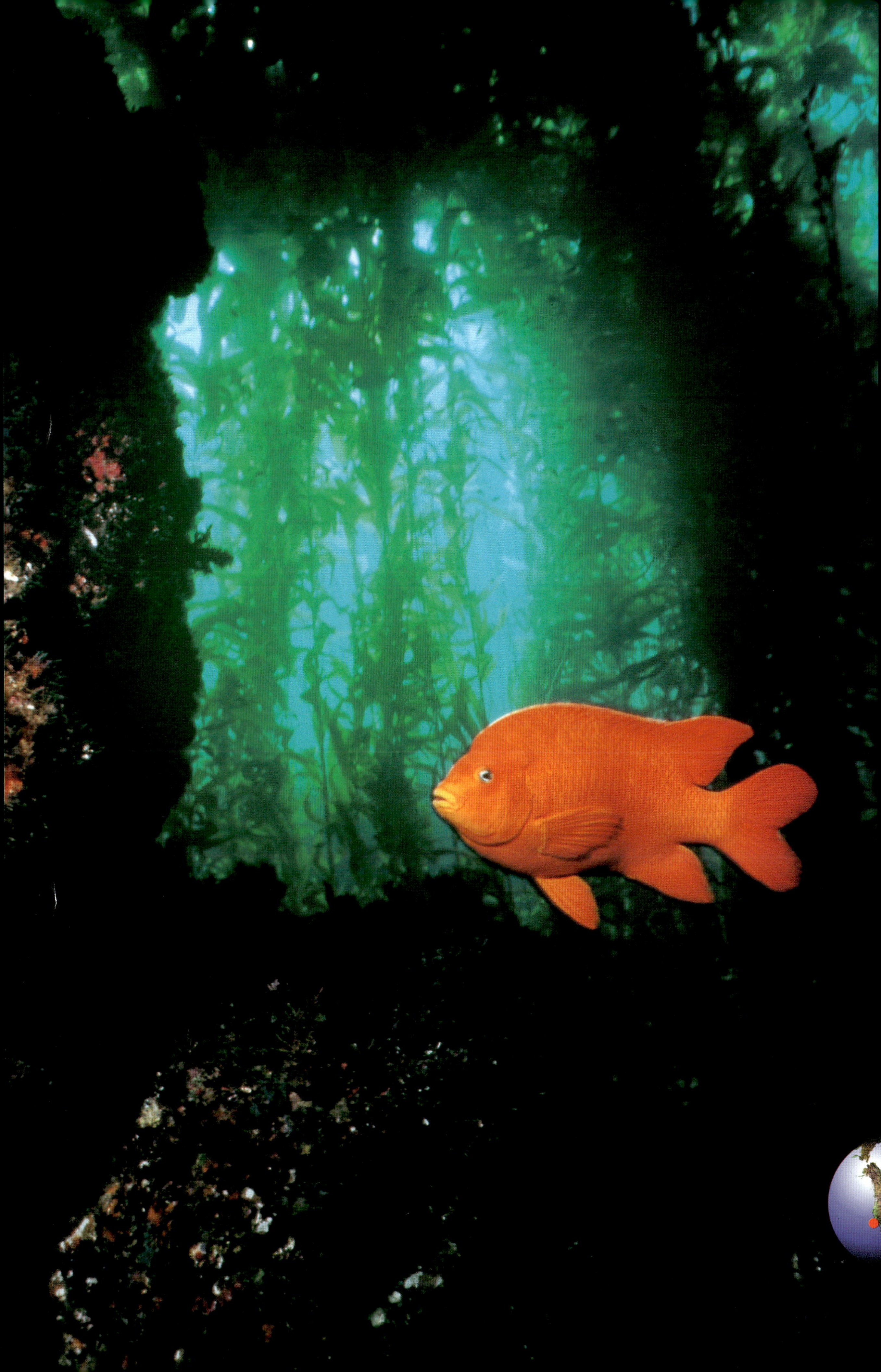

Garibaldi, *Hypsypops rubicundus,* in kelp

Garibaldi, *Hypsypops rubicundus*, parmi des laminaires

Garibaldi, *Hypsypops rubicundus*, entre algas kelp

Garibaldi, *Hypsypops rubicundus*, em sargaço

Hypsypops rubicundus, im Tang

جاريبلدى وسط غابة حَمُول
Hypsypops rubicundus

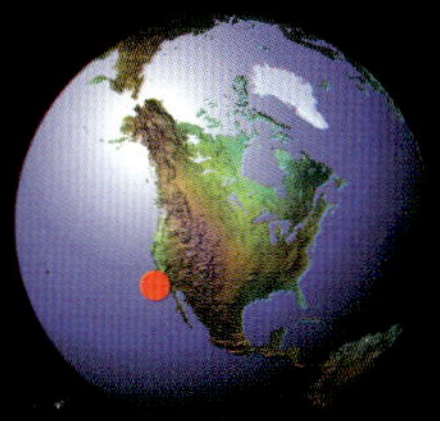

Diver and starfish in kelp forest

Plongeur et étoile de mer parmi des laminaires

Buzo y estrella de mar en bosque marino de algas kelp

Mergulhador e estrela-do-mar em sargaço

Taucher und Seestern im Tangwald

غطاس وقنديل البحر في غابة من عشب البحر

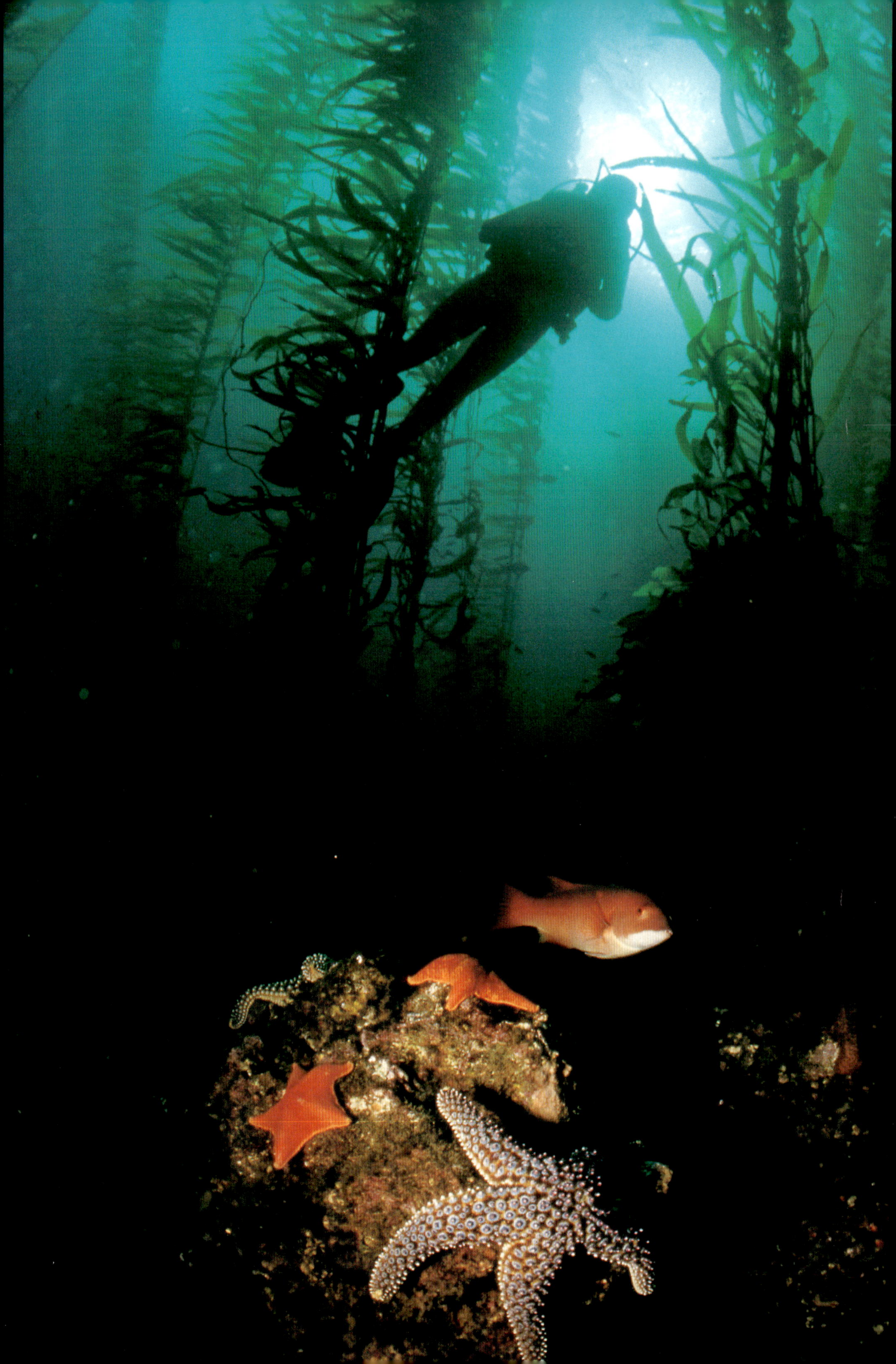

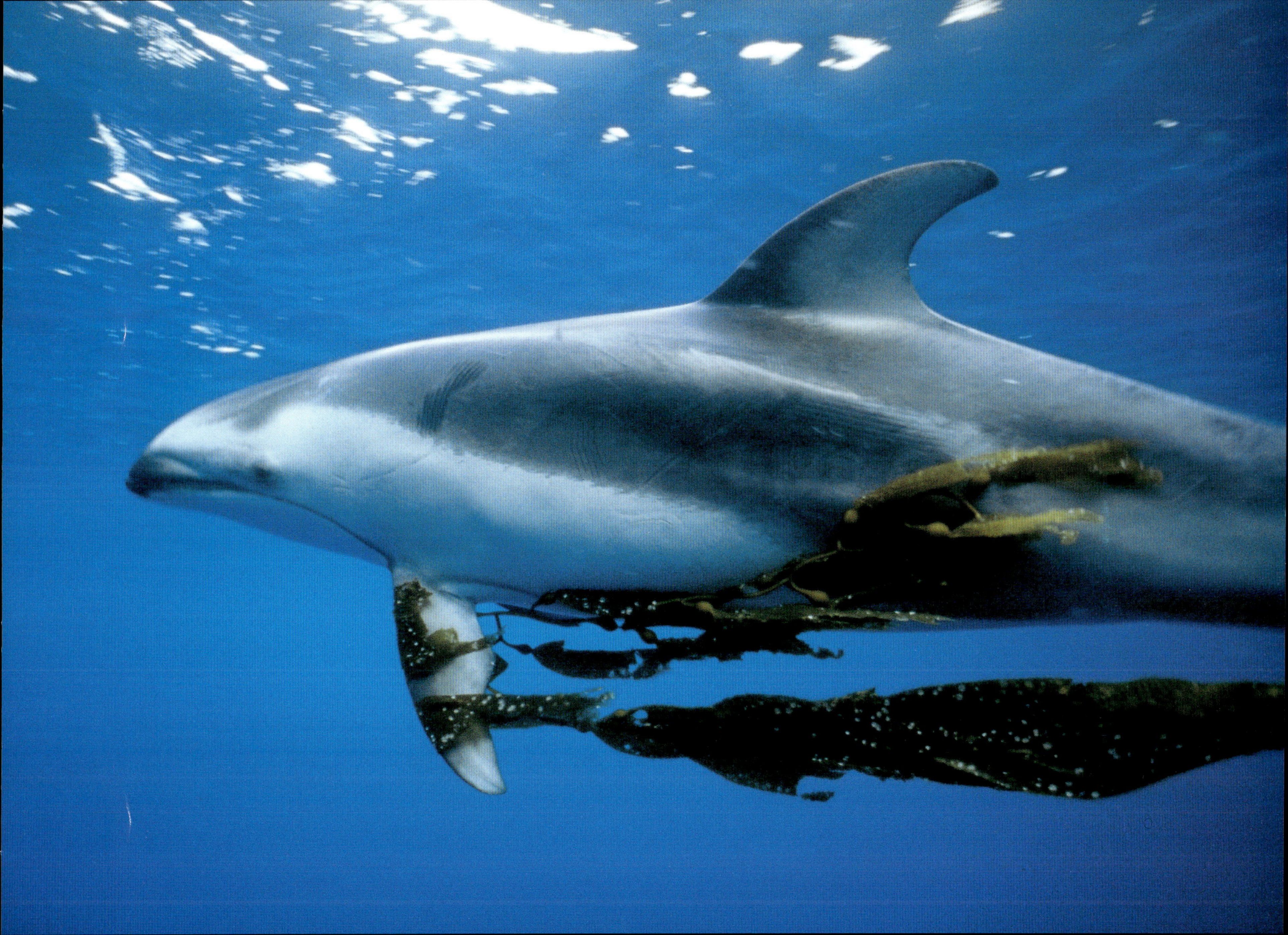

Pacific white-sided
dolphin,
Lagenorhynchus
obliquidens, carrying
kelp

Dauphin du Pacifique,
Lagenorhynchus
obliquidens, portant
des laminaires

Delfín del Pacífico,
Lagenorhynchus
obliquidens, con algas
de kelp

Golfinho branco do
Pacífico,
Lagenorhynchus
obliquidens,
carregando sargaço

Pazifischer
Weißseiten-Delphin,
Langenorhynchus
obliquidens, mit Tang

دلفن باسفيكي أبيض
الجانب يحمل عشب
البحر
Lagenorhynchus
obliquidens

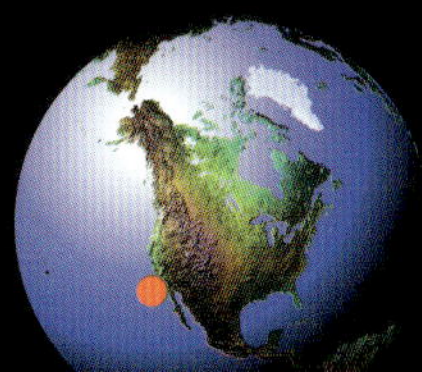

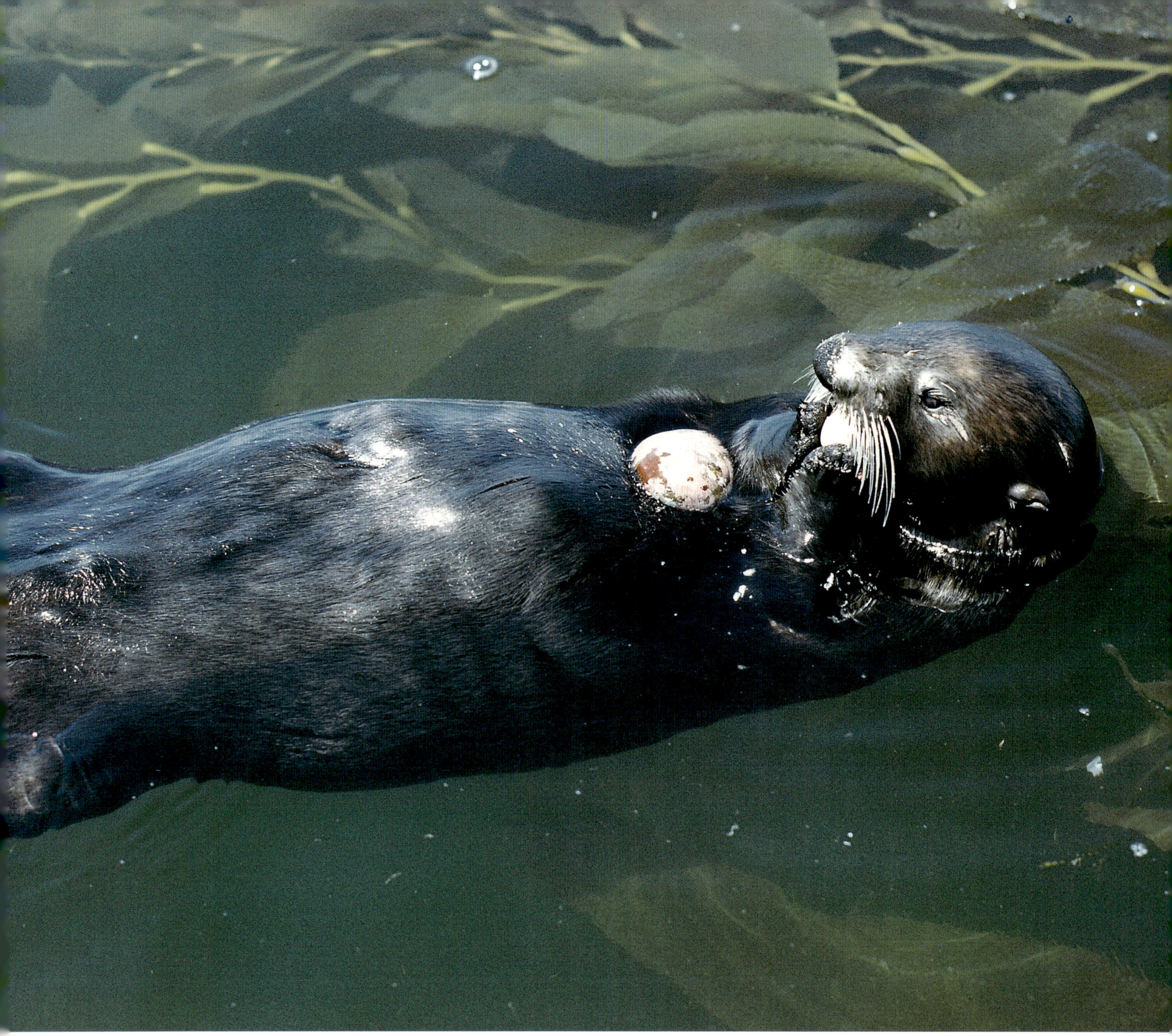

Sea otter, *Enhydra lutris,* eating clams

Loutre de mer, *Enhydra lutris*, mangeant des palourdes

Nutria marina, *Enhydra lutris*, comiendo almejas

Lontra-do-mar, *Enhydra lutris*, comendo ameijoas

Seeotter, *Enhydra lutris*, beim Muschelfressen

القضاعة أو ثعلب الماء *Enhydra lutris*

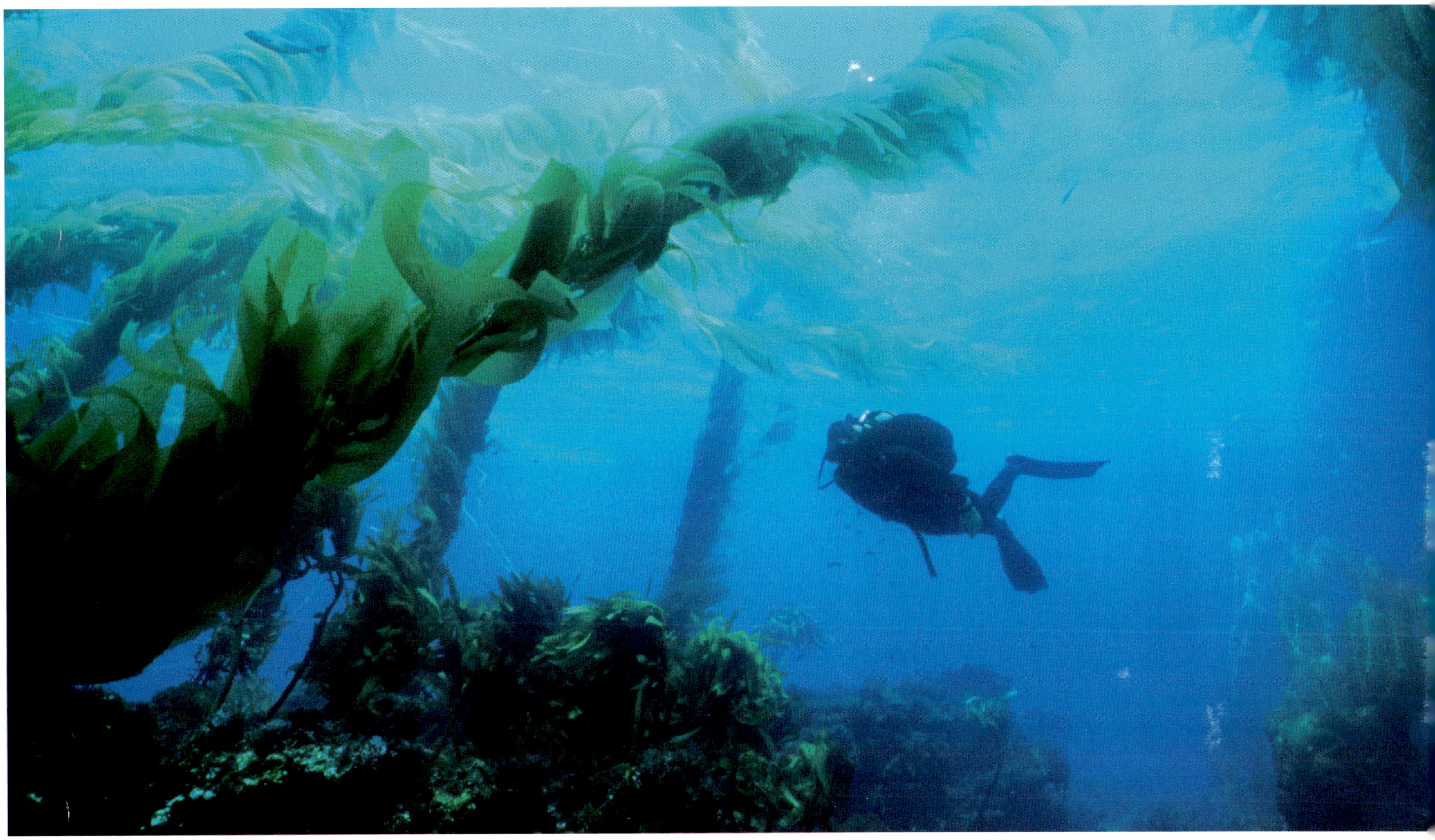

Diver and kelp
Buzo y algas kelp
Taucher im Tang
Plongeur et laminaires
Mergulhador e sargaço
غطاس وعسقب البحر

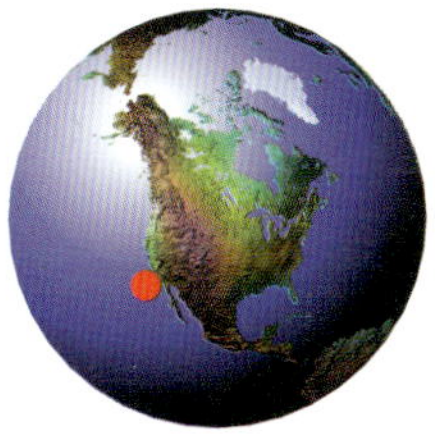

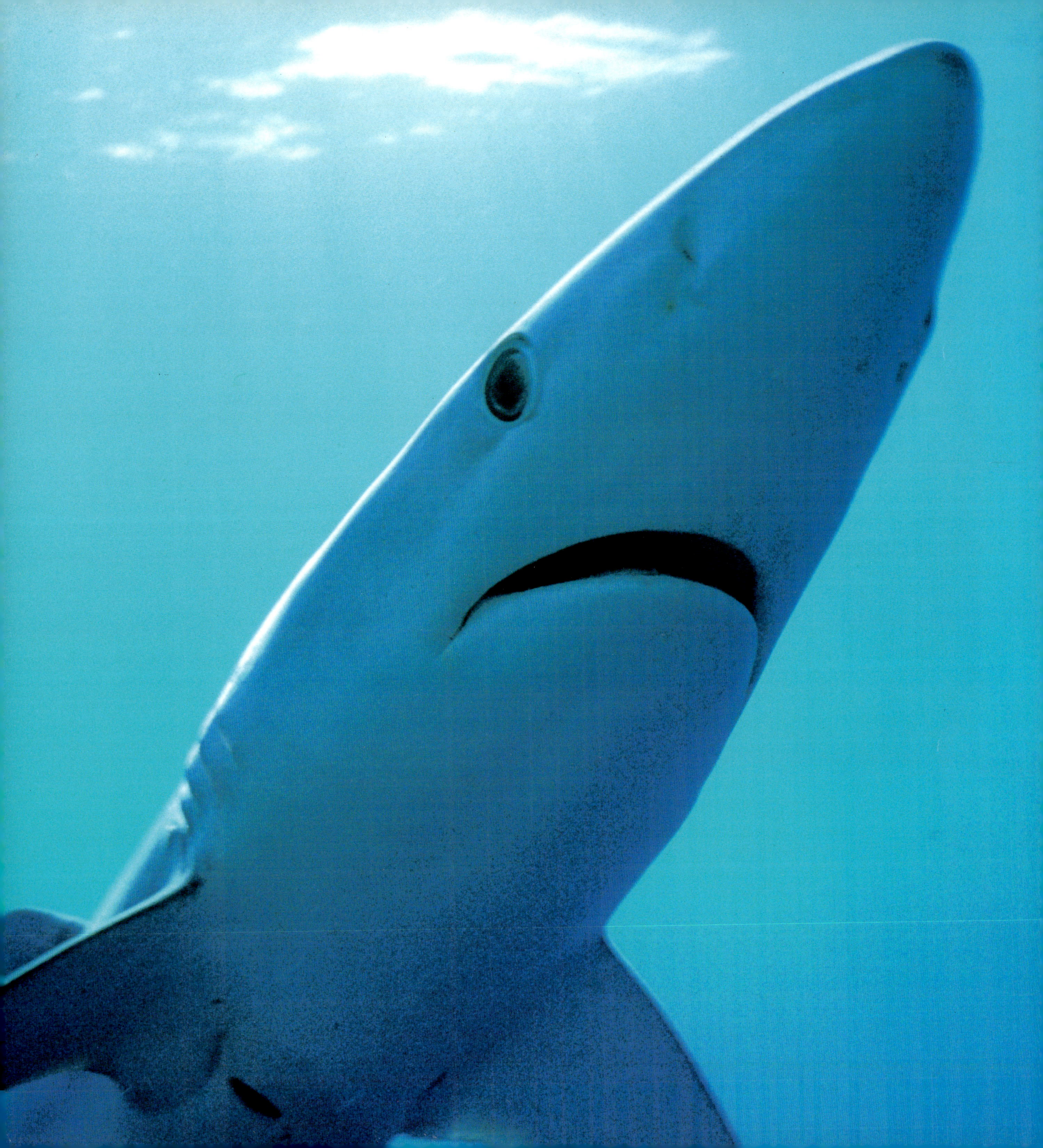

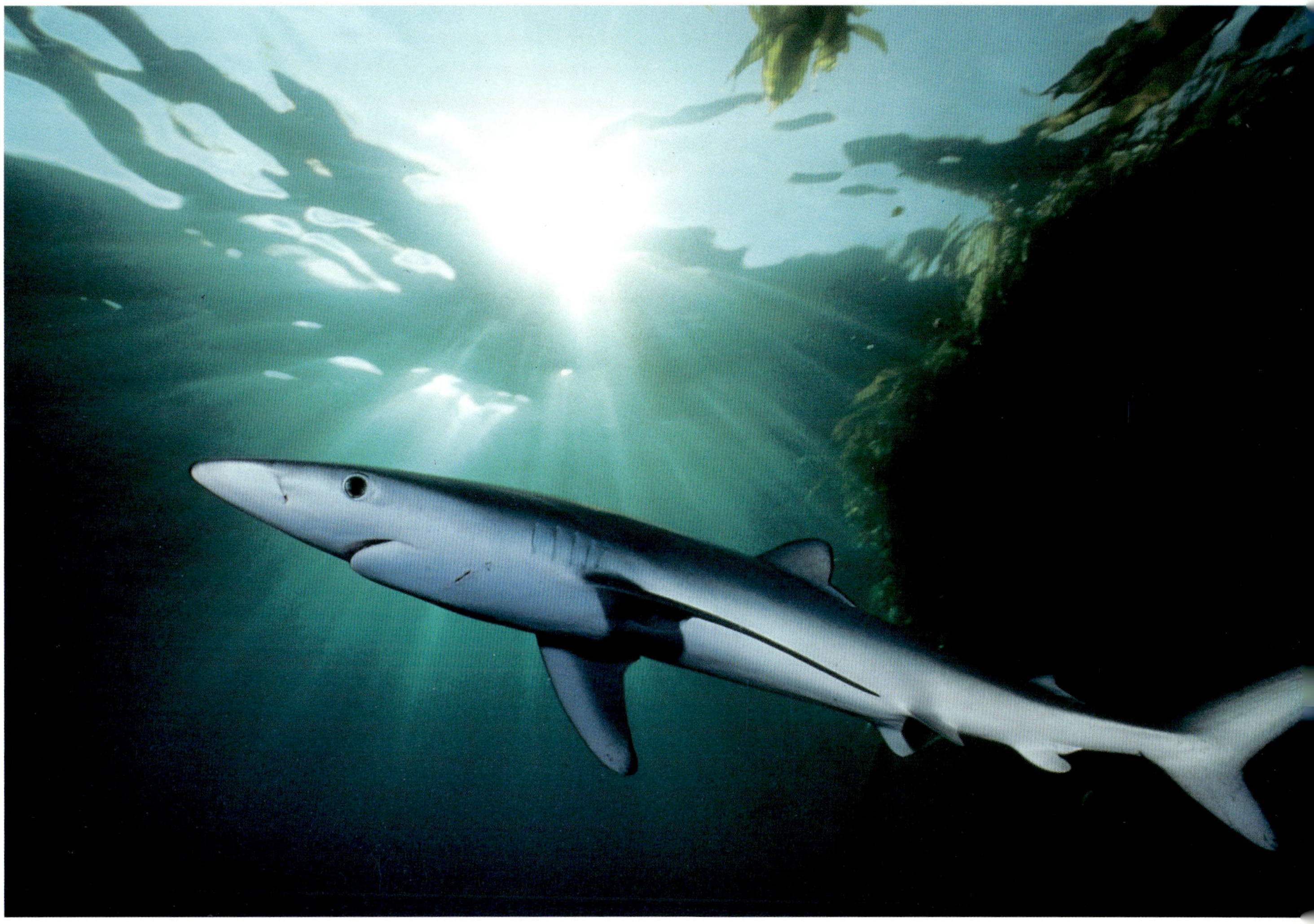

Blue shark, *Prionace glauca*

Requin bleu, *Prionace glauca*

Tiburón azul, *Prionace glauca*

Tubarão-azul, *Prionace glauca*

Blauhai, *Prionace glauca*

قرش أزرق
Prionace glauca

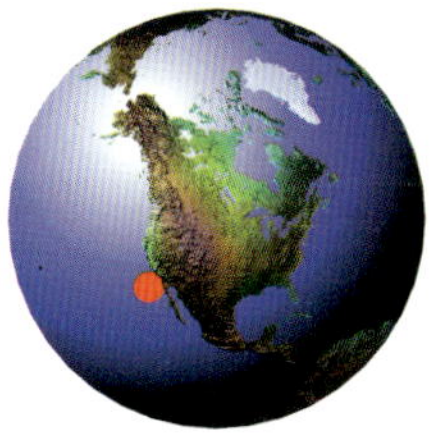

Grey whale head in close up, *Eschrichtus robustus*

Baleine grise en gros plan, *Eschrichtus robustus*

Eschrichtus robustus

Pormenor da cabeça de uma baleia cinzenta, *Eschrichtus robustus*

Kopf eines Grauwals aus nächster Nähe, *Eschrichtus robustus*

صورة مقربة حوت رمادي
Eschrichtus robustus

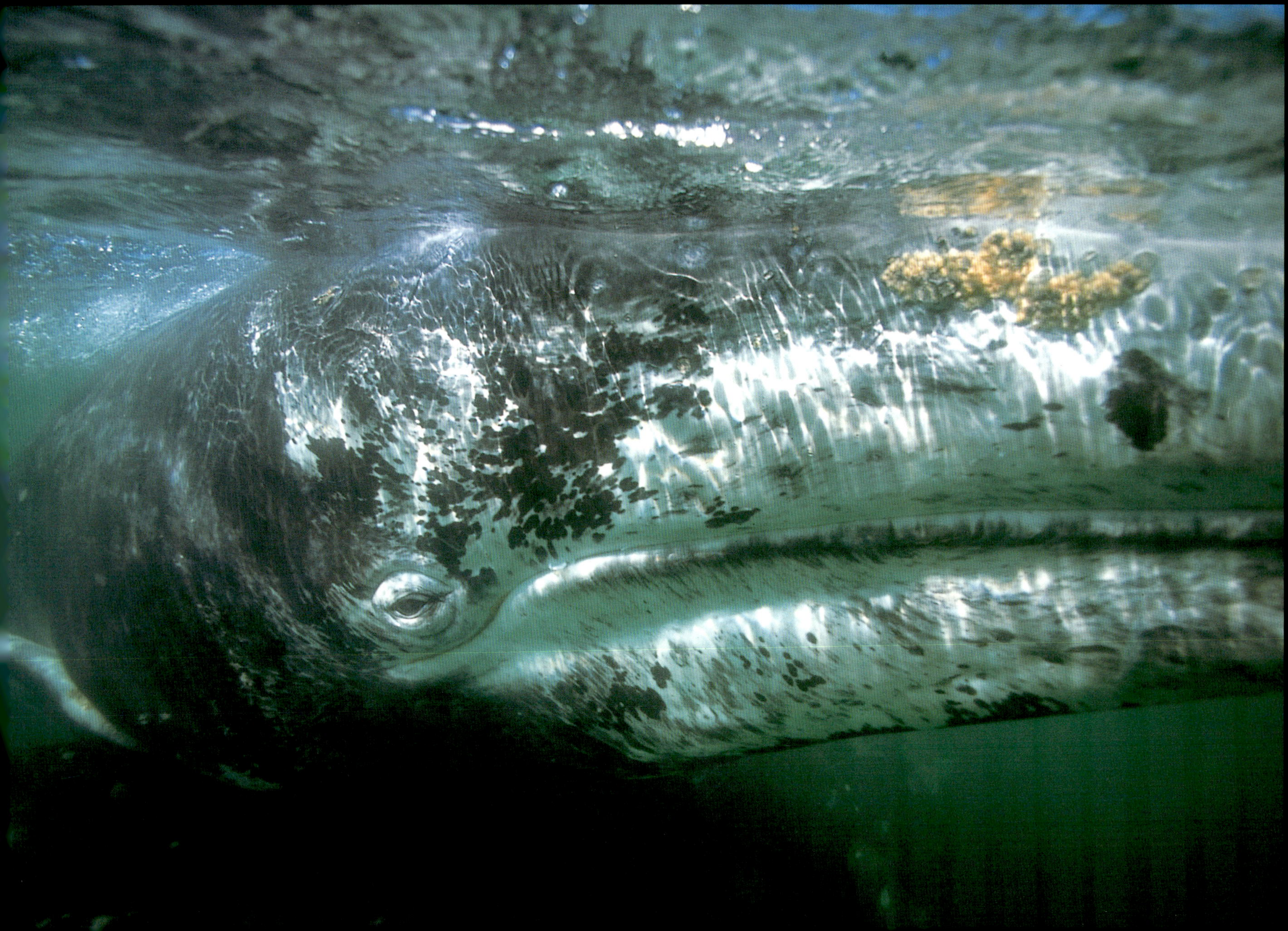

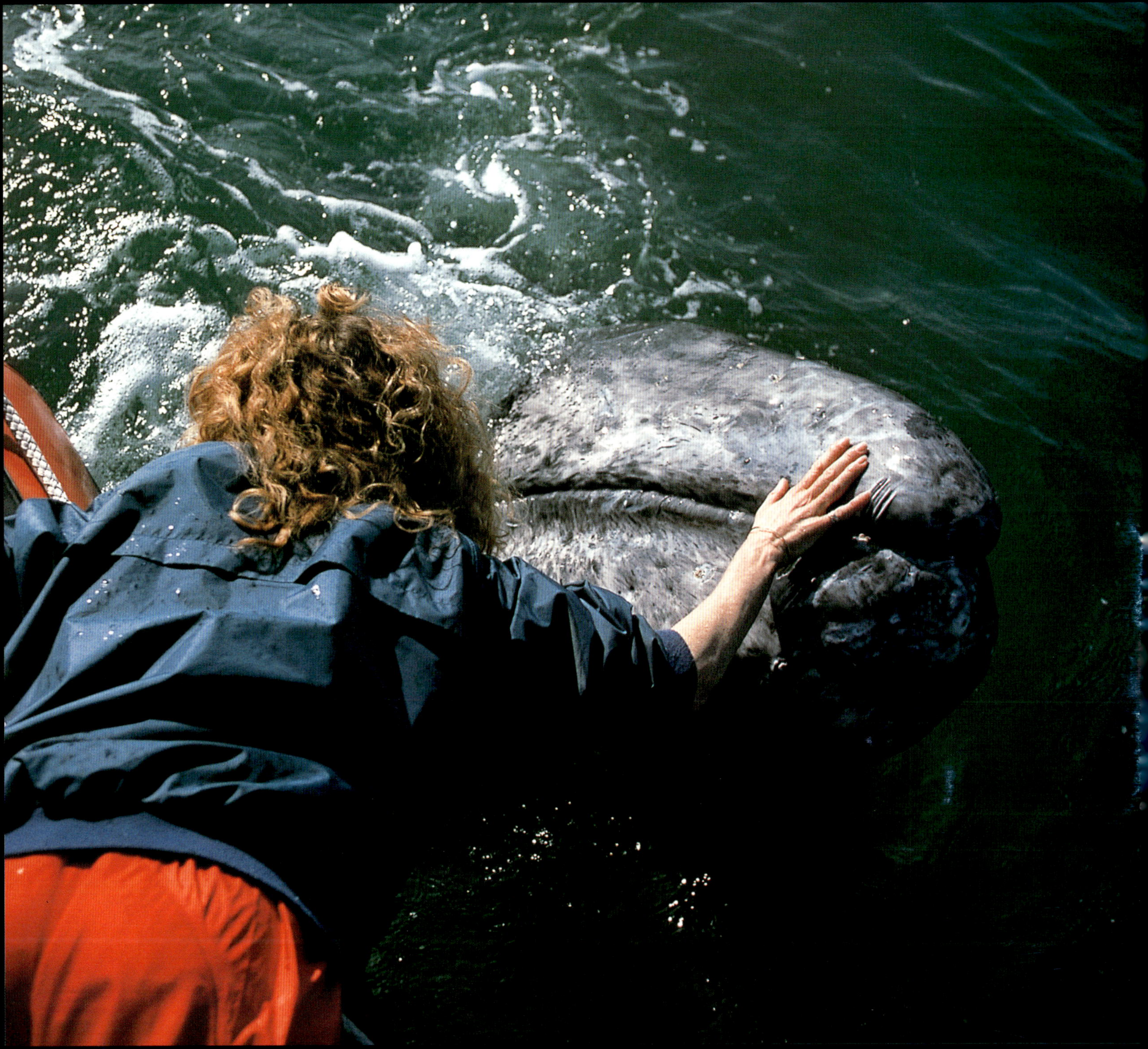

A friendly encounter with a grey whale, *Eschrichtus robustus*

Rencontre amicale avec une baleine grise, *Eschrichtus robustus*

Eschrichtus robustus

Encontro amigável com uma baleia cinzenta, *Eschrichtus robustus*

Zusammentreffen mit einem Grauwal, *Eschrichtus robustus*

مواجهة بتودد مع حوت رمادي
Eschrichtus robustus

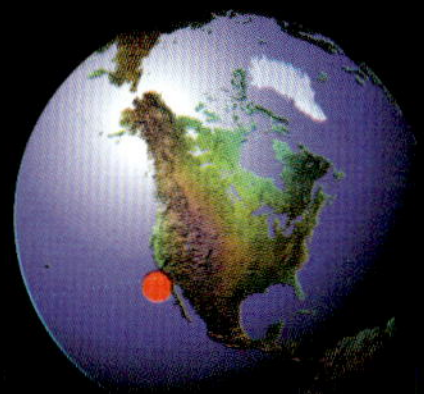

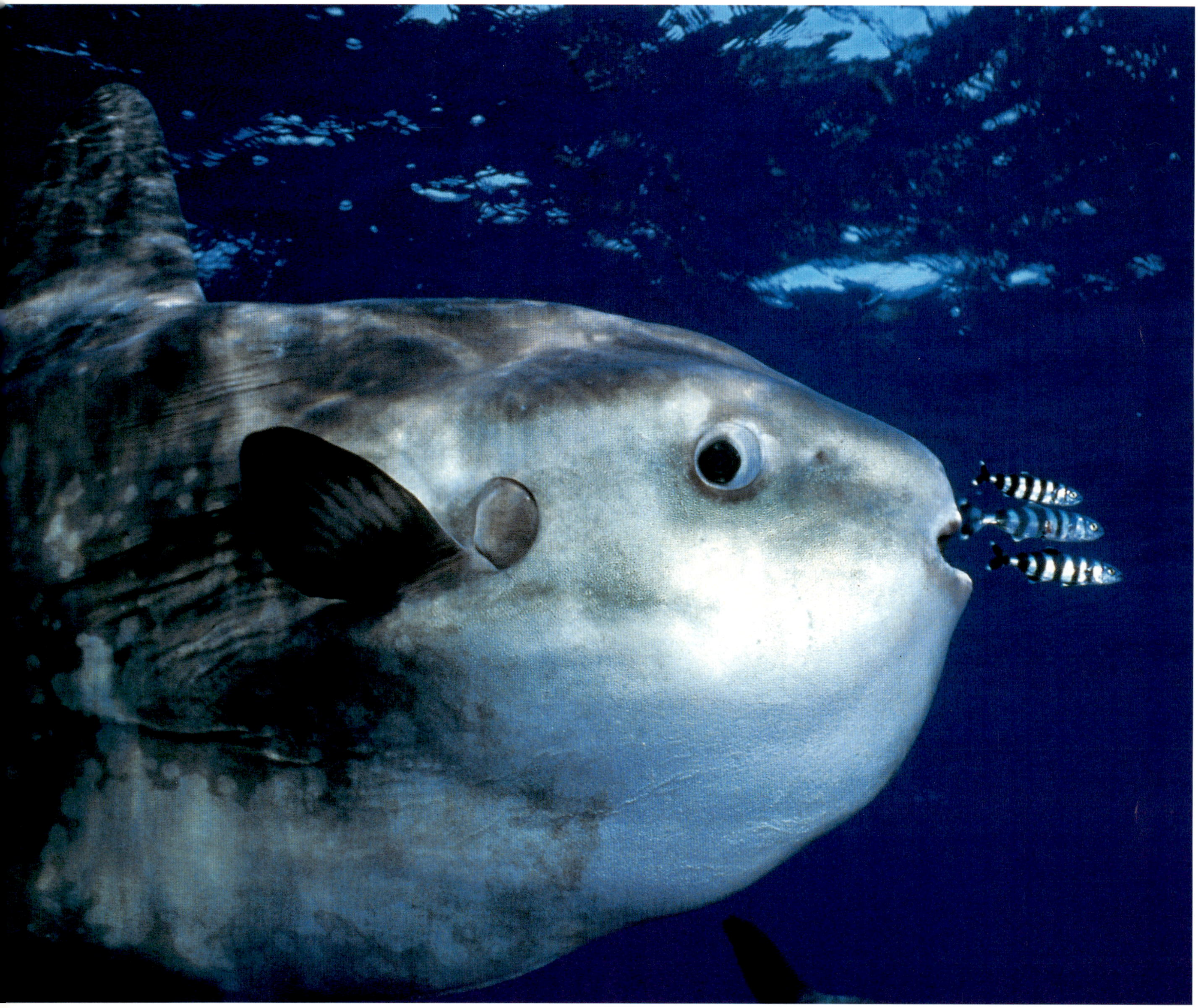

Ocean sunfish, *Mola mola*, with pilotfish, *Naucrates ductor*

Môle, *Mola mola*, avec poisson pilote, *Naucrates ductor*

Pez luna, *Mola mola*, con pez piloto, *Naucrates ductor*

Peixe-sol, *Mola mola*, com peixe-piloto, *Naucrates ductor*

Sonnenfisch, *Mola mola*, und ein Pilotfisch, *Naucrates ductor*

قيصانة المحيط مع
سمكة مستديرة
Mola mola
Naucrates ductor

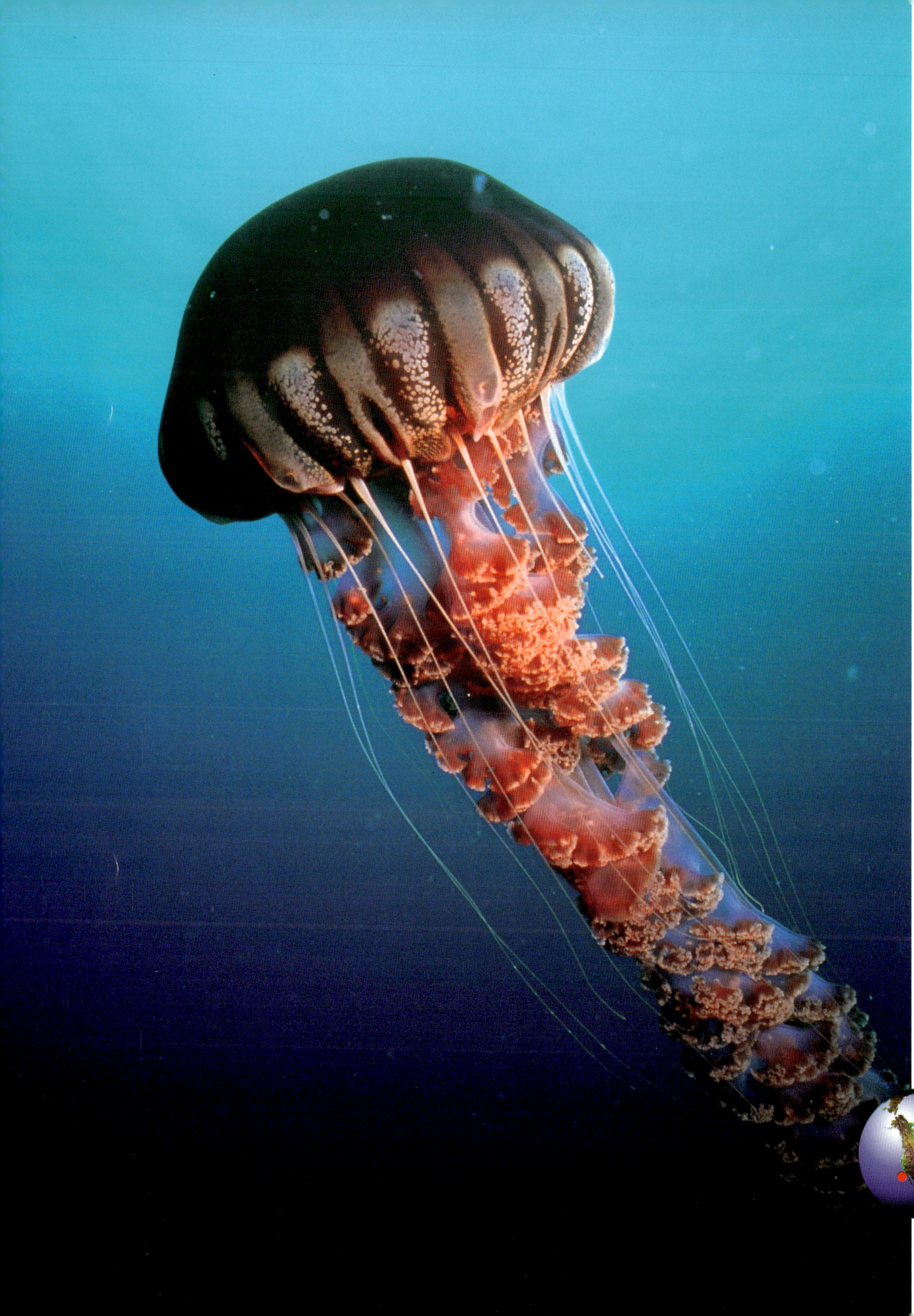

Pelagic jellyfish,
Chrysaora sp.

Méduse pélagique,
Chrysaora sp.

Medusa pelágica,
Chrysaora sp.

Medusa,
Chrysaora sp.

Seequalle,
Chrysaora sp.

قنديل البحر
الاوقيانوسي
Chrysaora sp.

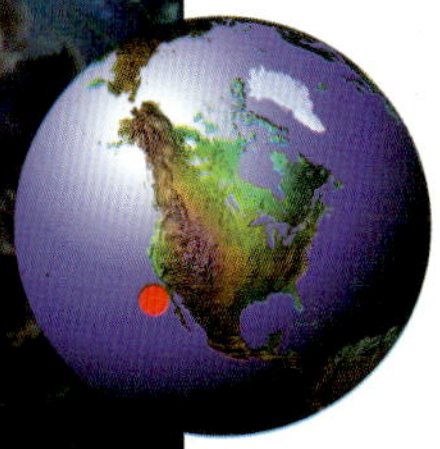

Sand tiger shark
with schooling fish

Requin-tigre et banc
de poissons

Tiburón tigre de
arena con banco de
peces

Tubarão-tigre com
cardume de peixes

Sandtiger mit
Fischschwarm

سمك القرش النمر
الرملي مع قطيع
مائي

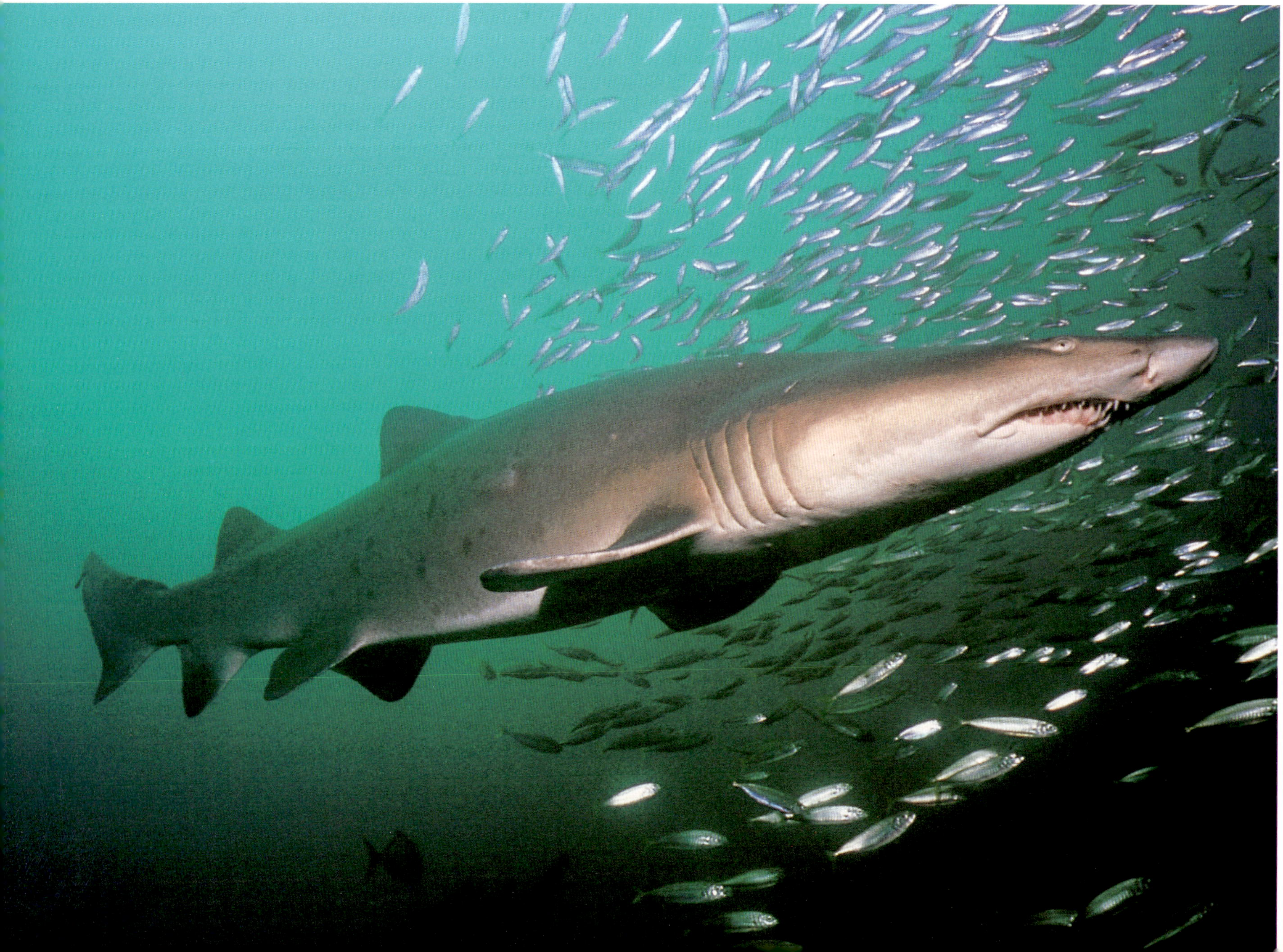

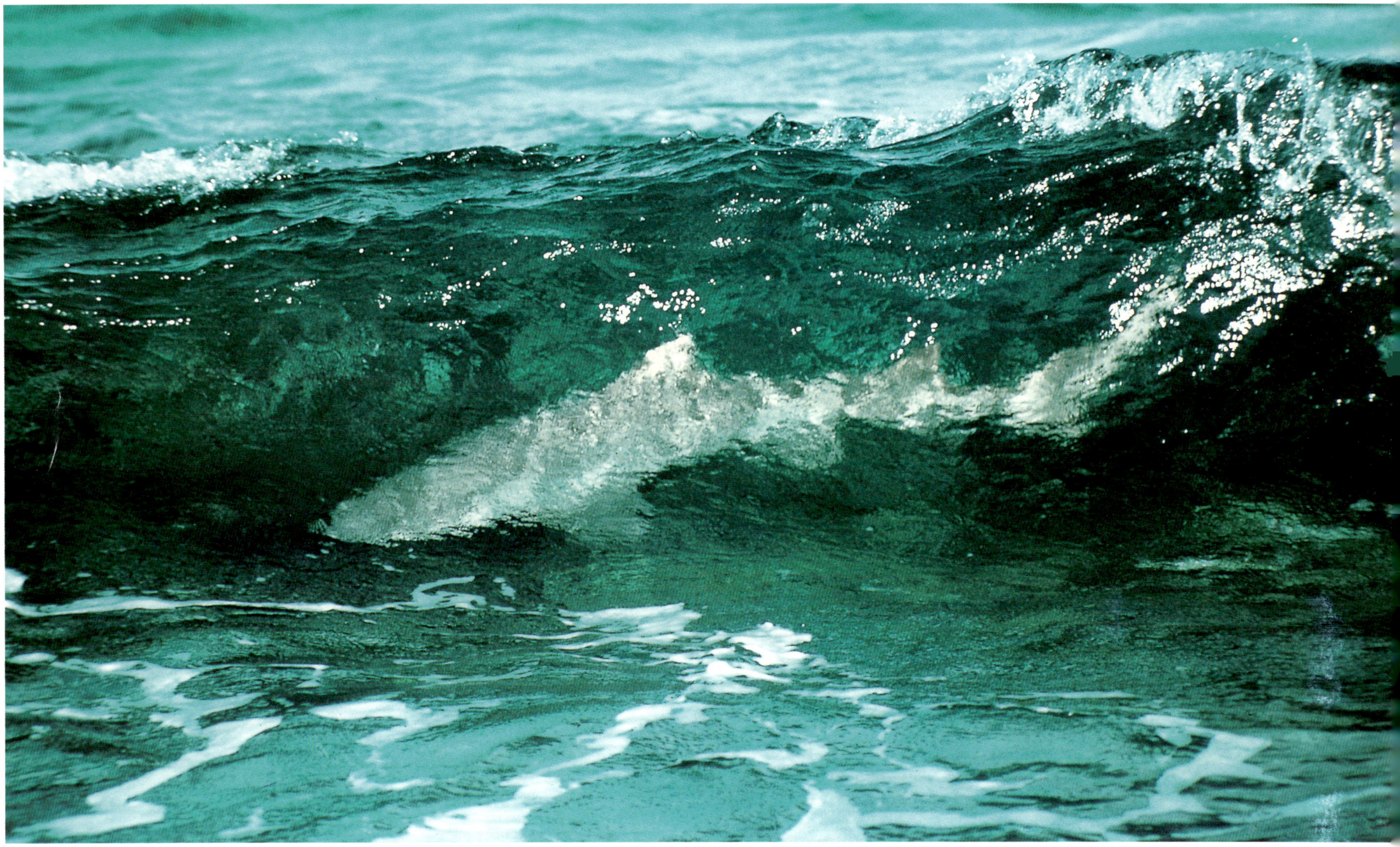

Shark in wave

Requin

Tiburón en una ola

Tubarão numa onda

Hai in den Wellen

سمك القرش بين
الأمواج

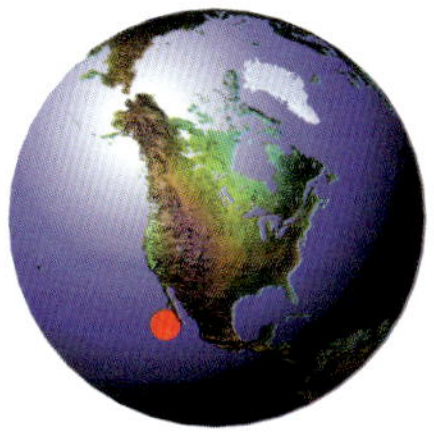

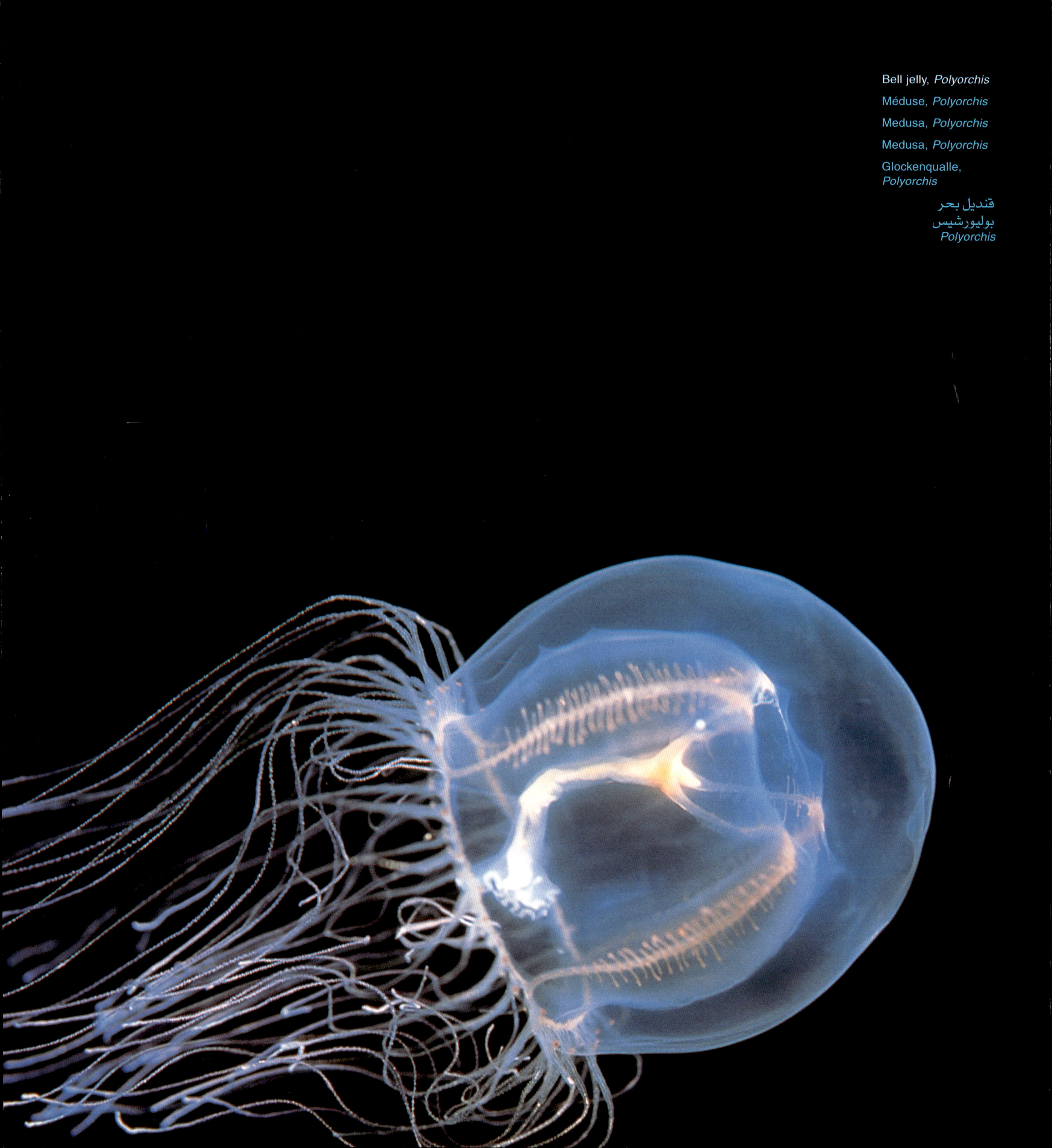

Bell jelly, *Polyorchis*

Méduse, *Polyorchis*

Medusa, *Polyorchis*

Medusa, *Polyorchis*

Glockenqualle, *Polyorchis*

قنديل بحر
بوليورشيس
Polyorchis

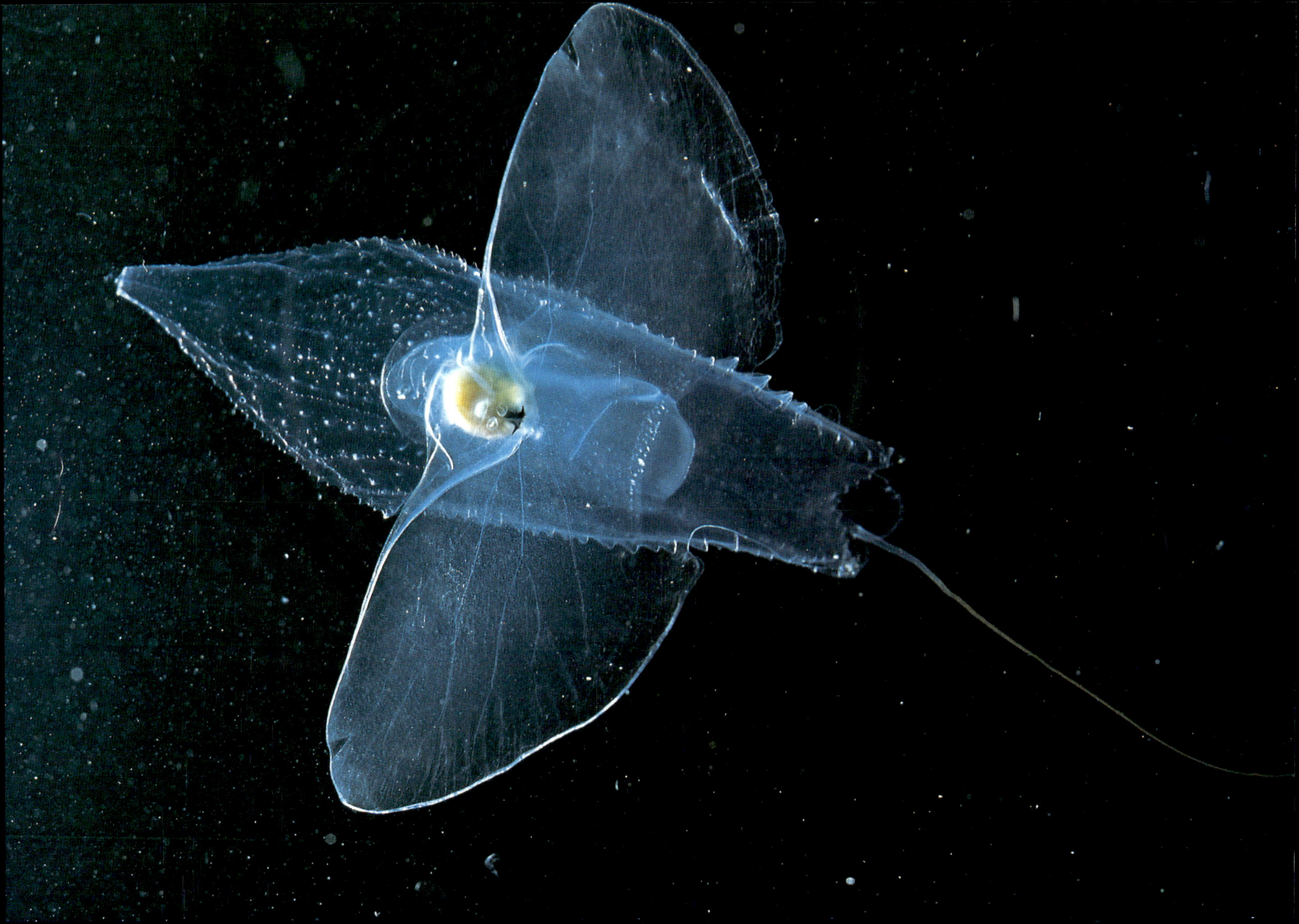

Sabot de venus,
Cymbulia sp.

Méduse, *Cymbulia* sp

Madreñas de Venus,
Cymbulia sp

Socos-de-vénus,
Cymbulia sp

Sabot de venus,
Cymbulia sp

حذاء فينوس
Cymbulia sp

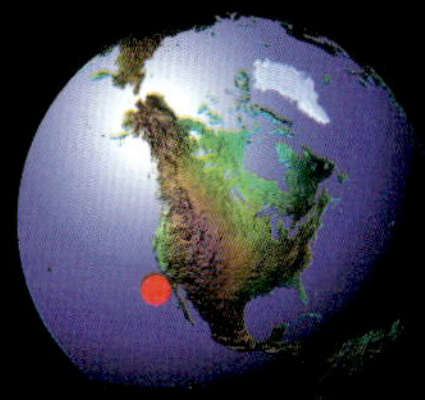

Bottle-nosed dolphins,
Tursiops truncatus

Tursiops truncatus

Delfines mulares,
Tursiops truncatus

Delfins, *Tursiops truncatus*

Große Tümmler,
Tursiops truncatus

دولفن ذو أنف مدبب
Tursiops truncatus

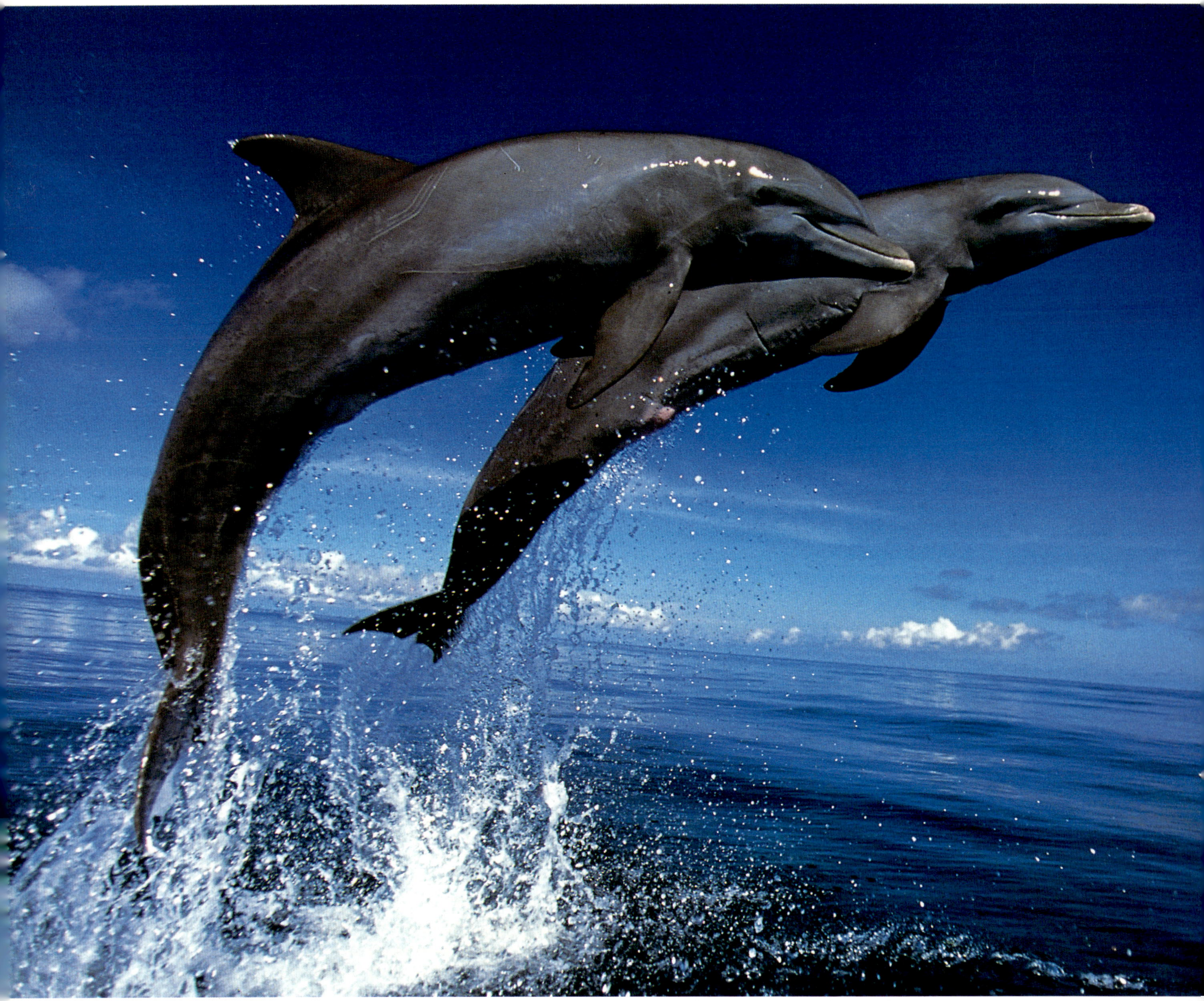

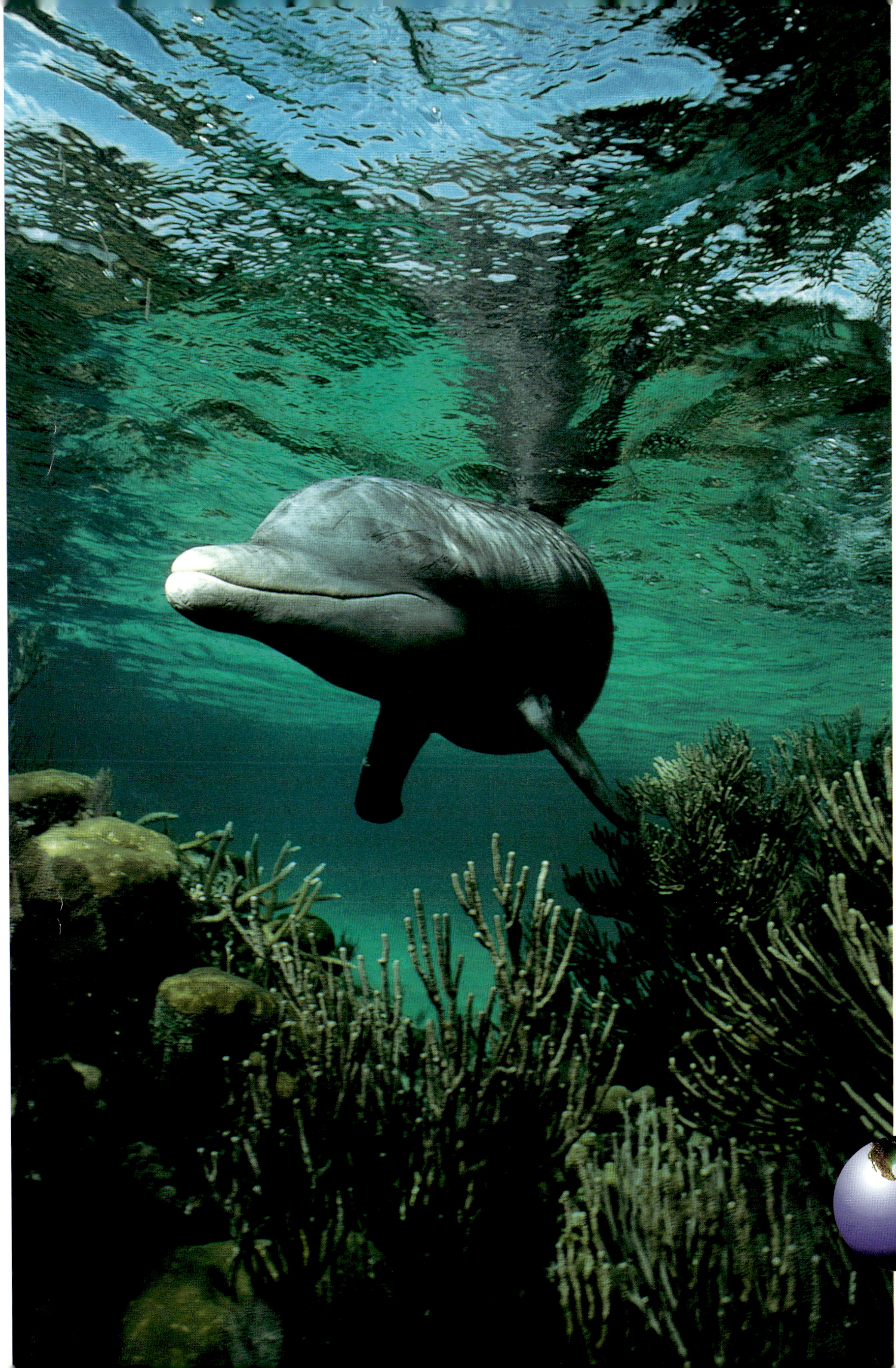

Bottle-nosed dolphin, *Tursiops truncatus*

Tursiops truncatus

Delfín mular, *Tursiops truncatus*

Delfin, *Tursiops truncatus*

Großer Tümmler, *Tursiops truncatus*

دولفن ذو أنف مدبب
Tursiops truncatus

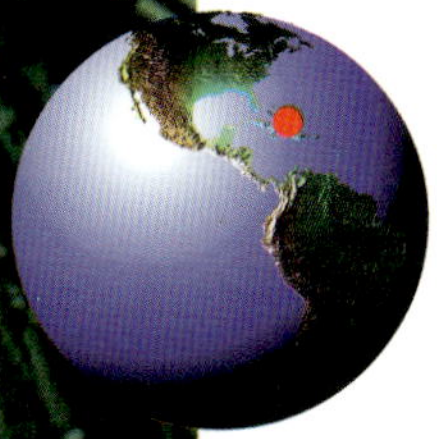

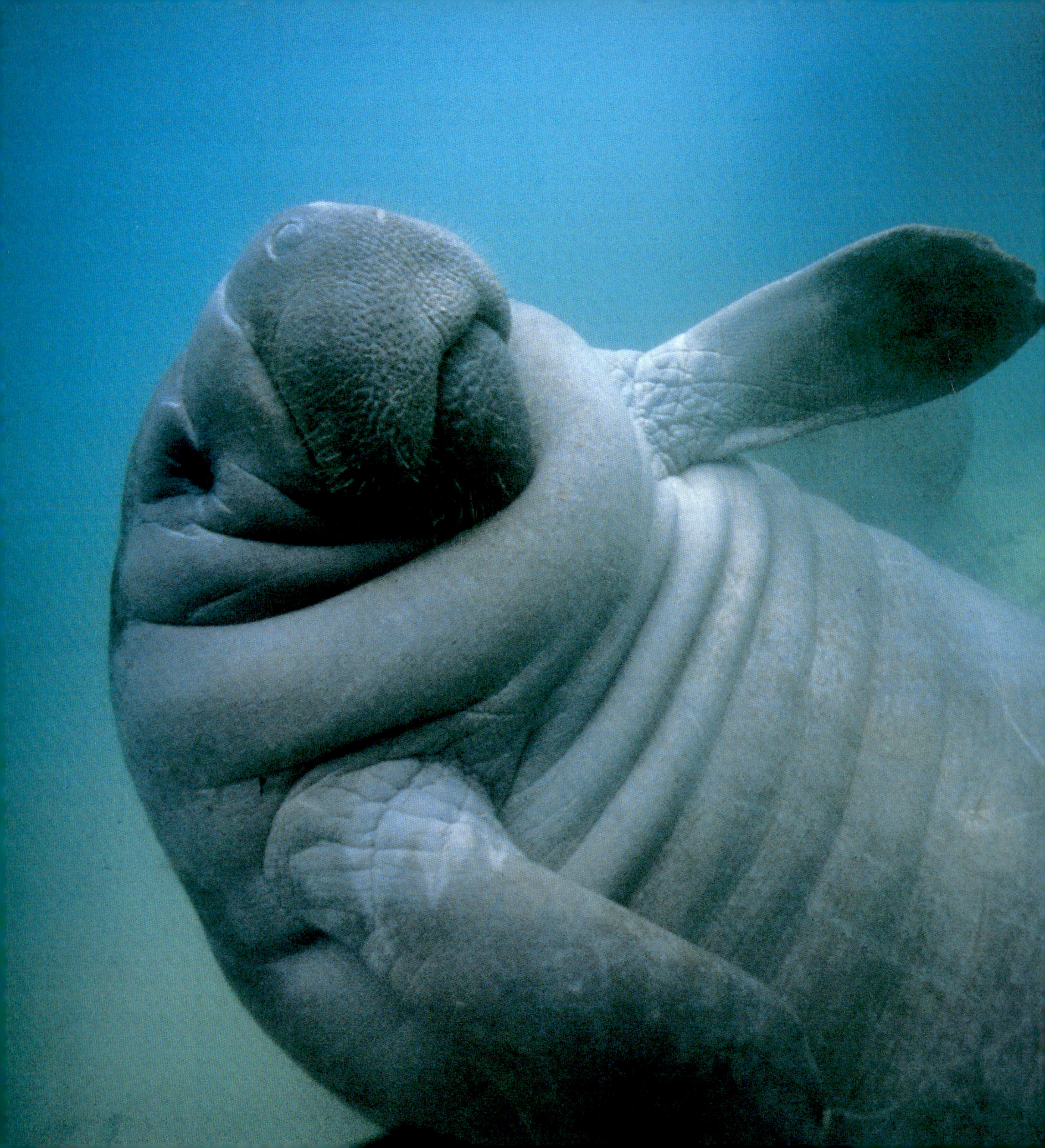

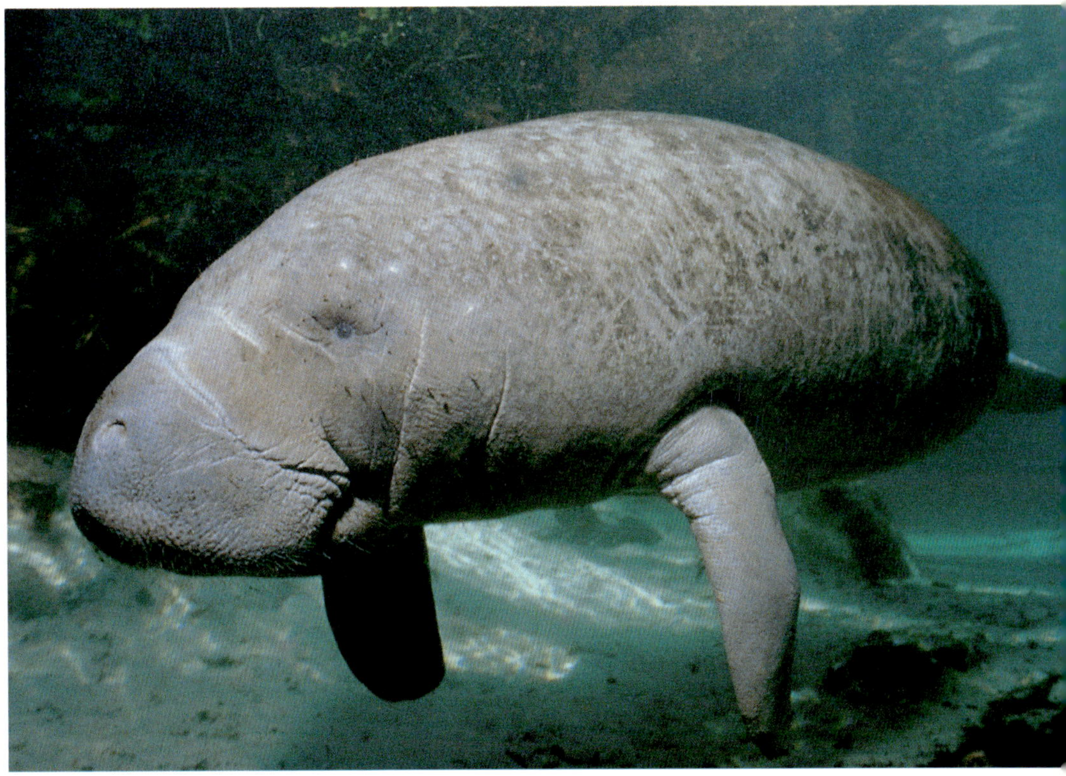

West Indian manatee, *Trichechus manatus*

Lamantin des Antilles, *Trichechus manatus*

Manatí de las Antillas, *Trichechus manatus*

Manatim, *Trichechus manatus*

Nagel-Manati, *Trichechus manatus*

خروف البحر
Trichechus manatus

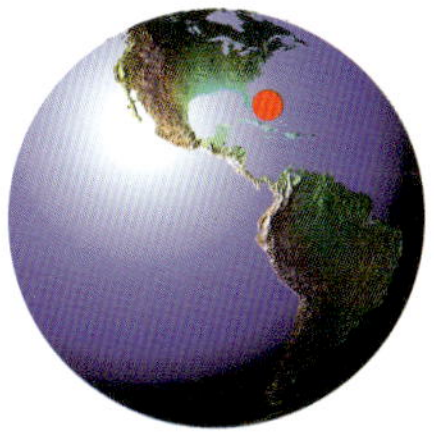

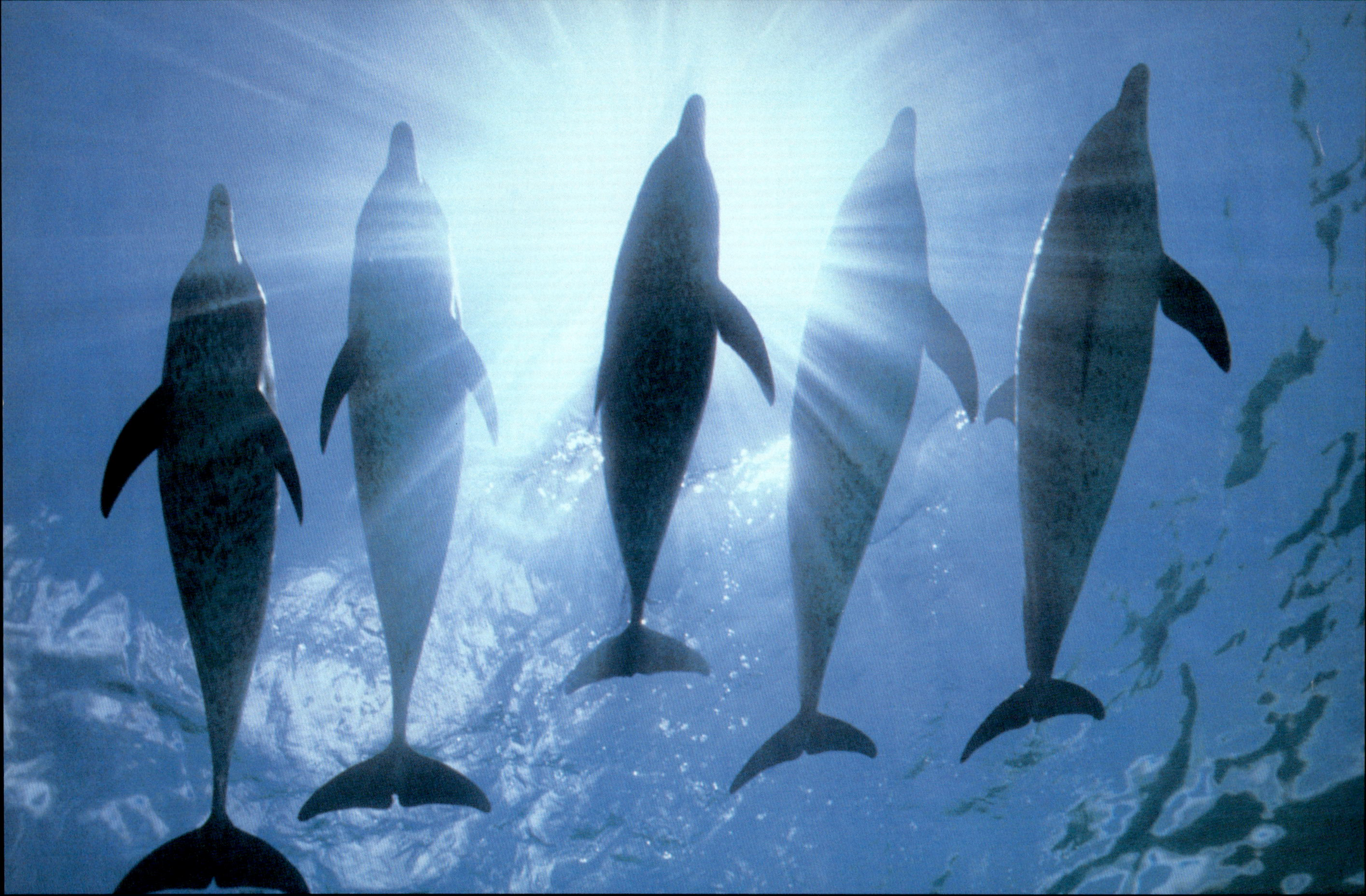

Atlantic spotted dolphins, *Stenella frontalis*

Dauphins de l'Atlantique, *Stenella*

Delfines moteados del Atlántico, *Stenella frontalis*

Golfinho de manchas do Atlântico, *Stenella*

Fleckendelphine, *Stenella frontalis*

دولفن اطلسي مرقط
Stenella frontalis

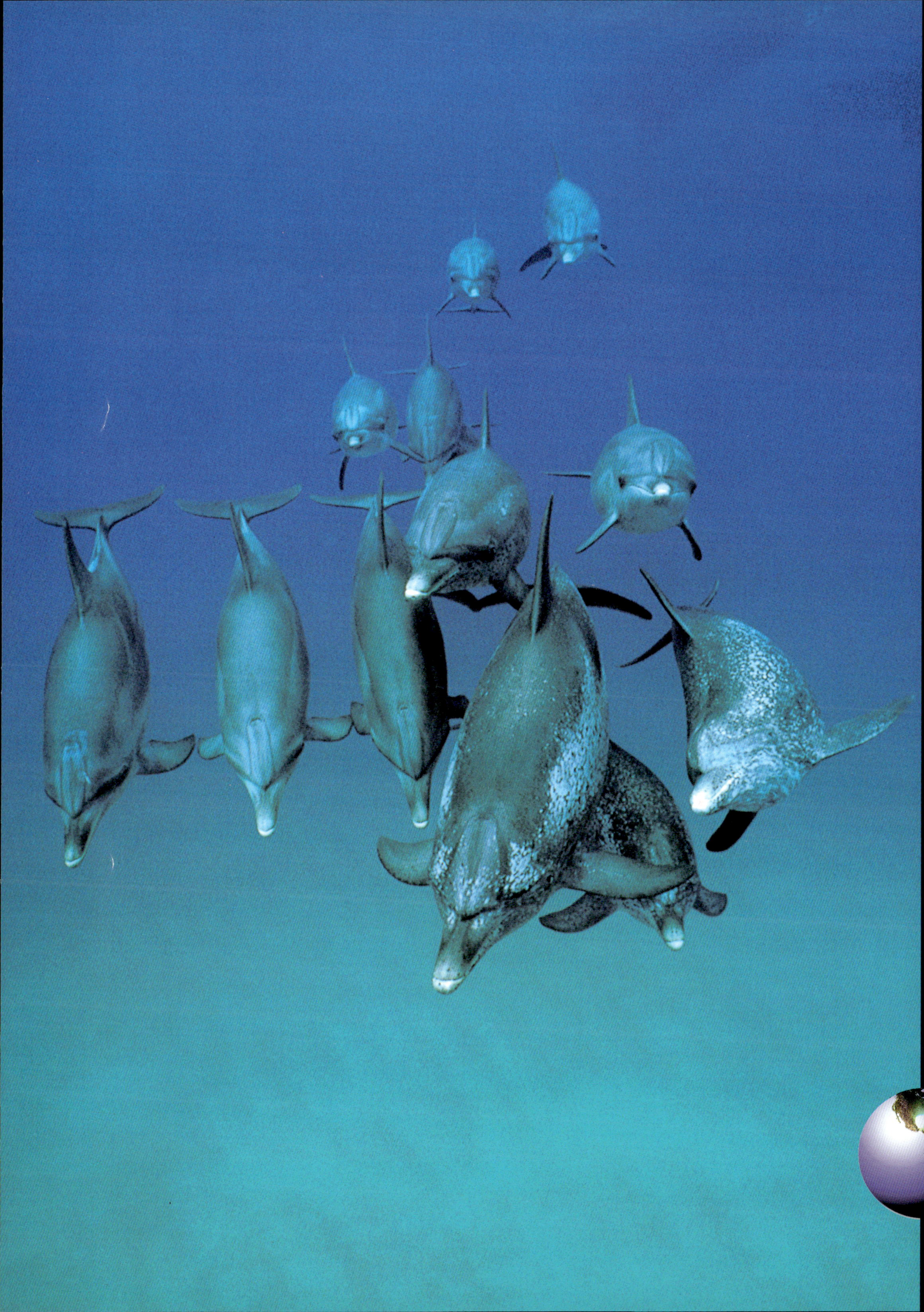

Atlantic spotted dolphins, *Stenella frontalis*

Dauphins de l'Atlantique, *Stenella frontalis*

Delfines moteados del Atlántico, *Stenella frontalis*

Golfinho de manchas do Atlântico, *Stenella frontalis*

Fleckendelphine, *Stenella frontalis*

دولفن اطلسي مرقط *Stenella frontalis*

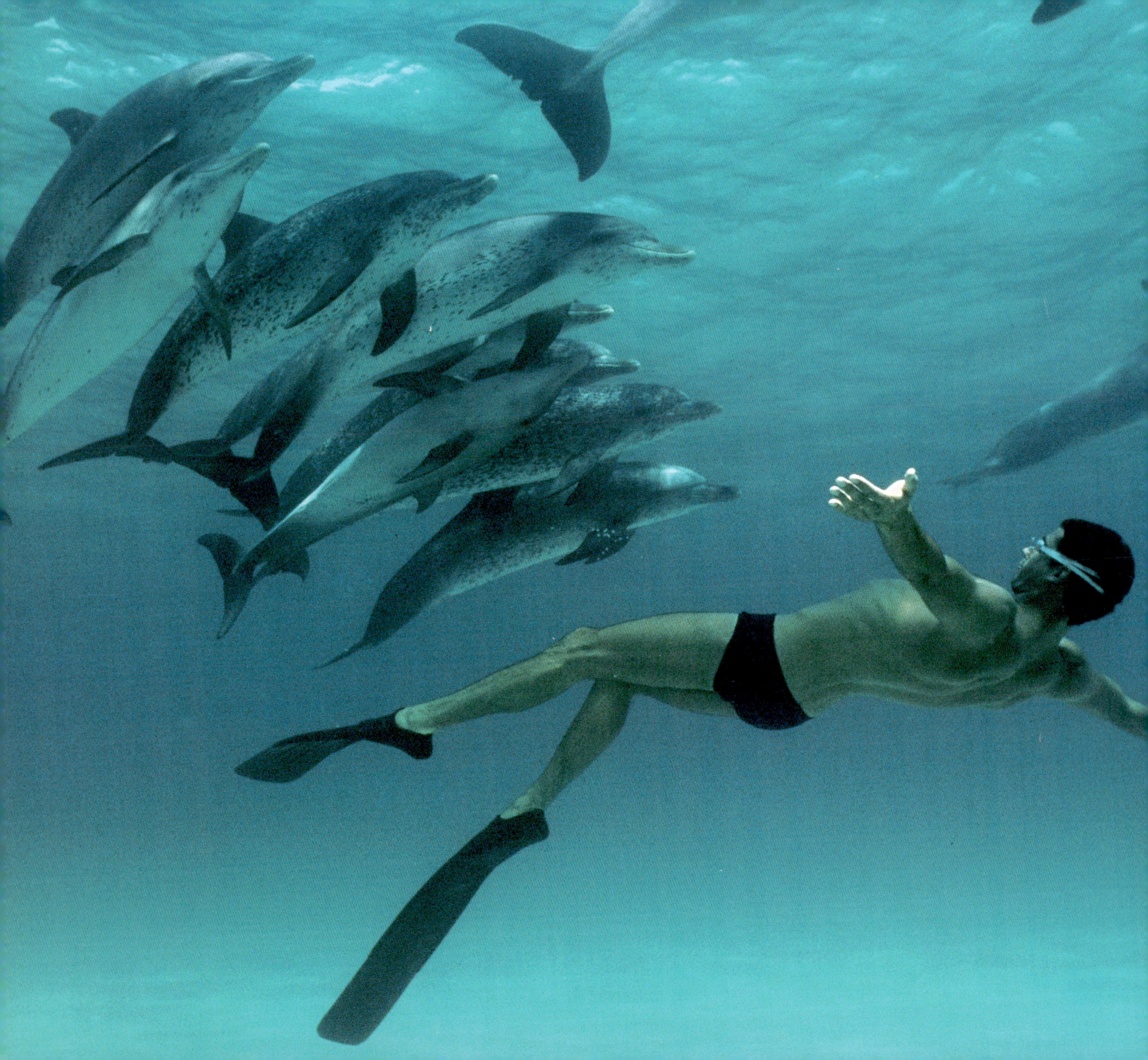

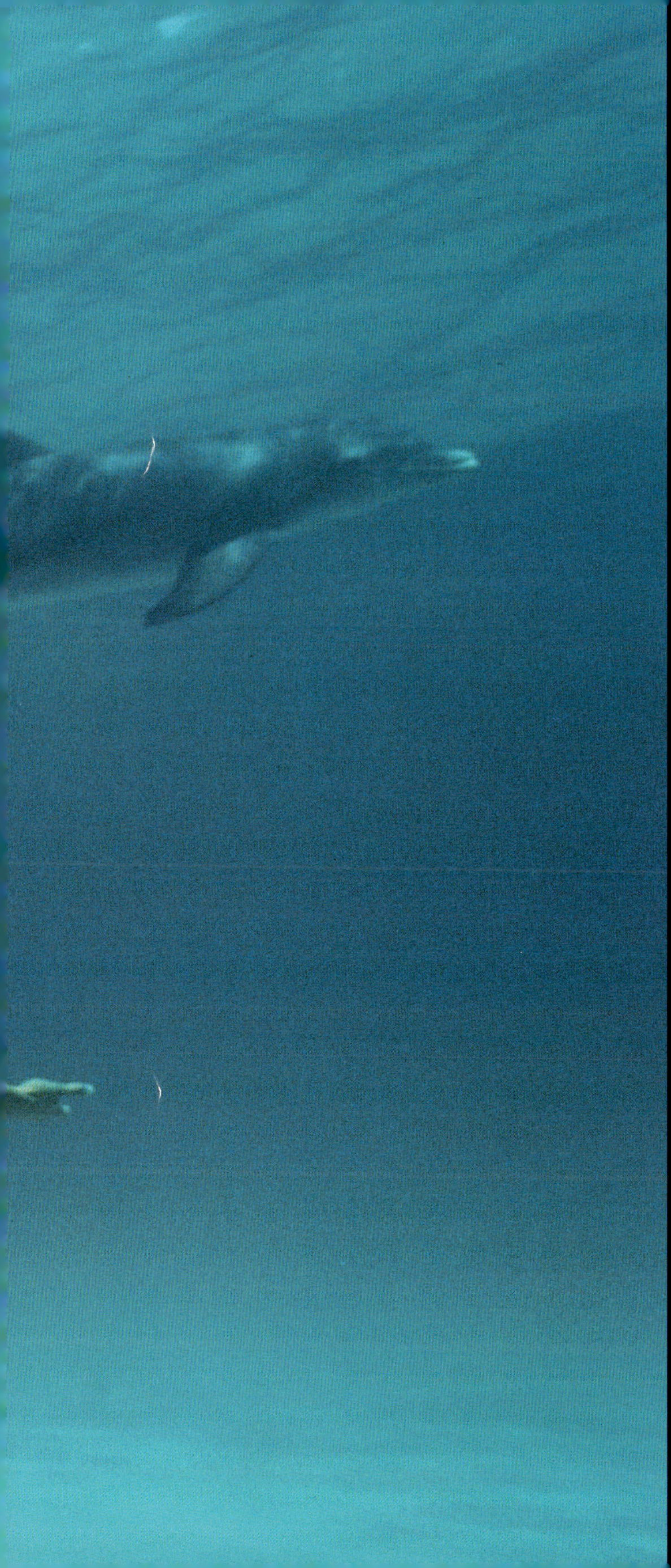

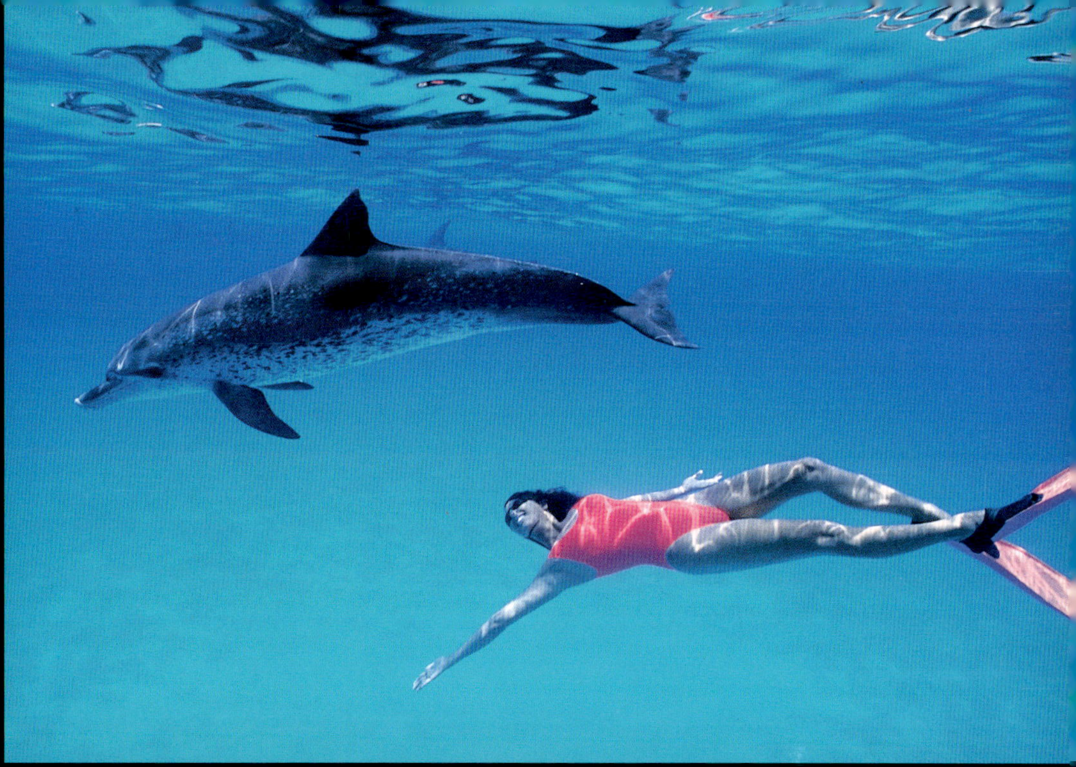

Atlantic spotted dolphins, *Stenella frontalis*, with Olympic swimmer, Matt Biondi

Dauphin de l'Atlantique, *Stenella frontalis*, avec le nageur olympique Matt Biondi

Delfines moteados del Atlántico, *Stenella frontalis*, con el nadador olímpico Matt Biondi

Golfinho de manchas do Atlântico, *Stenella frontalis*, junto a Matt Biondi, nadador Olímpico

Fleckendelphine, *Stenella frontalis*, mit Olympikschwimmer Matt Biondi

دولفن اطلسي مرقط
مع السباح الاولمبي
مات بيوندى
Stenella frontalis

Atlantic spotted dolphins, *Stenella frontalis*, with Olympic swimmer Mikato Kotani

Dauphin de l'Atlantique, *Stenella frontalis*, avec le nageur olympique Mikato Kotani

Delfines moteados del Atlántico, *Stenella frontalis*, con el nadador olímpico Mikato Kotani

Golfinho de manchas do Atlântico, *Stenella frontalis*, junto a Mikato Kotani, nadador Olímpico

Fleckendelphine, *Stenella frontalis*, mit Olympikschwimmer Mikato Kotani

دولفن اطلسي مرقط
مع السباحة الاولمبية
ميكاتو كوثاني
Stenella frontalis

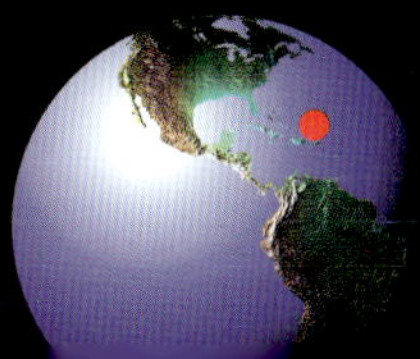

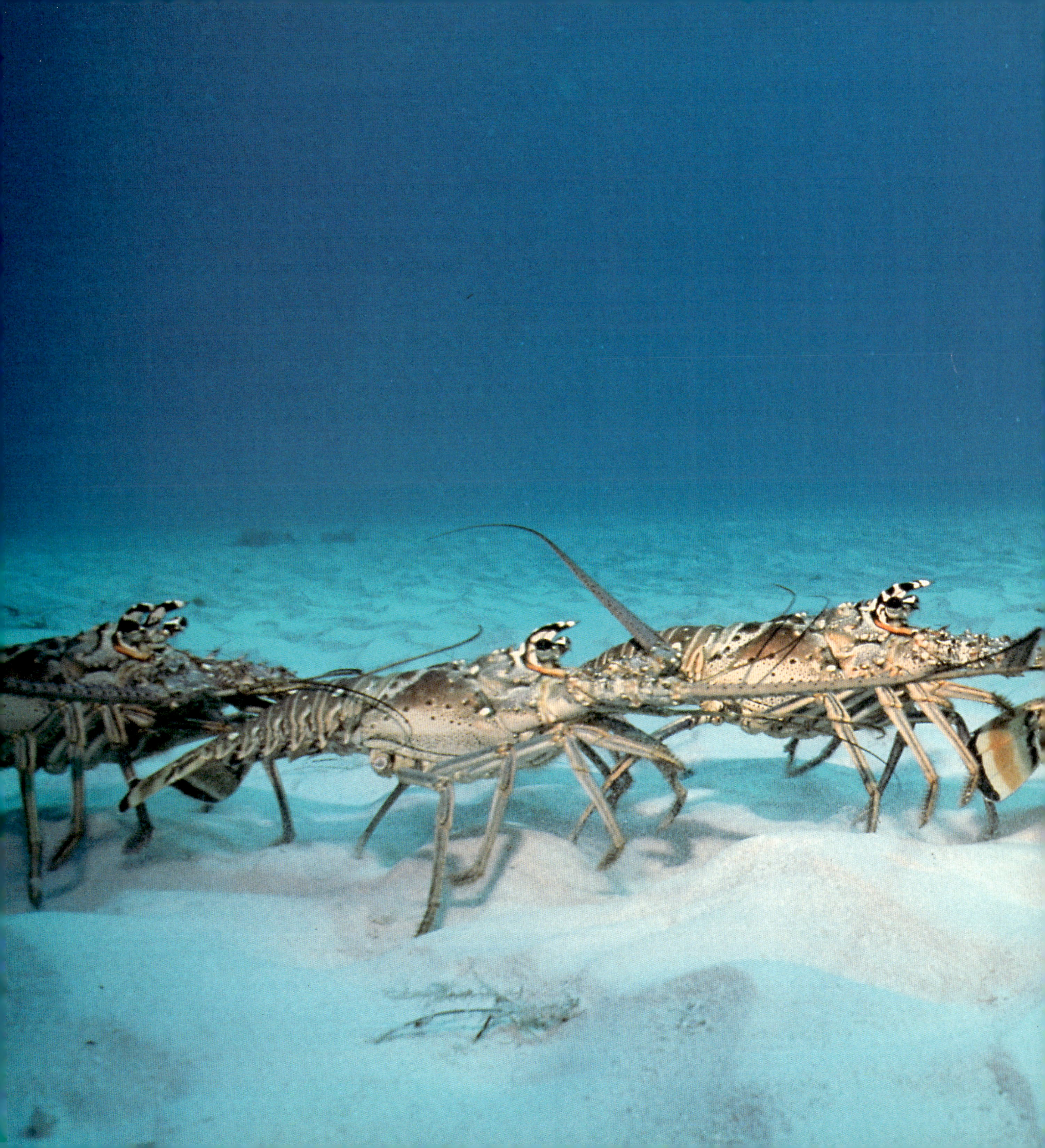

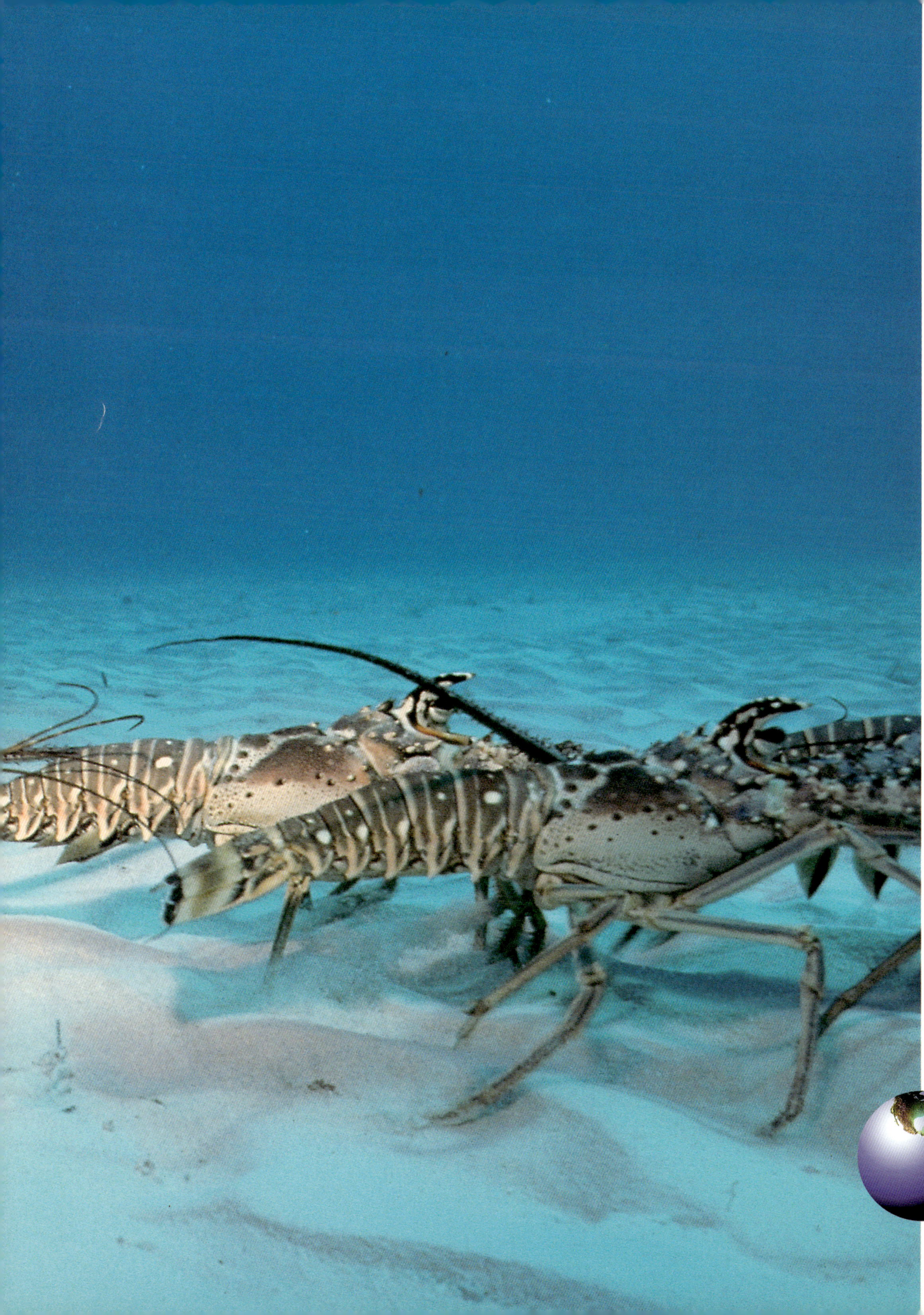

Caribbean spiny lobster, *Panulirus argus*

Langouste des Caraïbes, *Panulirus argus*

Langosta espinosa del Caribe, *Panulirus argus*

Lagosta das Caraíbas, *Panulirus argus*

Amerikanische Languste, *Panulirus argus*

كركند كاريبي مشوك
Panulirus argus

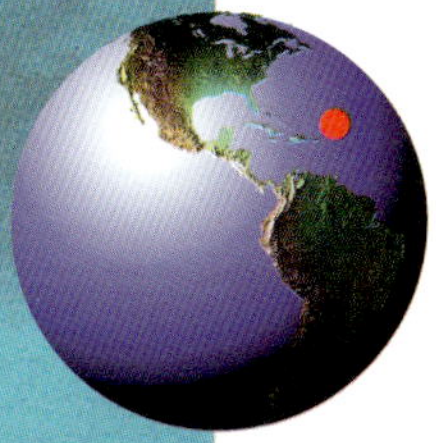

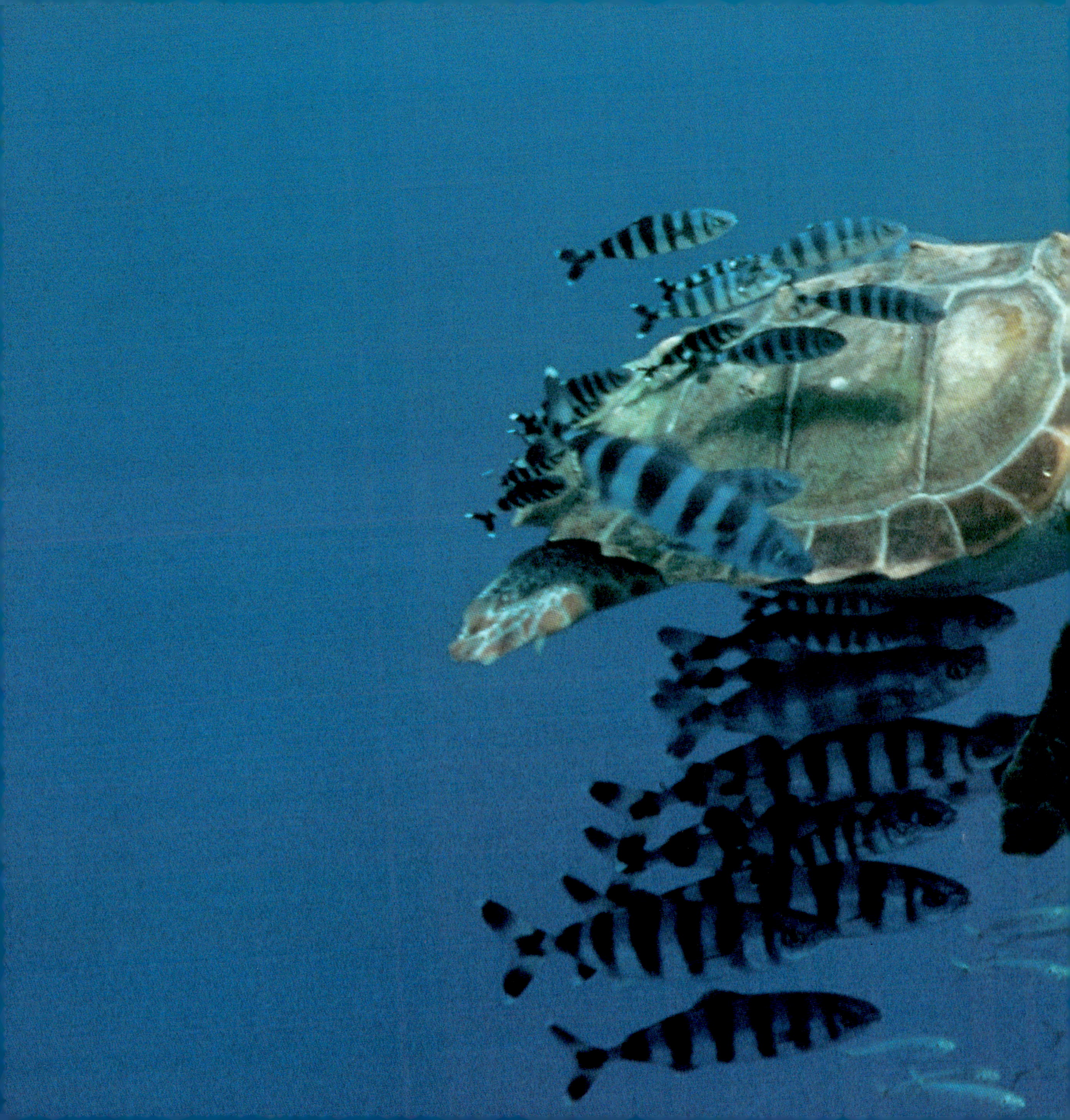

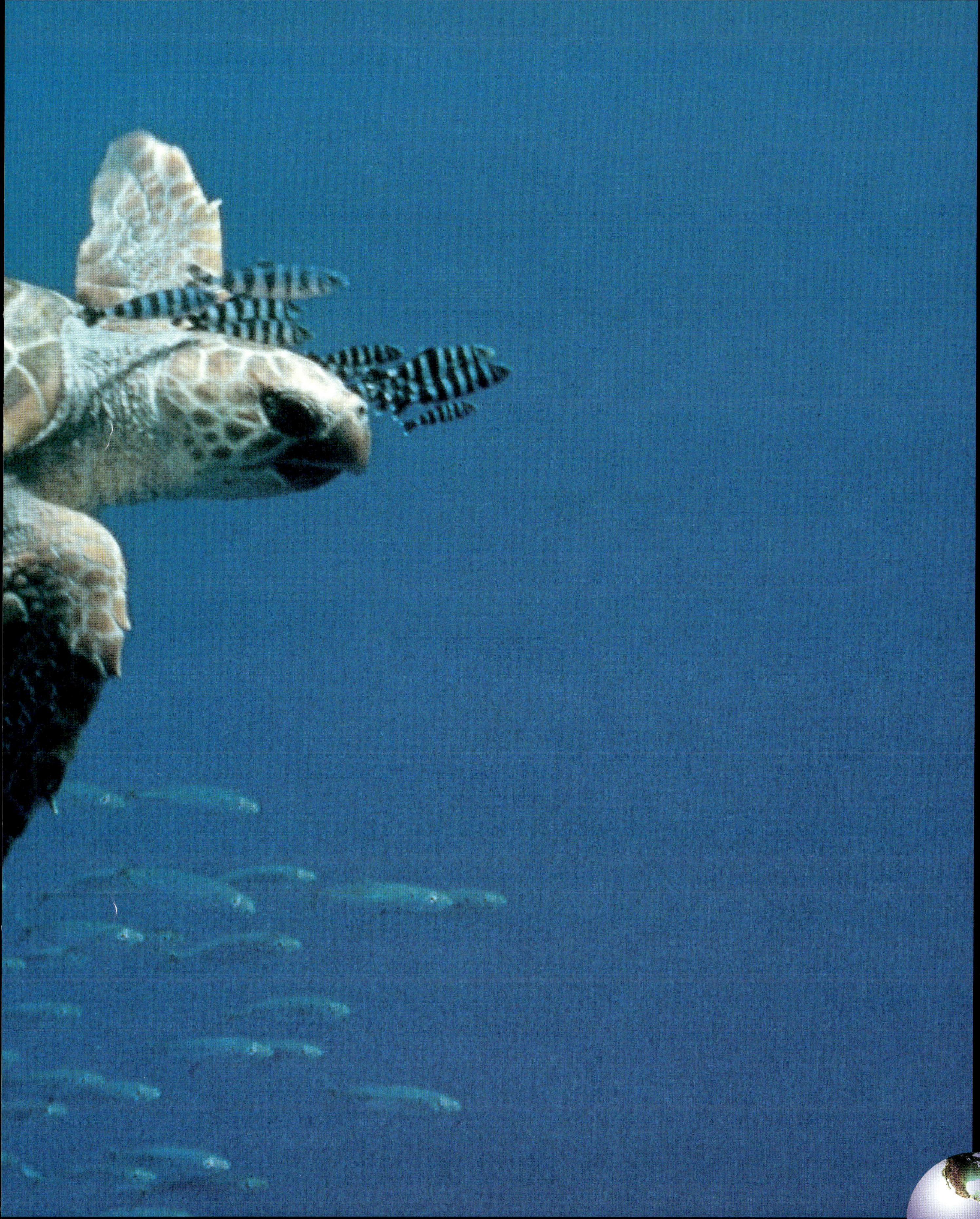

Young loggerhead turtle with pilotfish

Jeune caret et poisson pilote

Ejemplar joven de tortuga cabezona con pez piloto

Jovem tartaruga com peixe-piloto

Junge unechte Karettschildkröte mit einem Pilotfisch

سلحفاة بحرية ضخمة الرأس مع سمك الزامور

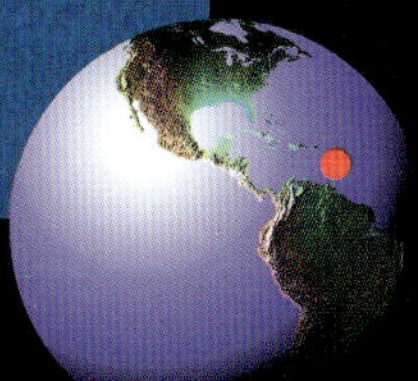

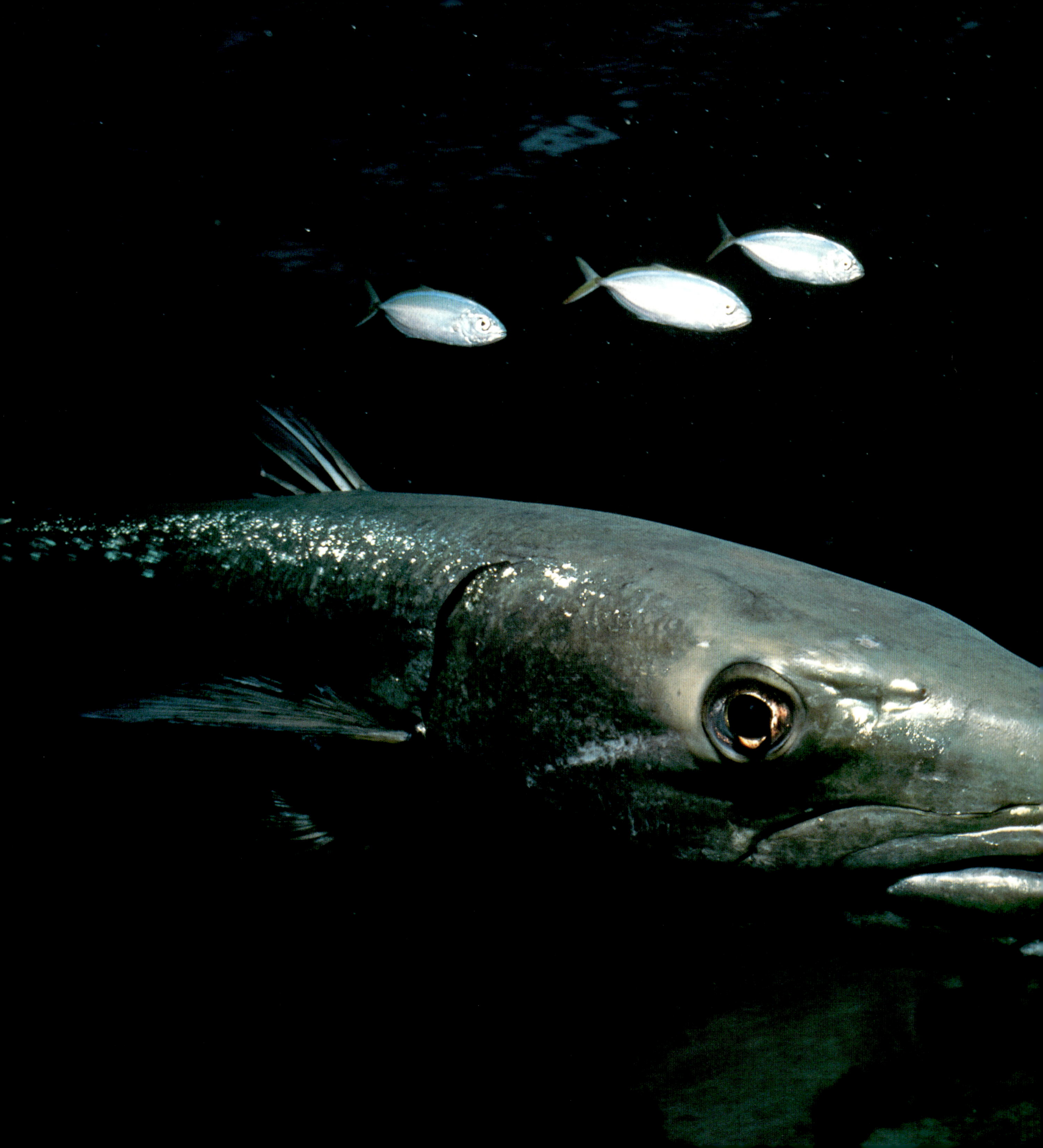

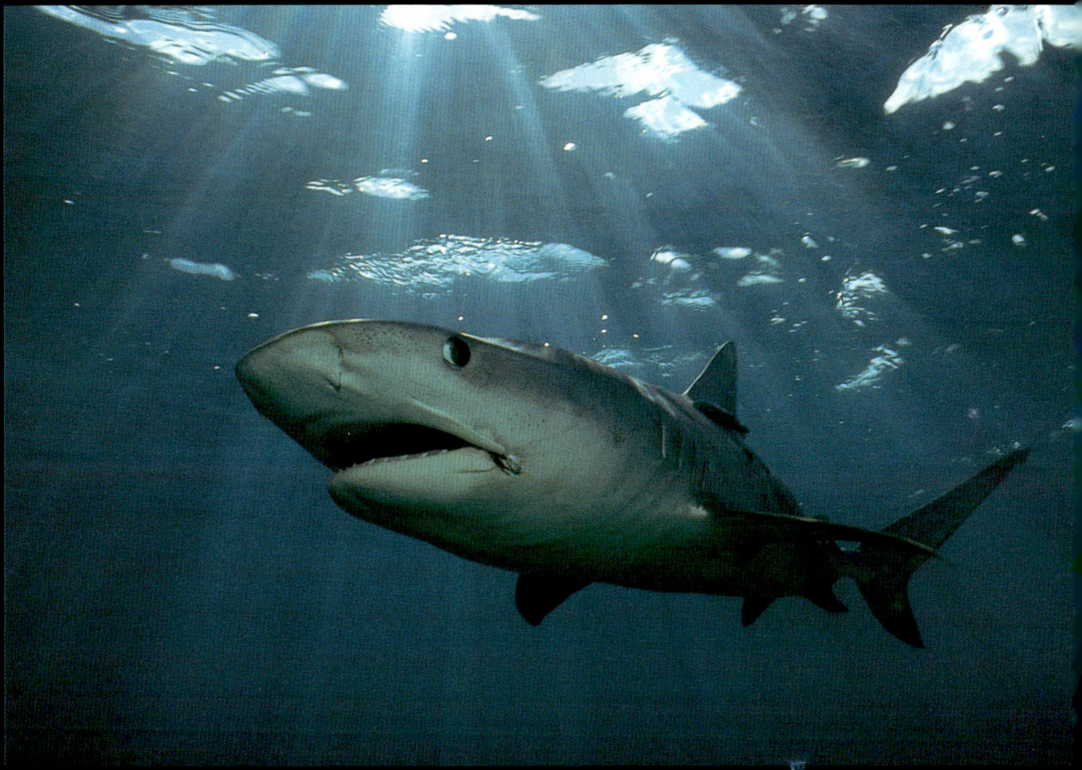

Tiger shark, *Galeocerdo cuvier*

Requin-tigre, *Galeocerdo cuvier*

Tiburón tigre, *Galeocerdo cuvier*

Tubarão-tigre, *Galeocerdo cuvier*

Tigerhai, *Galeocerdo cuvier*

سمكة قرش نوع النمر
Galeocerdo cuvier

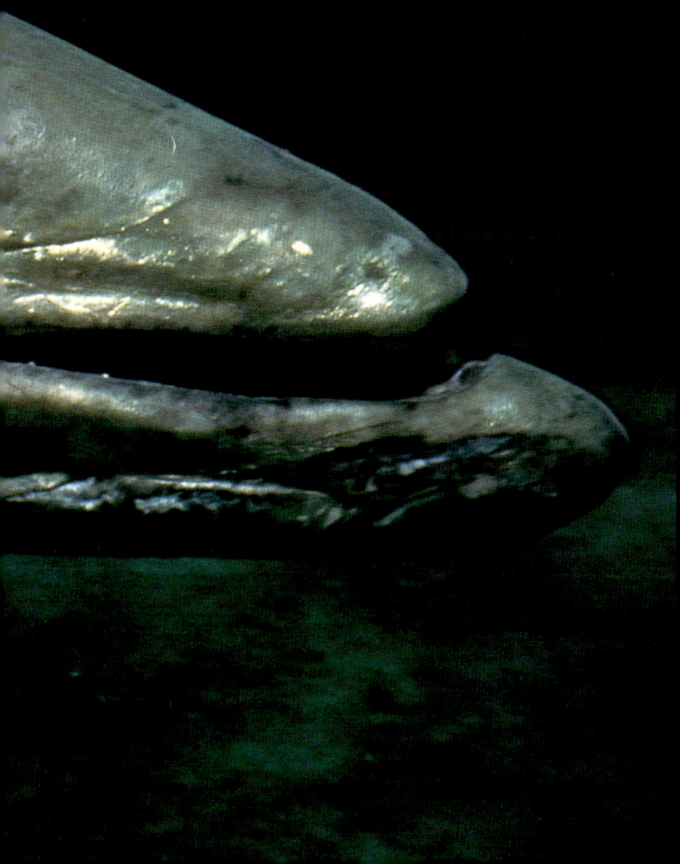

Giant barracuda with three juvenile jacks

Barracuda géant et trois jeunes mâles

Barracuda gigante con tres lucios jóvenes

Barracuda gigante com três jovens lúcios

Riesenbarrakuda mit drei jungen Stachelmakrelen

بَرَّكوده عملاقة مع
ثلاث من سمك
سليمان الصغار السن

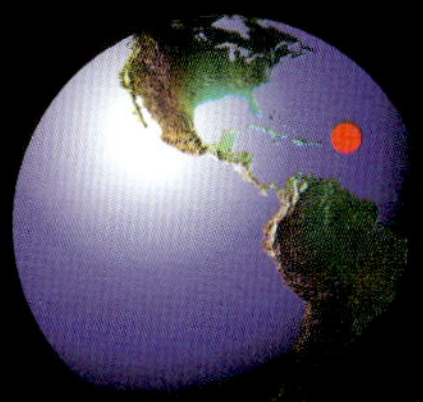

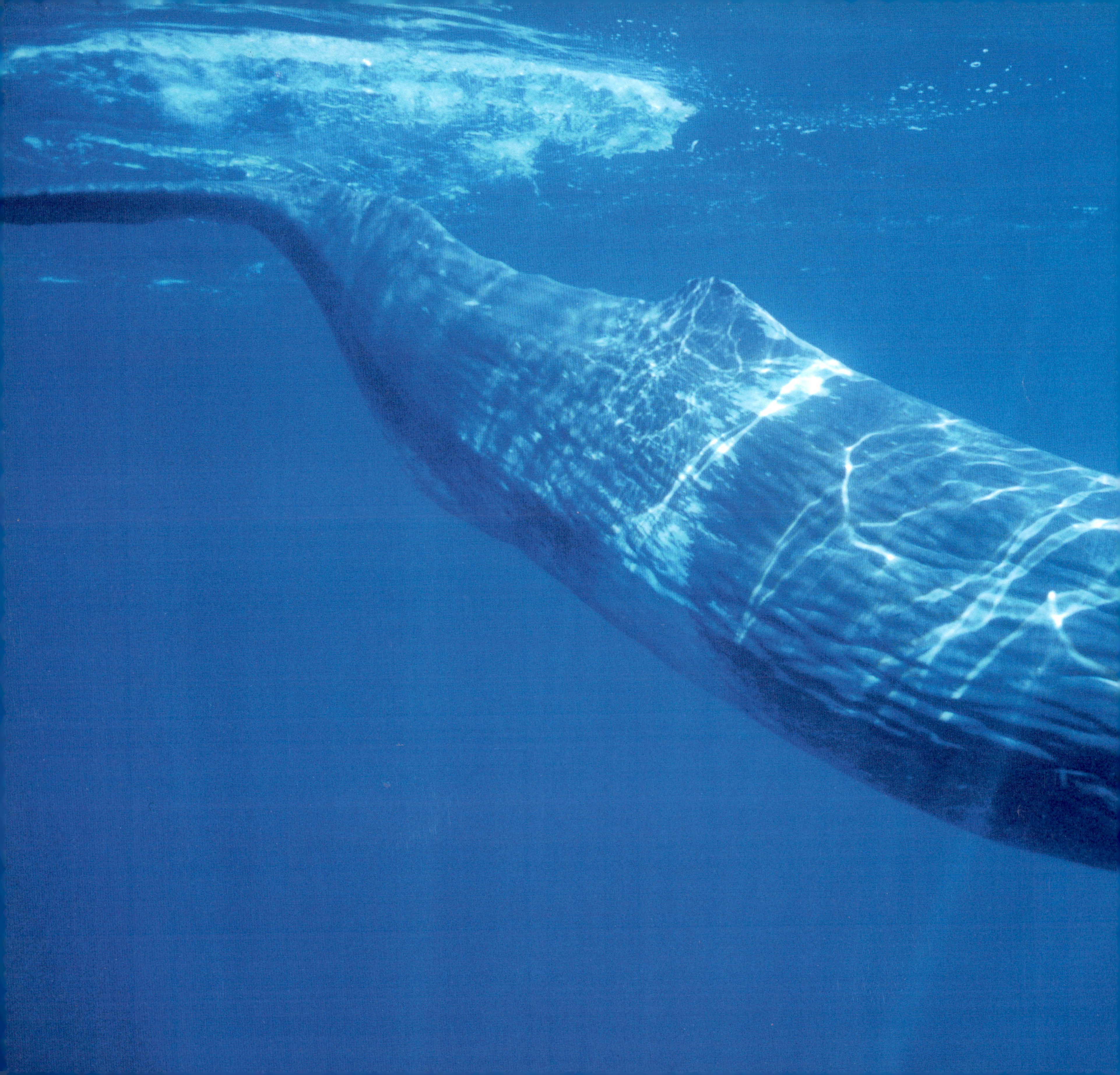

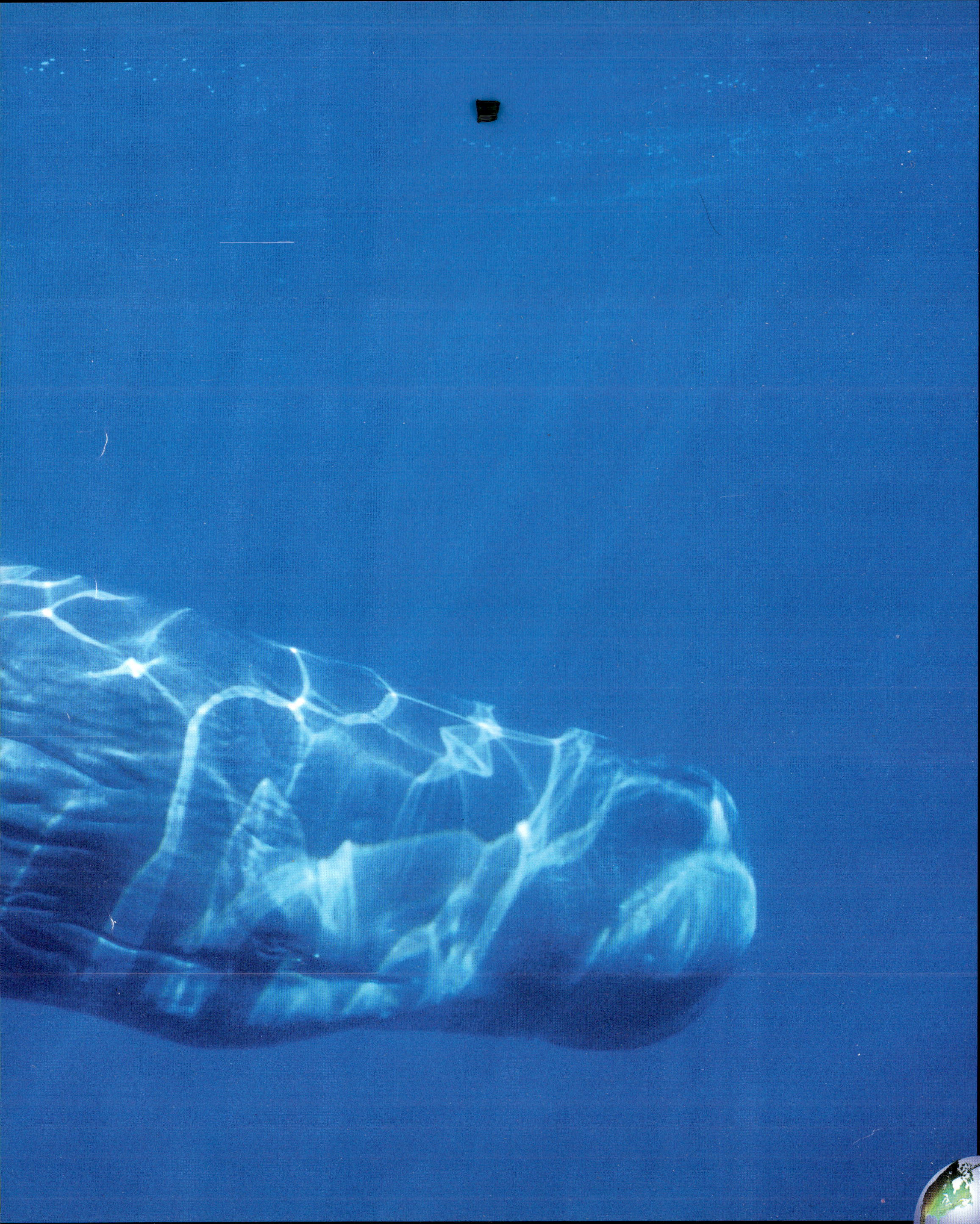

Sperm whale, *Physeter macrocephalus*

Cachalot, *Physeter macrocephalus*

Cachalote, *Physeter macrocephalus*

Cachalote, *Physeter macrocephalus*

Pottwal, *Physeter macrocephalus*

بال حوت كبير
يستفاد من دُهْنِه
Physeter macrocephalus

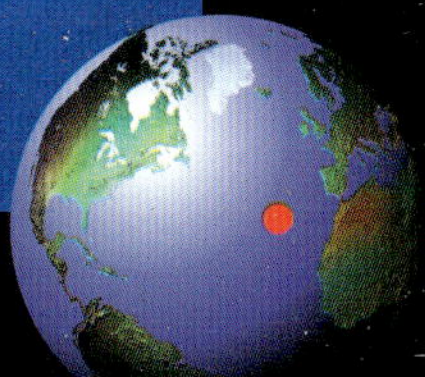

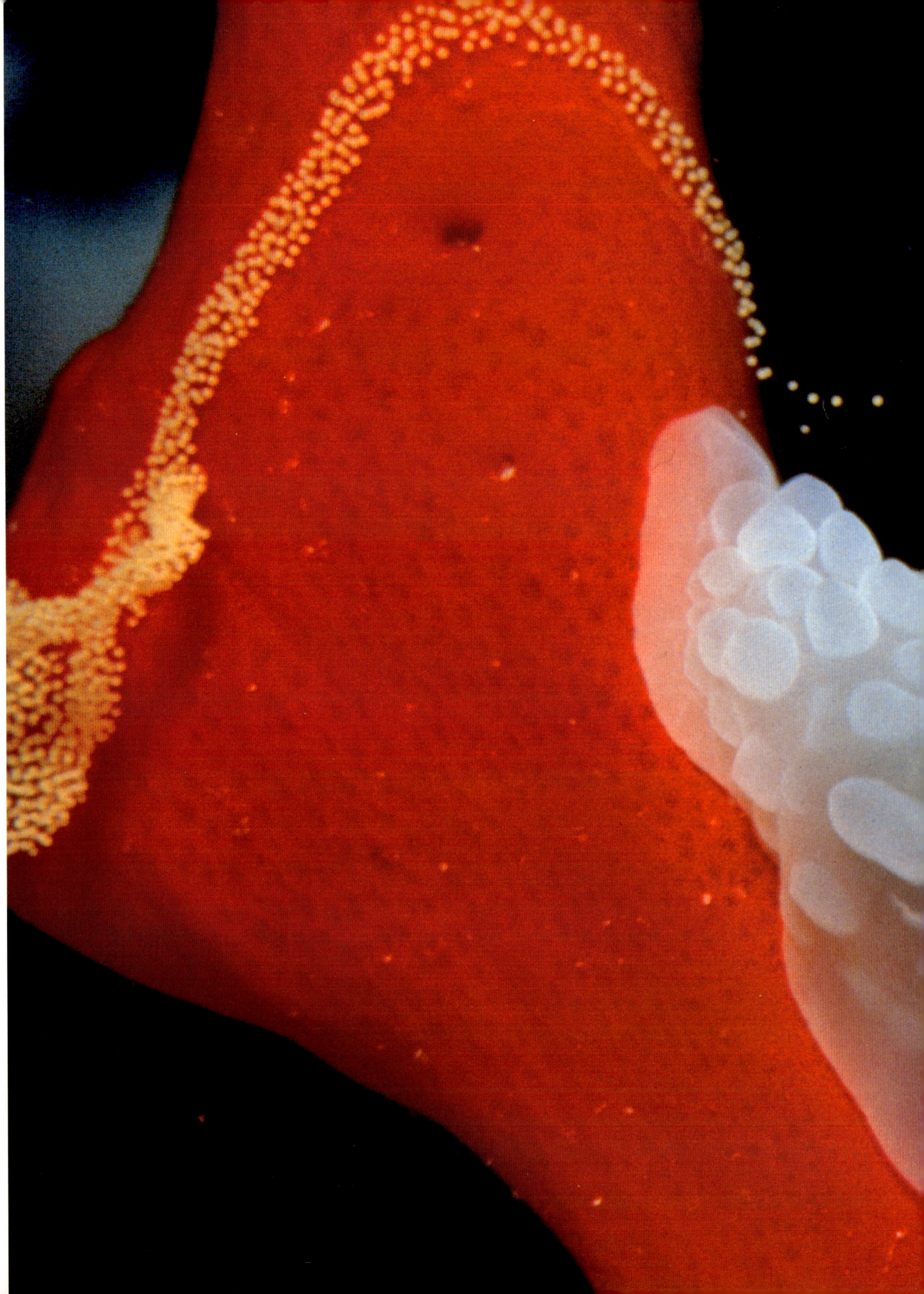

Nudibranch laying its eggs

Nudibranche pondant

Desove de nudibranquio

Lesma-do-mar em desova

Nacktkiemer beim Eierlegen

عاري الخيشوم يلقي بيضه

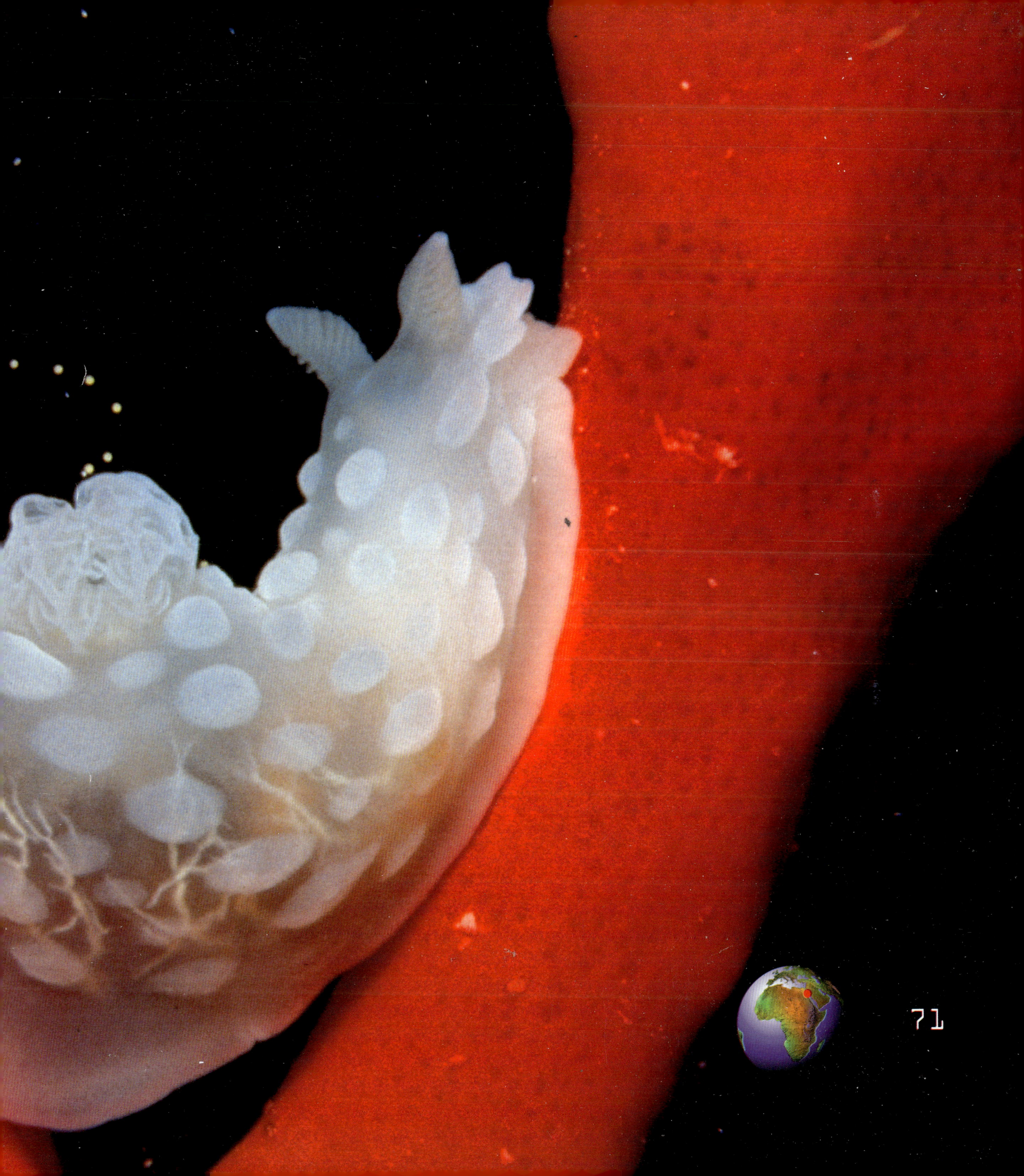

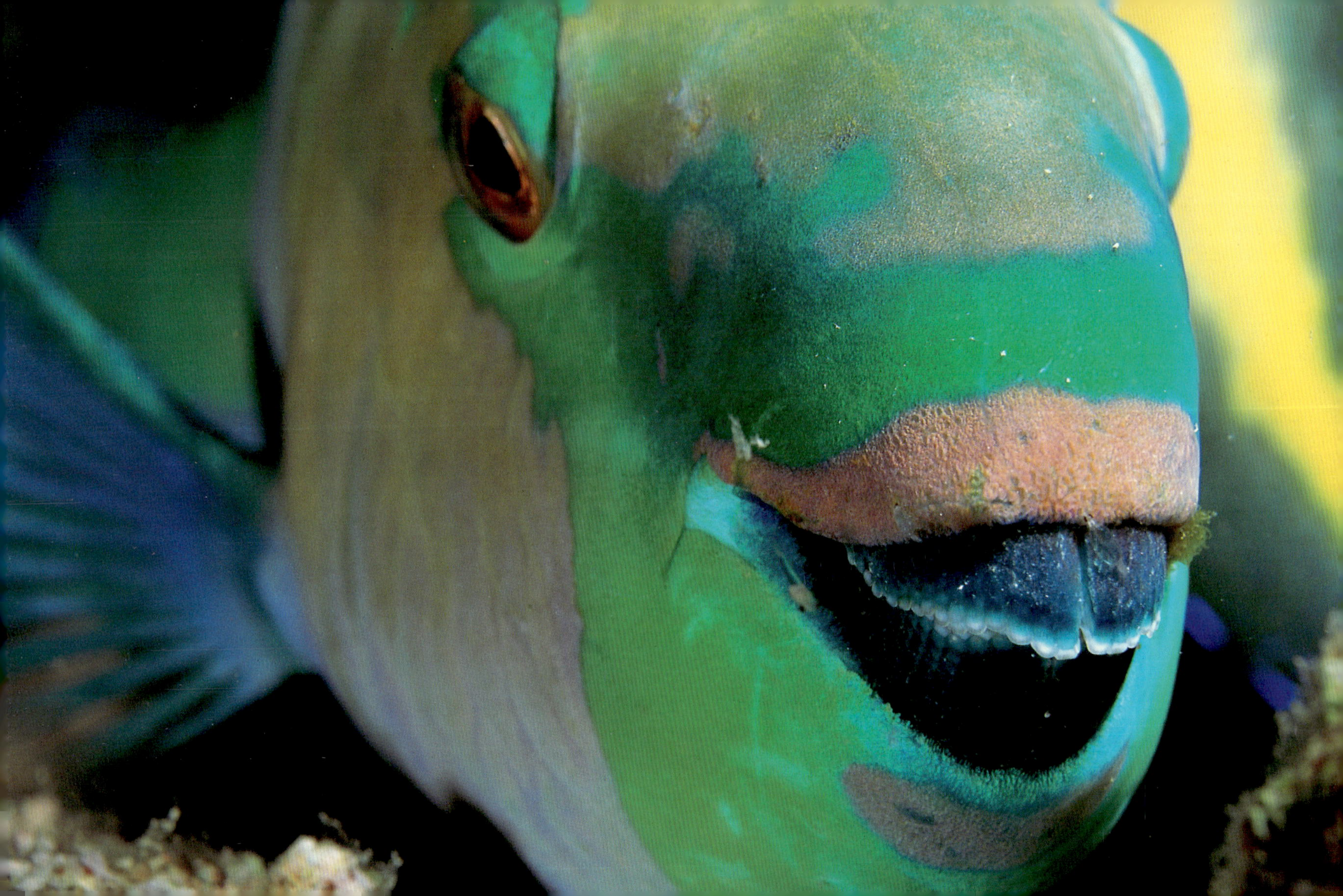

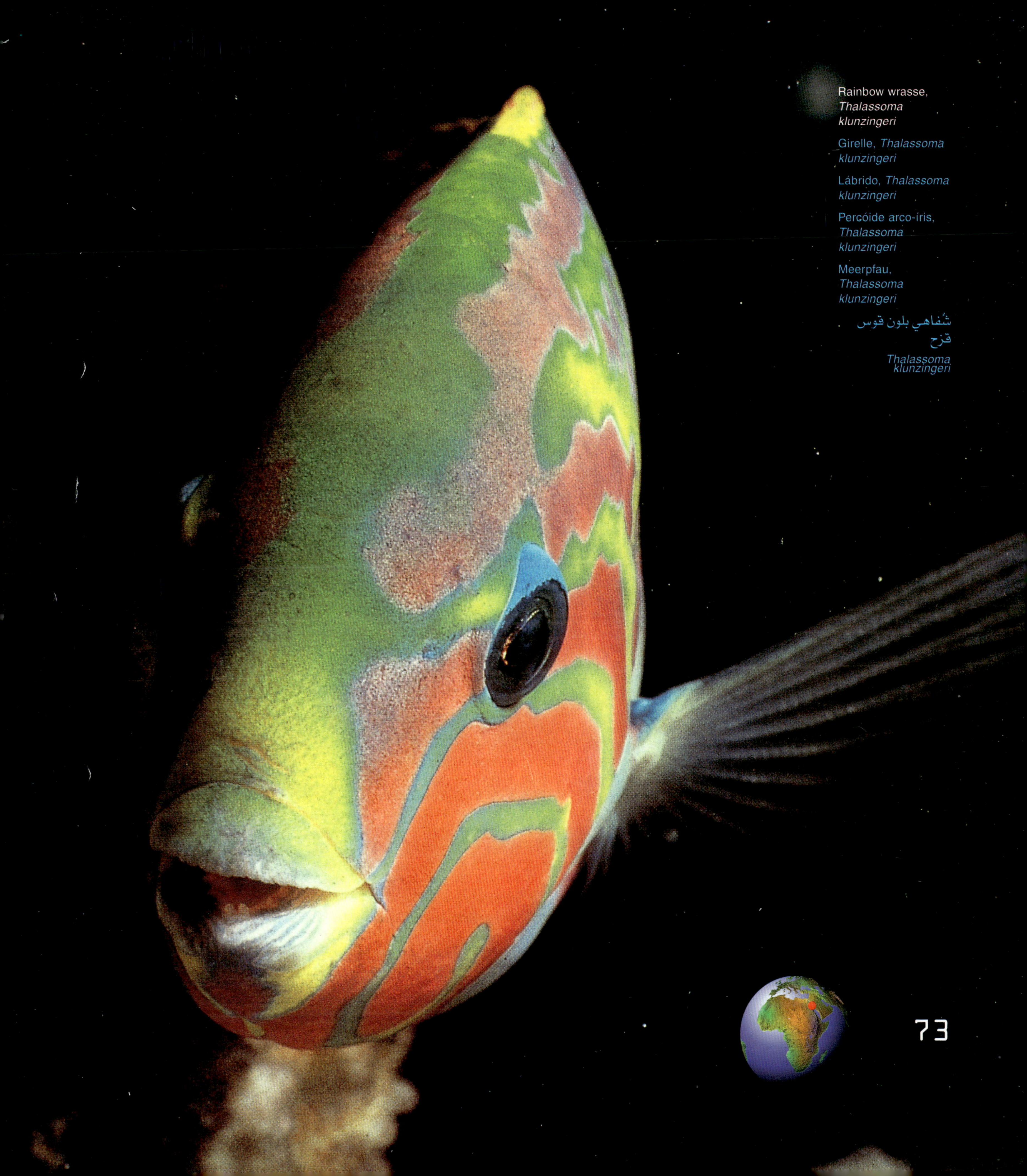

Rainbow wrasse, *Thalassoma klunzingeri*

Girelle, *Thalassoma klunzingeri*

Lábrido, *Thalassoma klunzingeri*

Percóide arco-íris, *Thalassoma klunzingeri*

Meerpfau, *Thalassoma klunzingeri*

شفاهي بلون قوس قزح

Thalassoma klunzingeri

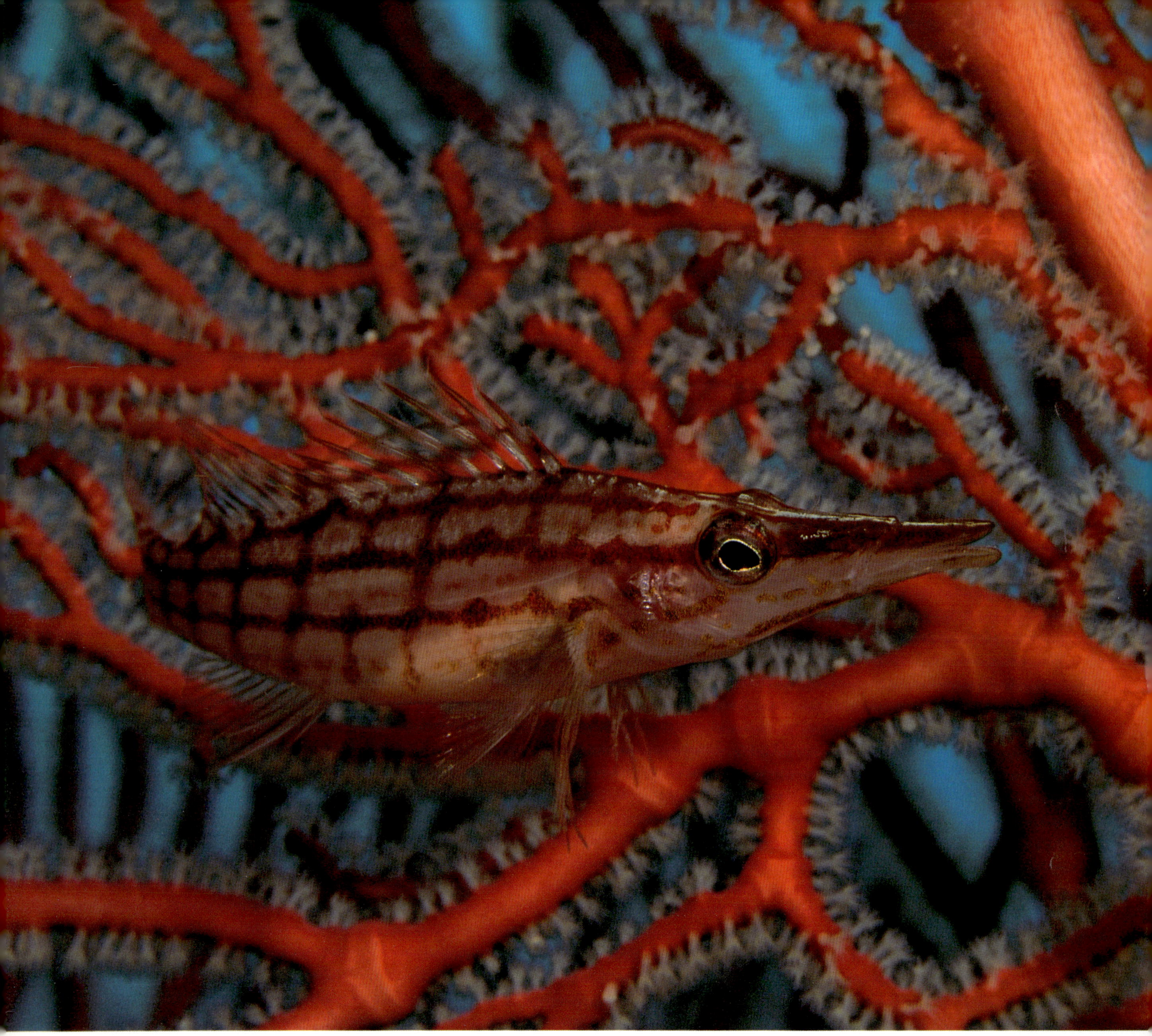

Hawkfish on gorgonian fan coral

Poisson sur gorgone

Pez halcón sobre gorgonia de abanico

Peixe-falcão em leque-do-mar

Hawkfisch in Gorgonenaktinien

سمك صقري على
مروحة مرجانية على
شكل الغرغونه

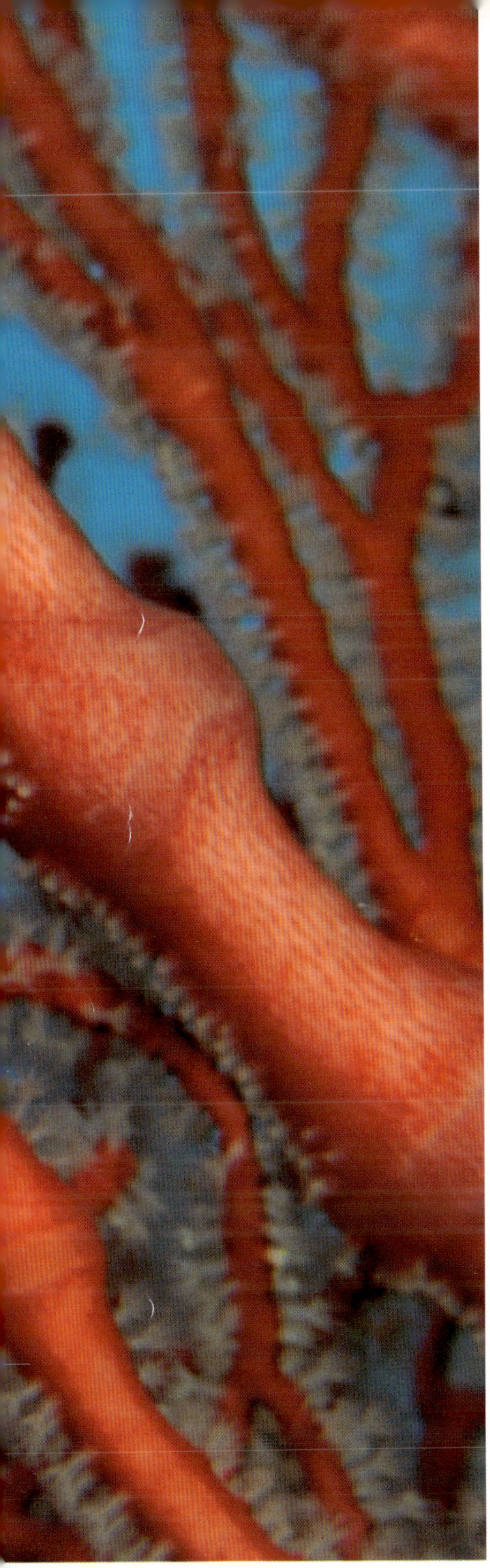

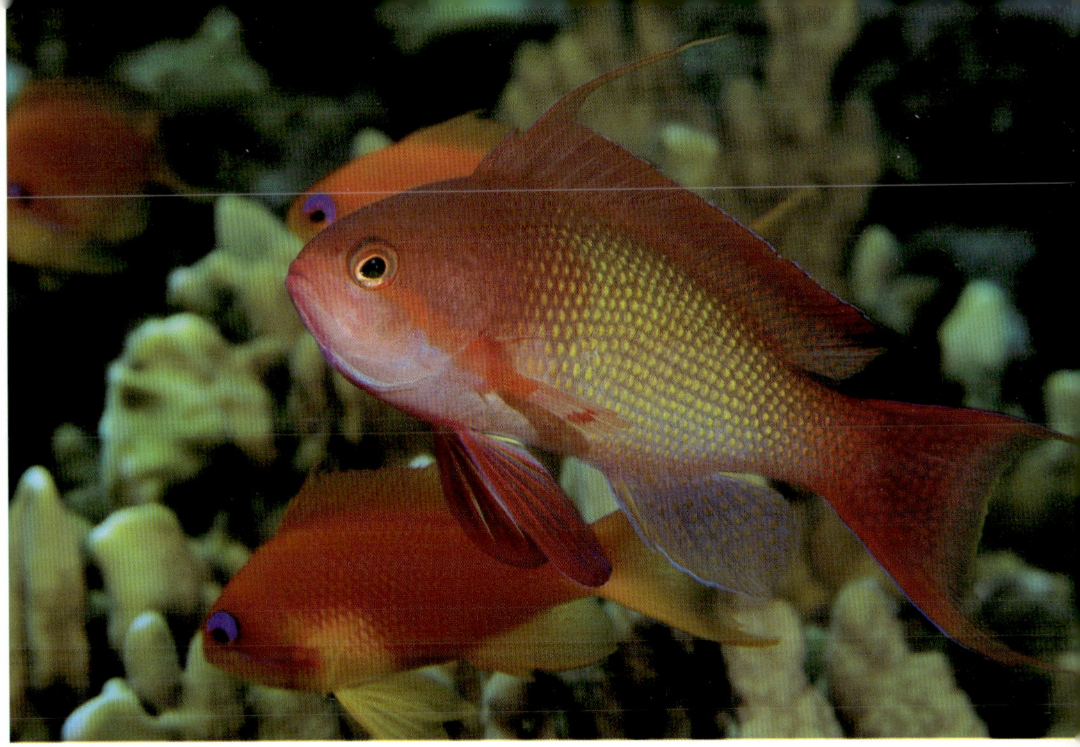

Anthias male,
Anthias squamipinnis

Anthias mâle,
Anthias squamipinnis

Tres colas macho,
Anthias squamipinnis

Anthias squamipinnis

Männlicher *Anthias squamipinnis*

ذكر الانثياس
Anthias squamipinnis

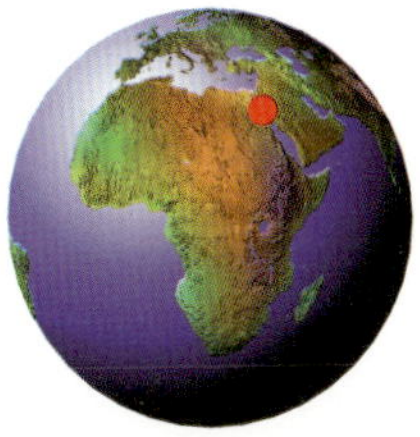

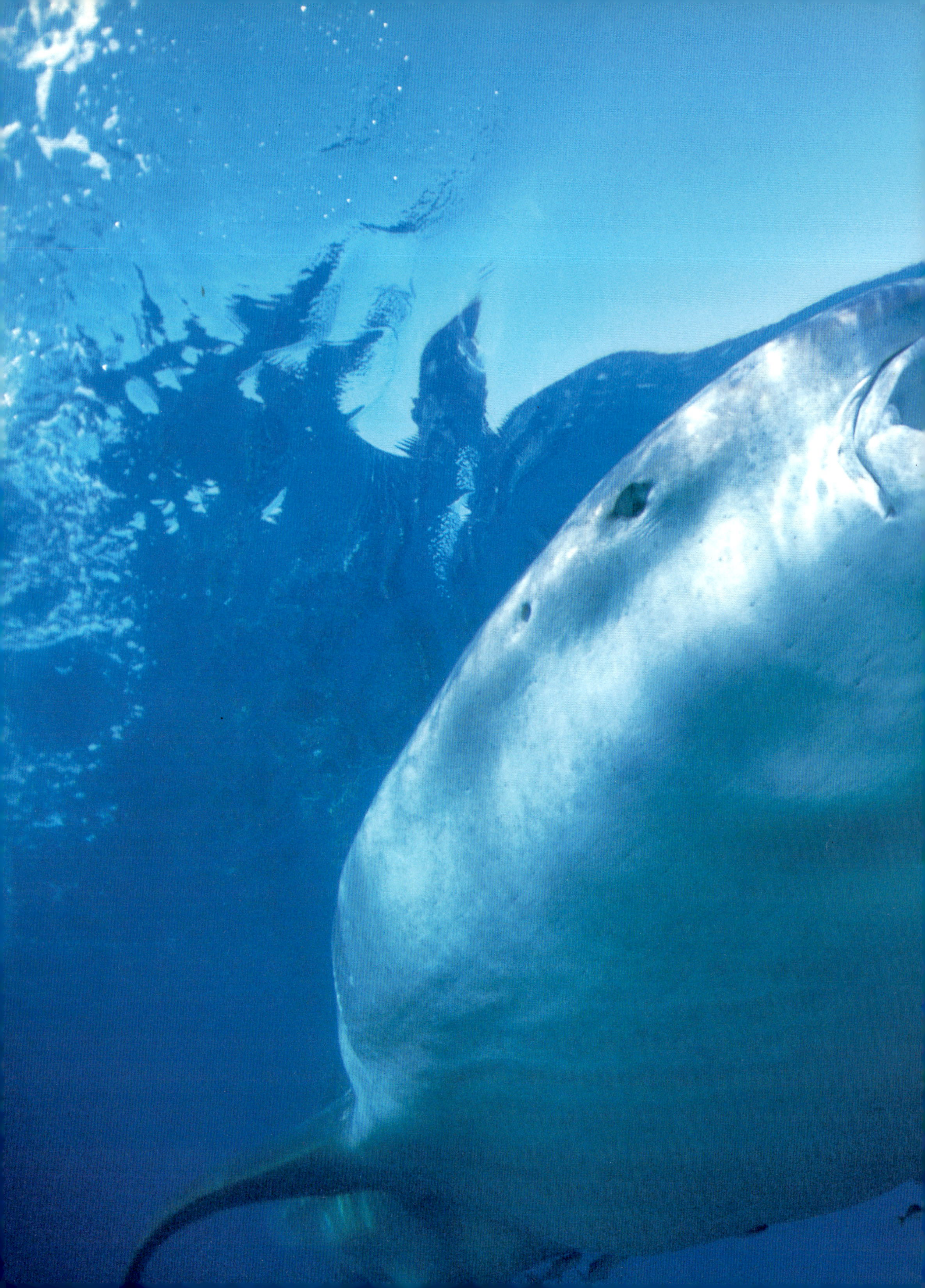

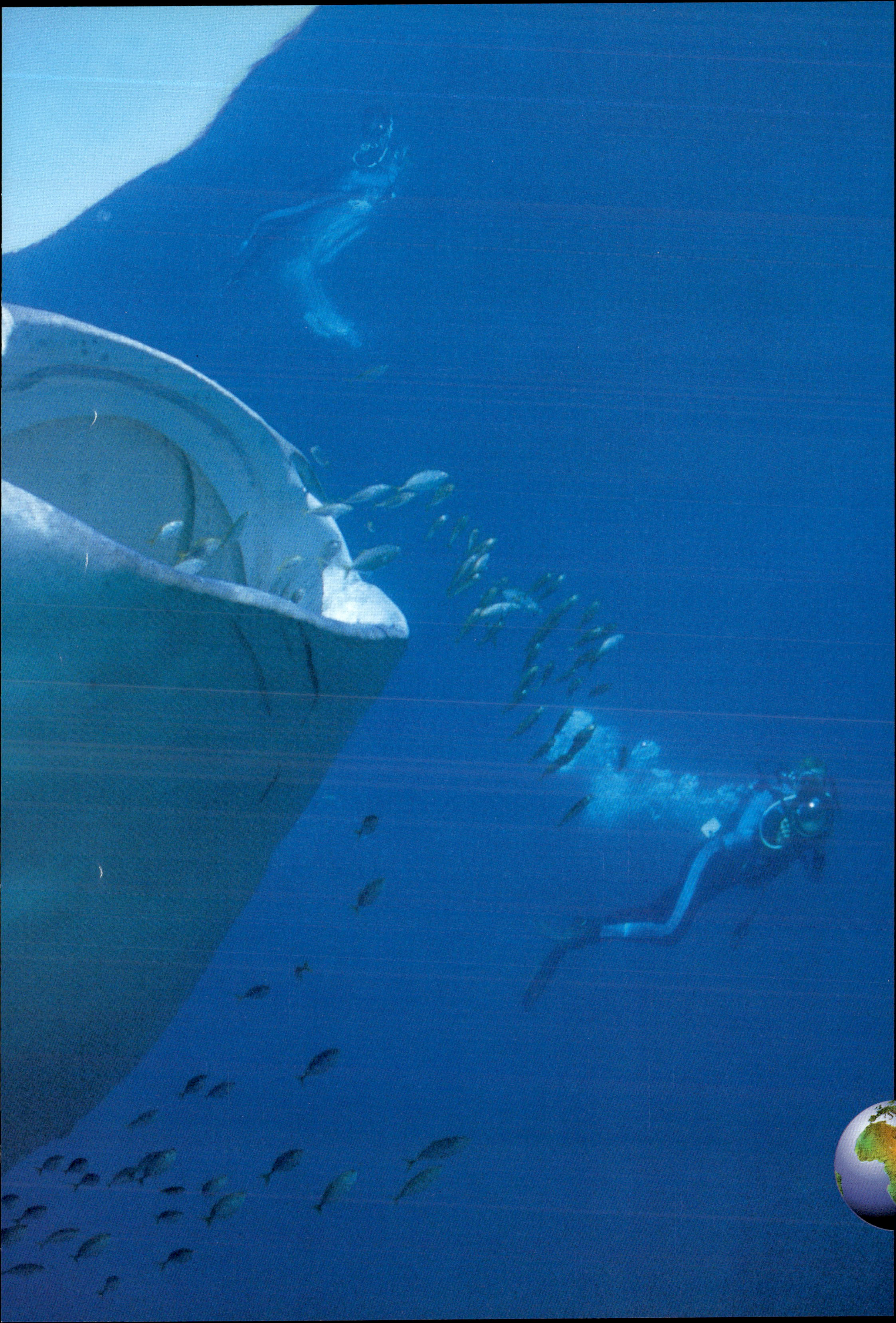

Whaleshark with diver

Requin-baleine et plongeur

Tiburón ballena con buzo

Tubarão-baleia com mergulhador

Walhai mit Taucher

قرش ضخم بحجم الحوت ومعه غطاس

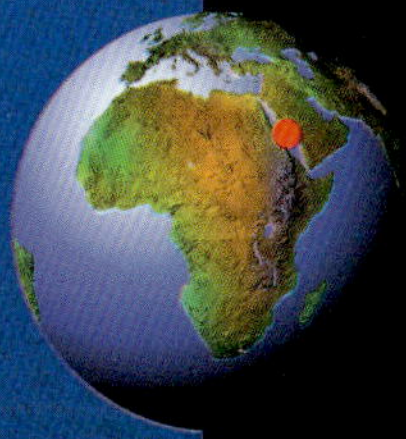

Gorgonenkorallen
mit *Heniochis* sp.

مرجان على شكل
غرغونة وسمك
الراية
Heniochis sp.

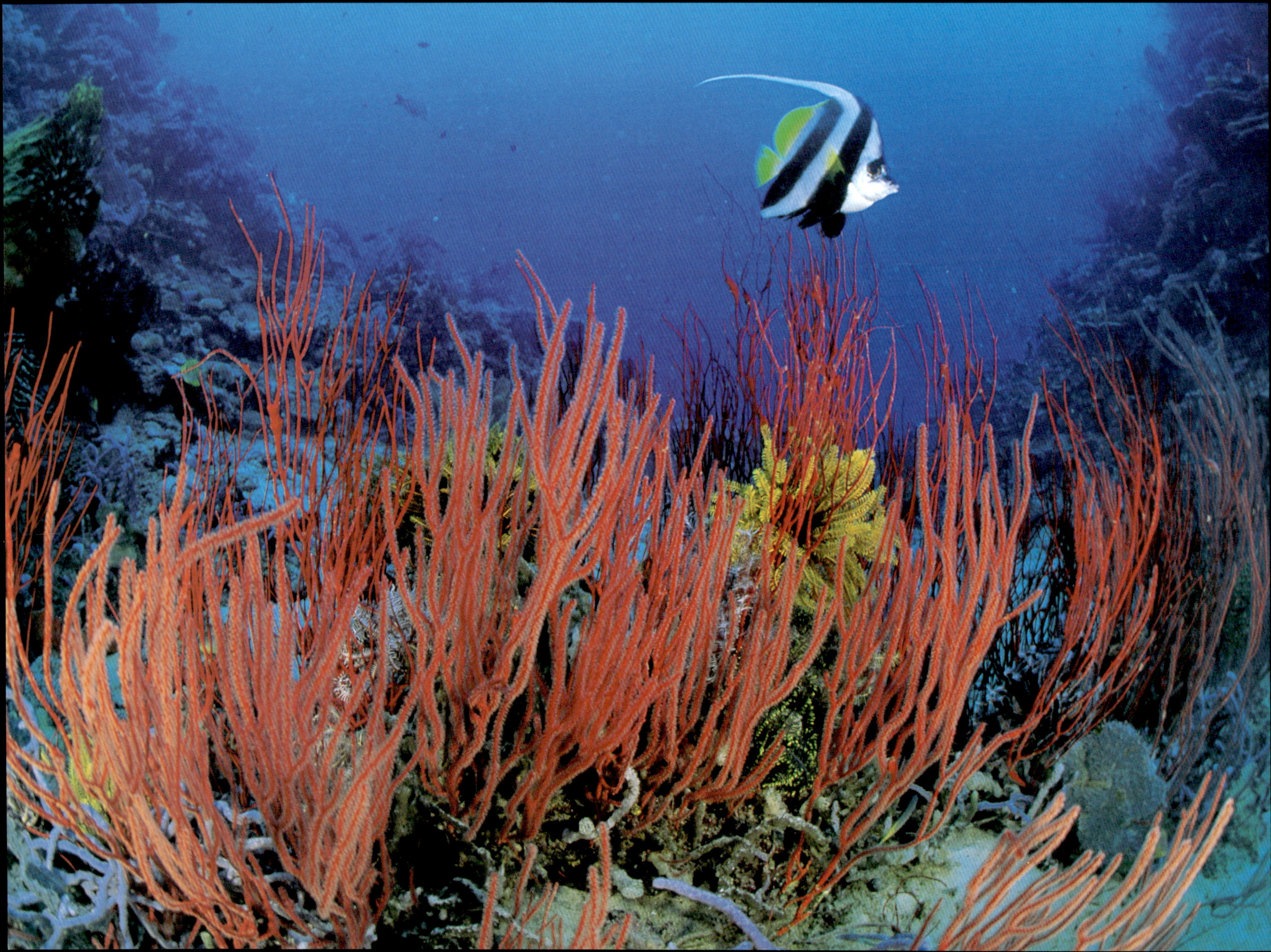

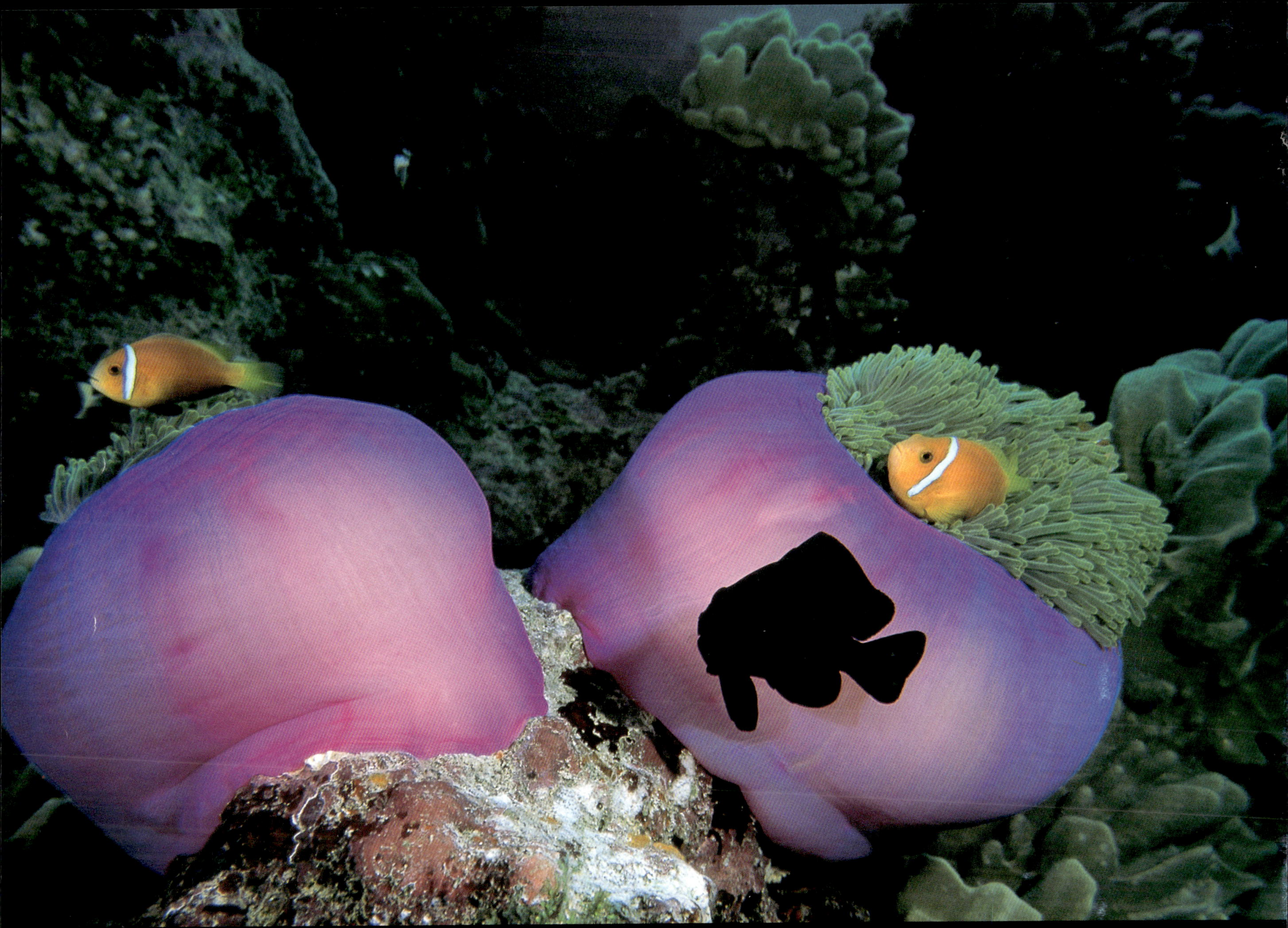

Clownfish occupying anemones

Poisson-clown sur des anémones

Pez payaso entre anémonas de mar

Peixes-palhaço em anémonas-do-mar

Clownfisch der eine Seeanemone besetzt hat

السمك الضحاك يحتل مواقع شقيق البحر

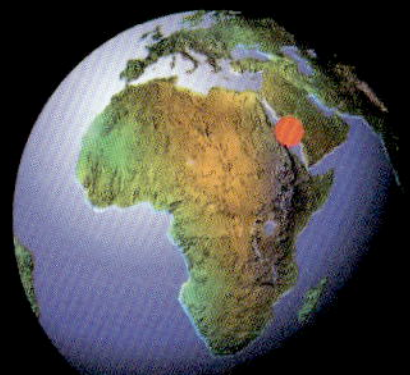

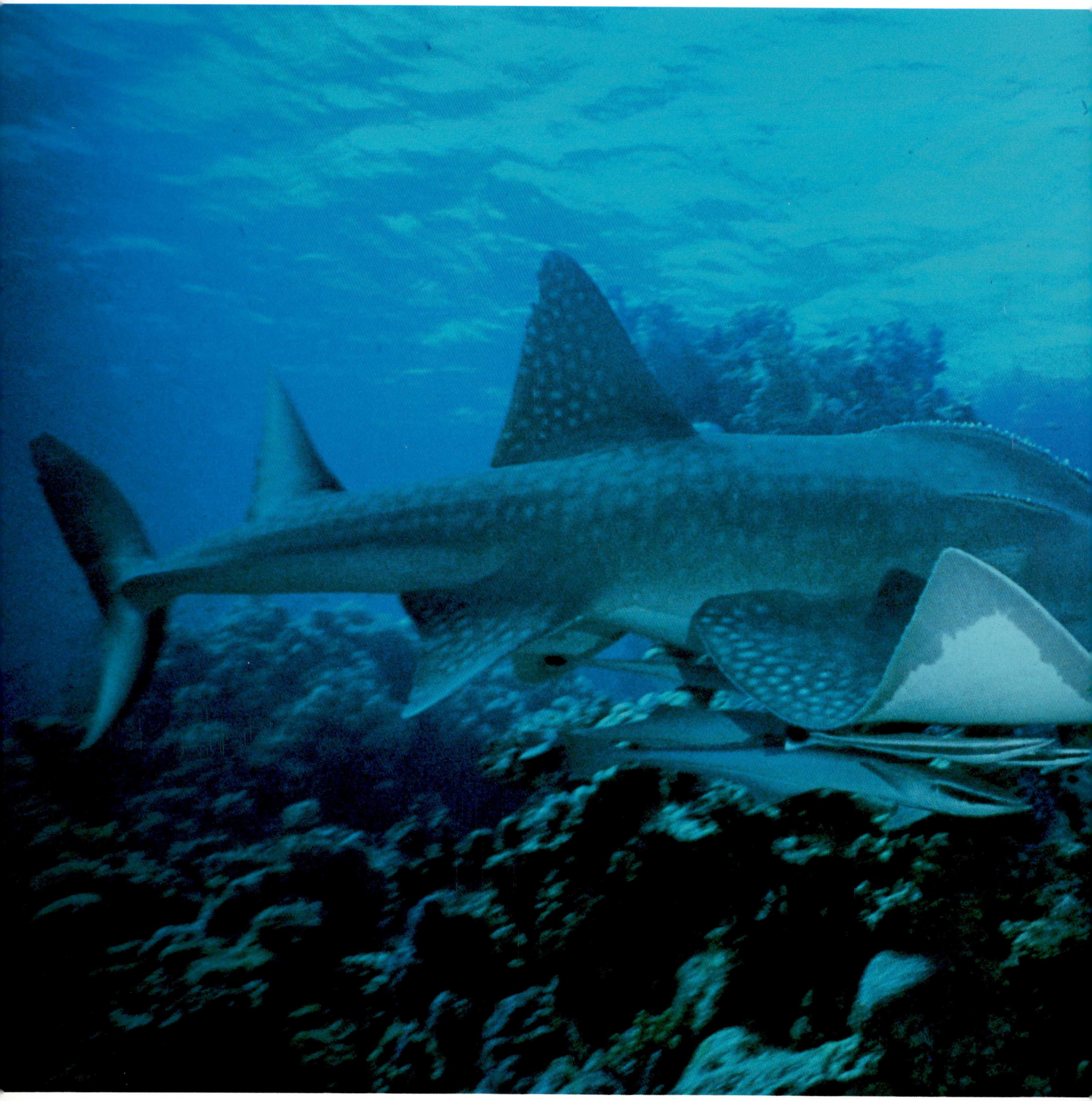

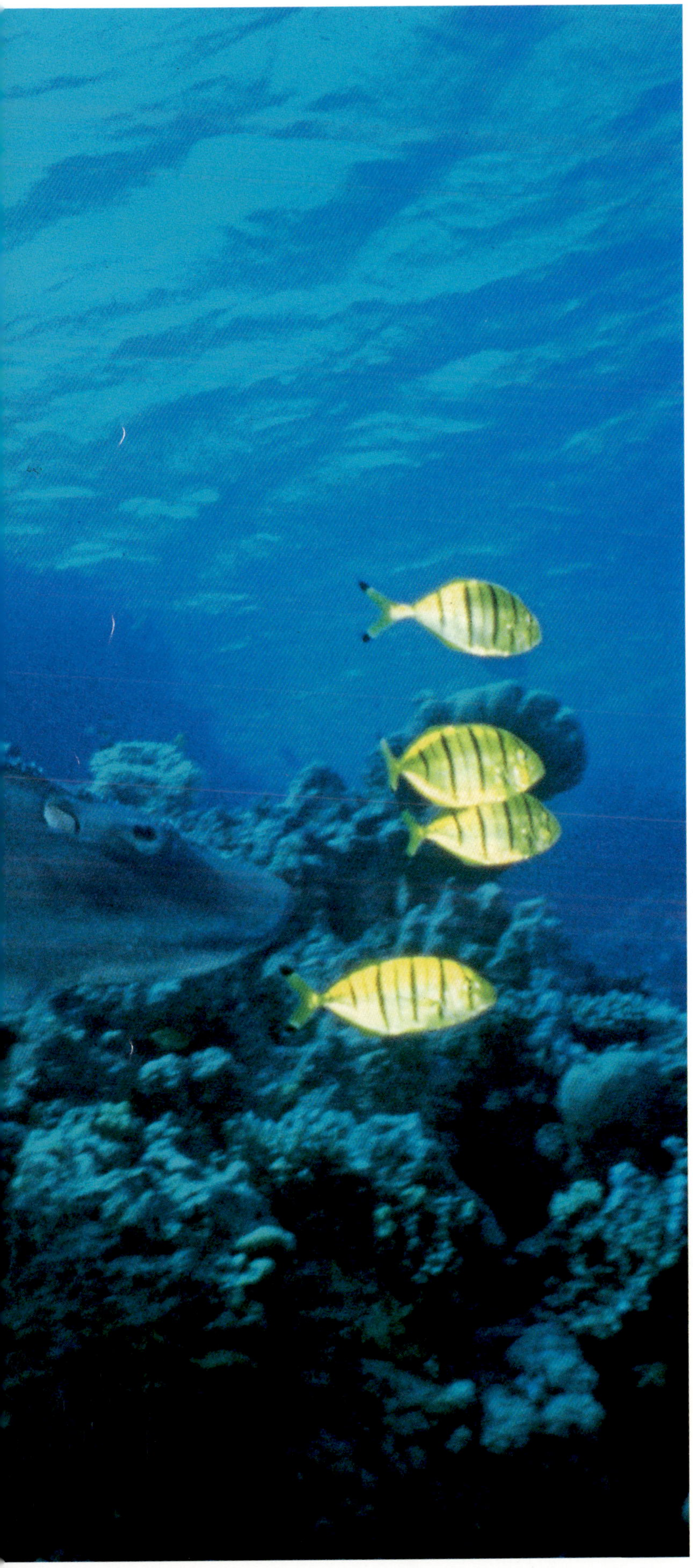

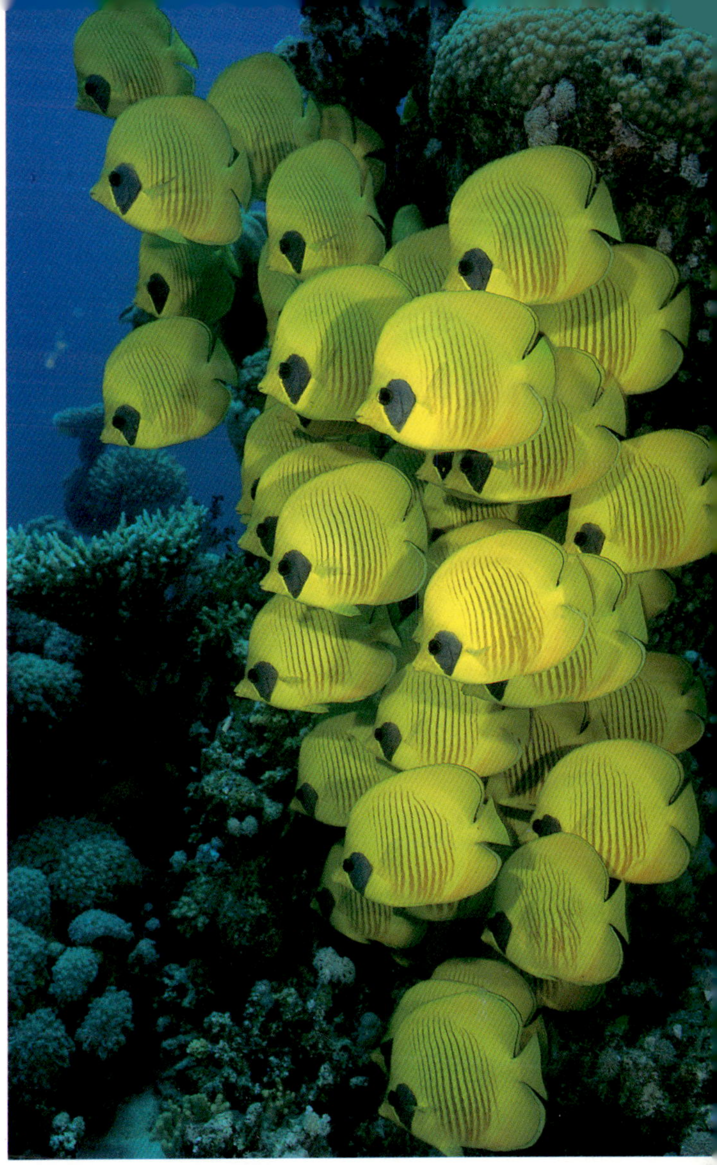

Guitarfish,
Rhynchobatus djeddensis

Guitare,
Rhynchobatus djeddensis

Pez guitarra,
Rhynchobatus djeddensis

Peixe-guitarra,
Rhynchobatus djeddensis

Geigenrochen,
Rhynchobatus djeddensis

السمكة القيثارة
Rhynchobatus djeddensis

Masked butterflyfish,
Chaetodon semilarvatus

Dactyloptère,
Chaetodon semilarvatus

Pez mariposa,
Chaetodon semilarvatus

Peixe-borboleta mascarado,
Chaetodon semilarvatus

Schmetterlingsfisch,
Chaetodon semilarvatus

السمكة الفراشة المقنعة
semilarvatus

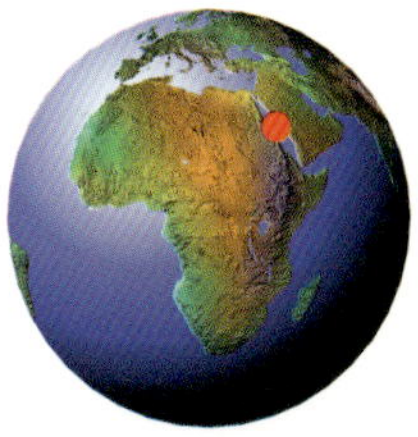

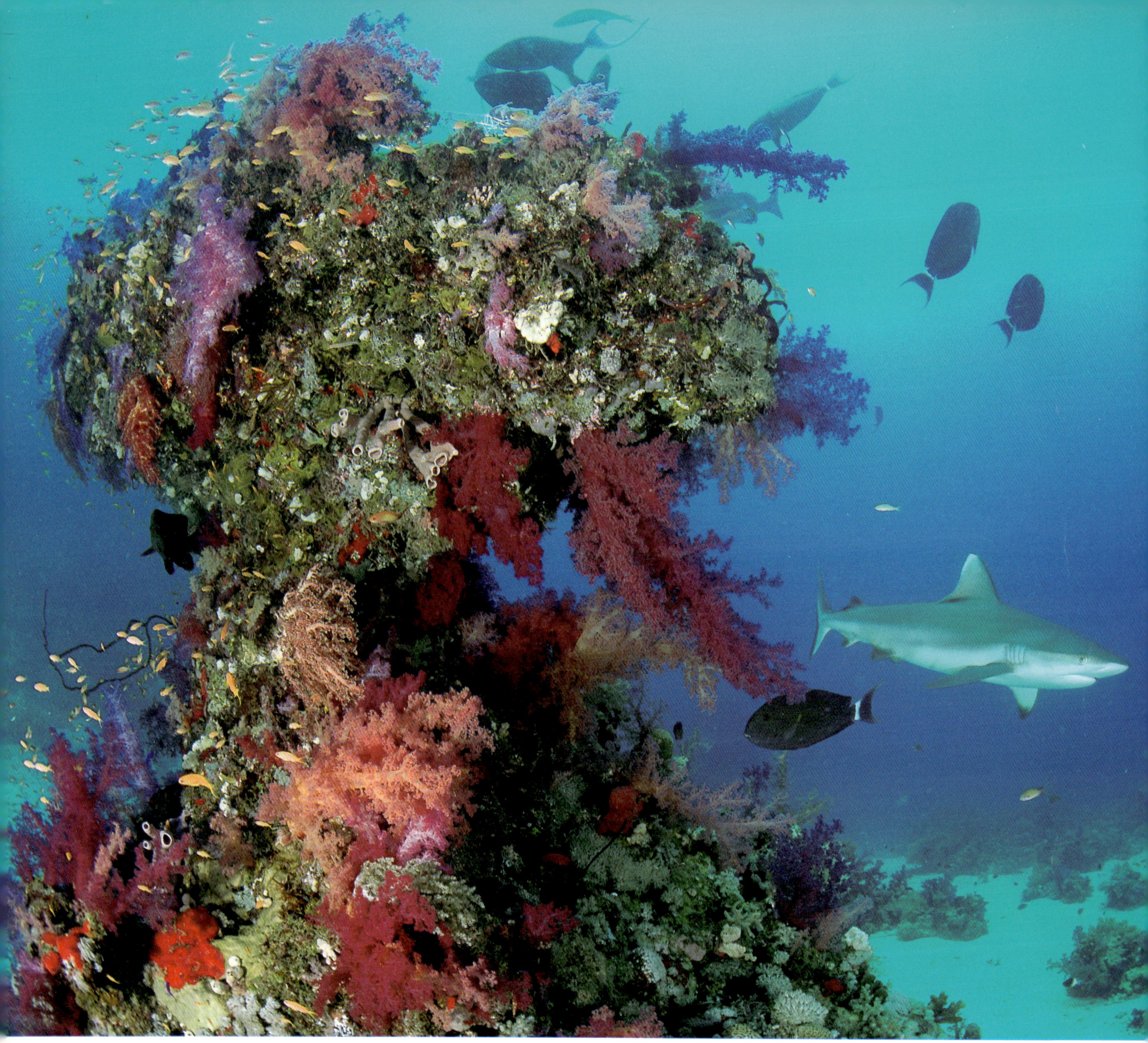

Grey reef shark, *Carcharhinus amblyrhynchos*

Requin gris des coraux, *Carcharhinus amblyrhynchos*

Tiburón gris de arrecife, *Carcharhinus amblyrhynchos*

Tubarão-cinzento, *Carcharhinus amblyrhynchos*

Grauer Riffhai, *Carcharhinus amblyrhynchos*

قرش رمادي في الحَيْد البحري *Carcharhinus amblyrhynchos*

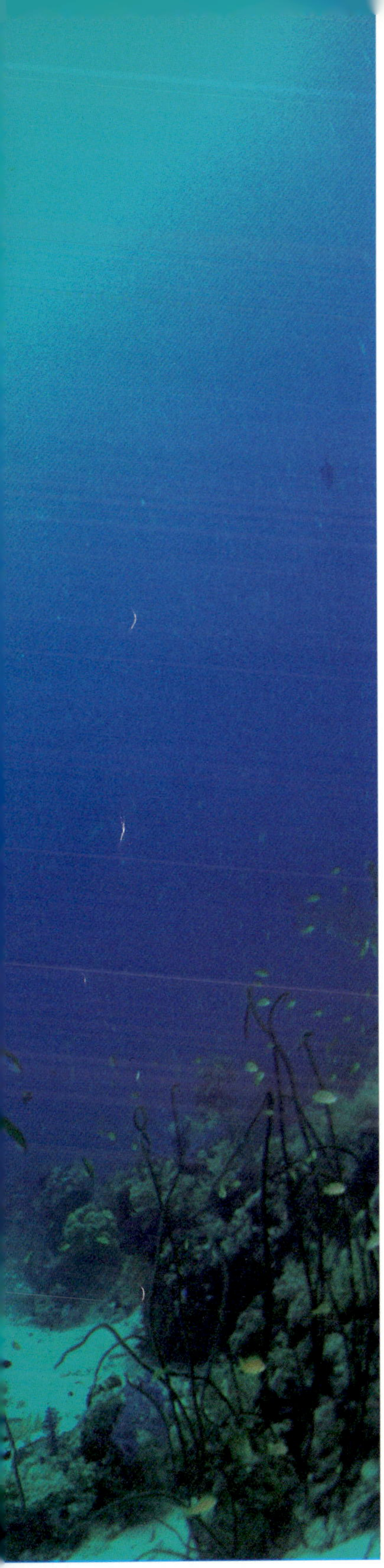

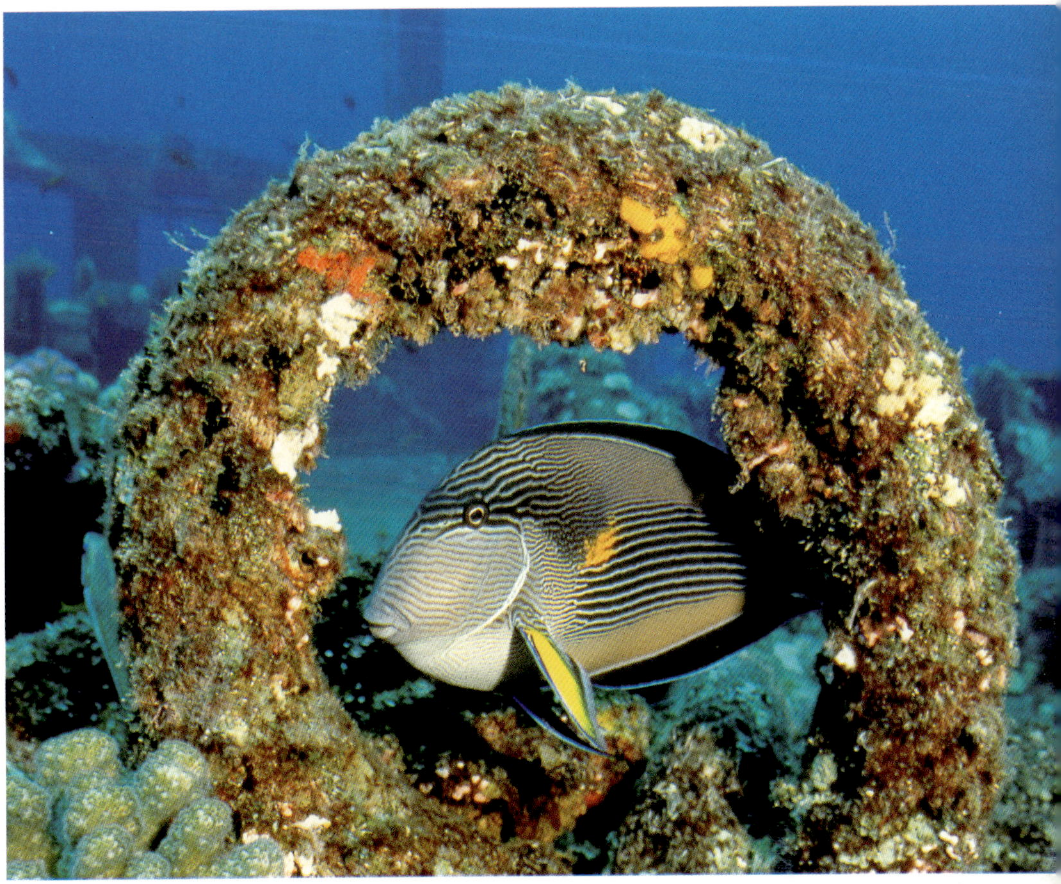

Sohal surgeonfish,
Acanthurus sohal

Acanthure,
Acanthurus sohal

Cirujano de Sohal,
Acanthurus sohal

Peixe-cirurgião,
Acanthurus sohal

Sohal
Chirurgenfisch,
Acanthurus sohal

السَرْجُوْن: سمك
استوائي
Acanthurus sohal

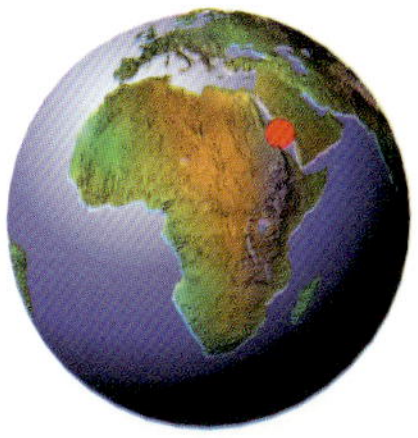

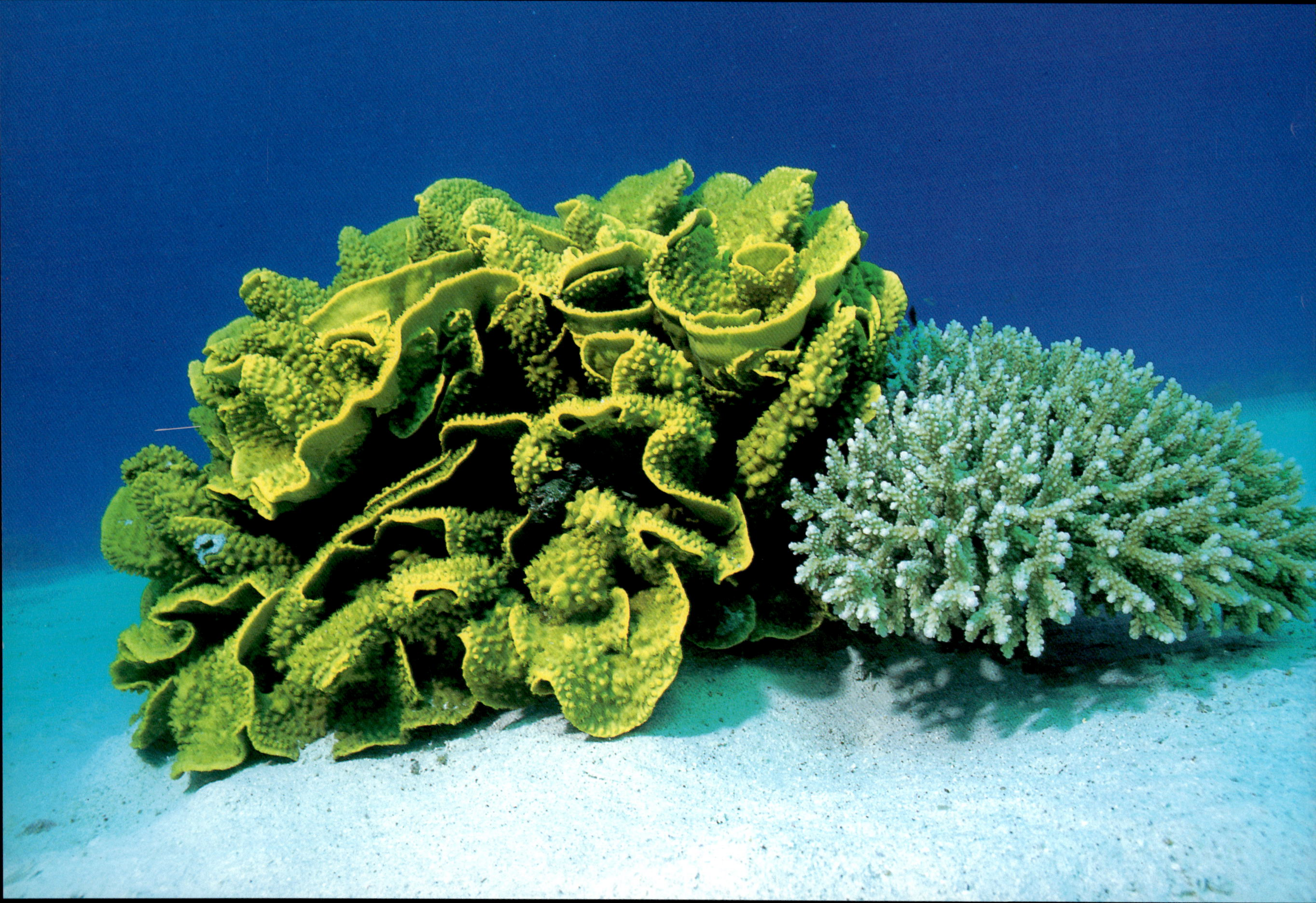

Acropora coral (right) and *Turbinaria mesenterina*

Corail *Acropora* (à droite) et *Turbinaria mesenterina*

Coral *Acropora* (derecha) y *Turbinaria mesenterina*

Coral Acropora (à direita) e *Turbinaria mesenterina*

Acroporakorallen (rechts) und *Tubinaria mesenterina*

مرجان اكروبورا
Tubinaria mesenterina

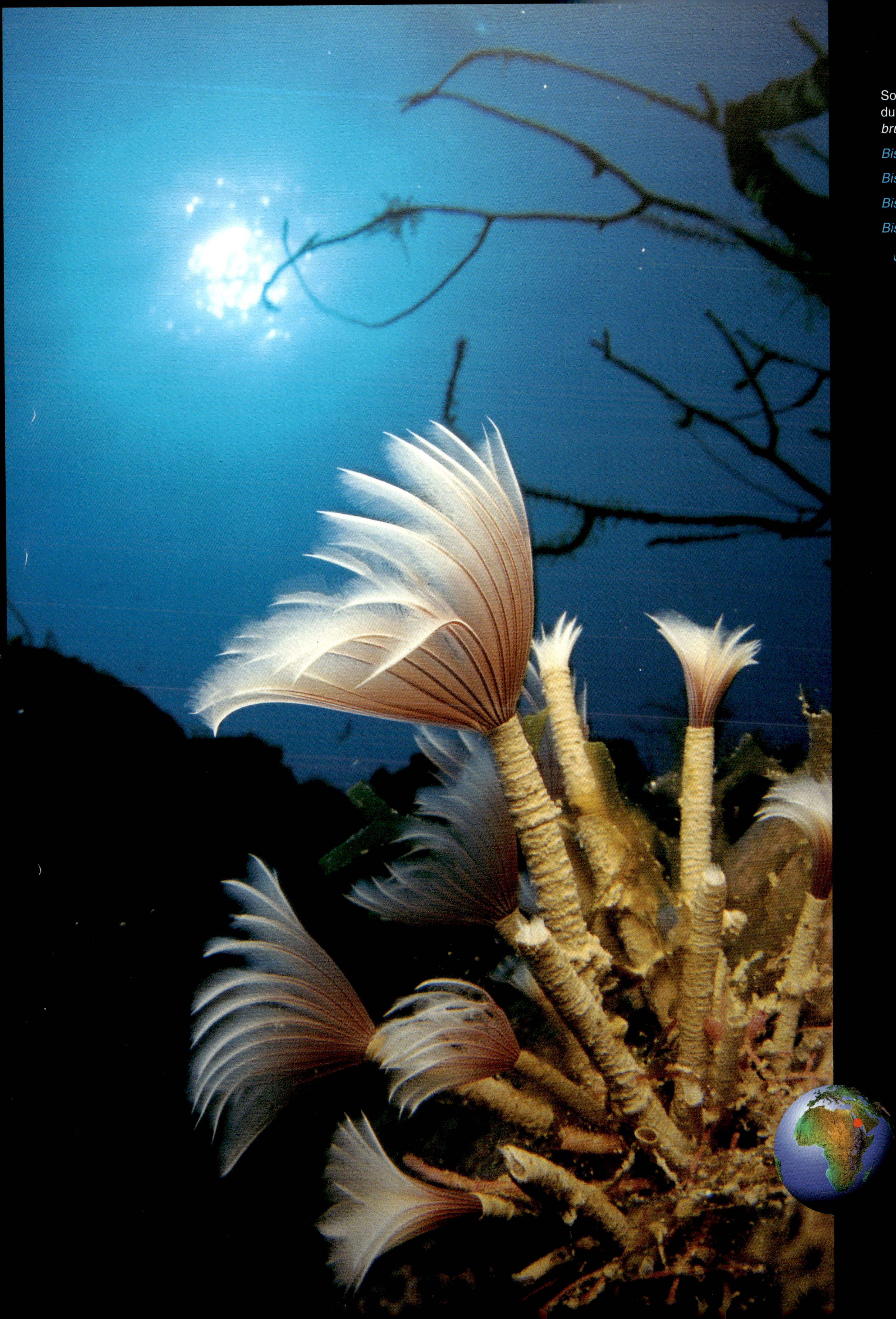

Social feather duster, *Bispira brunnea*

Bispira brunnea

Bispira brunnea

Bispira brunnea

Bispira brunnea

دودة منفضة الريش
Bispira brunnea

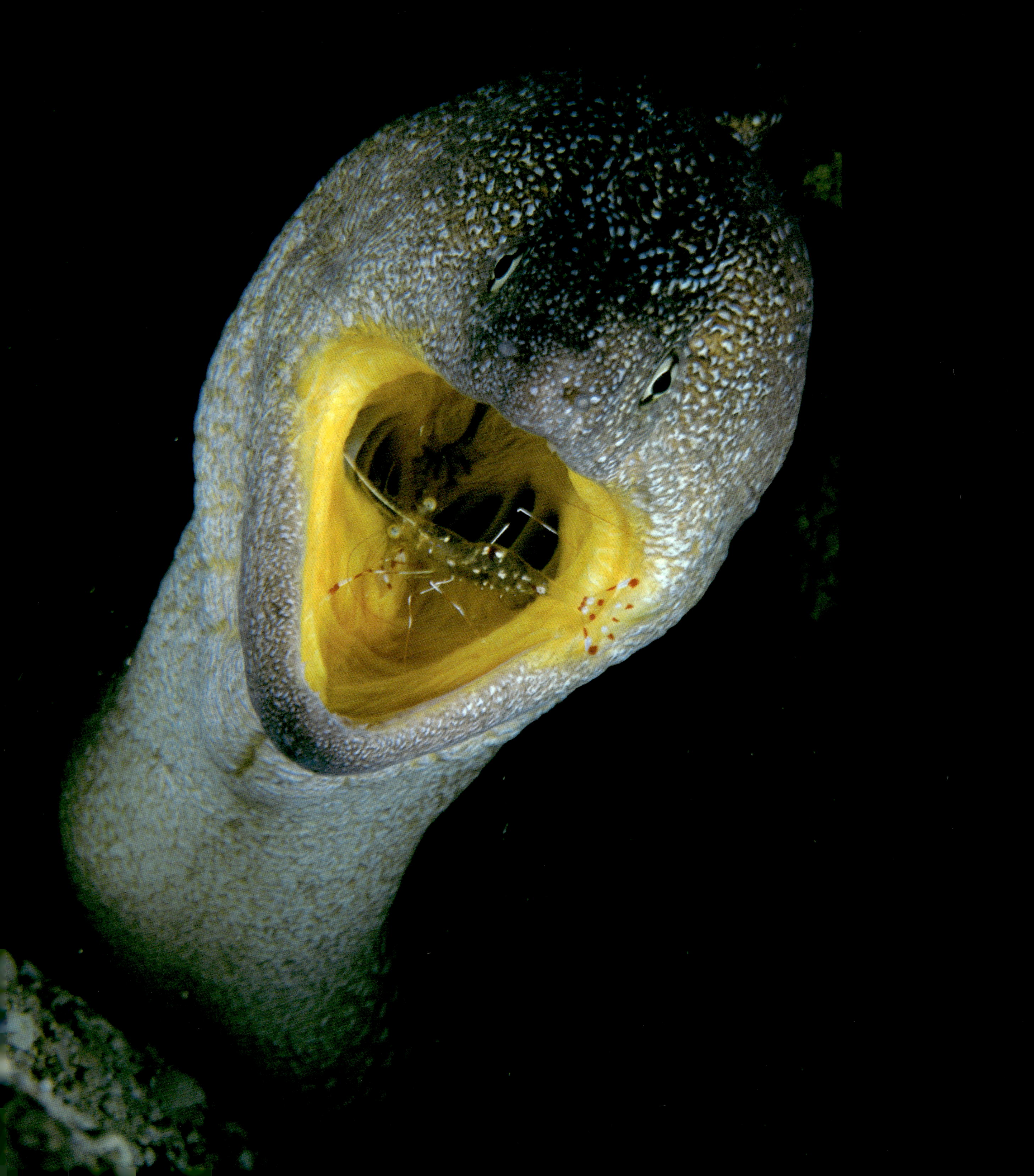

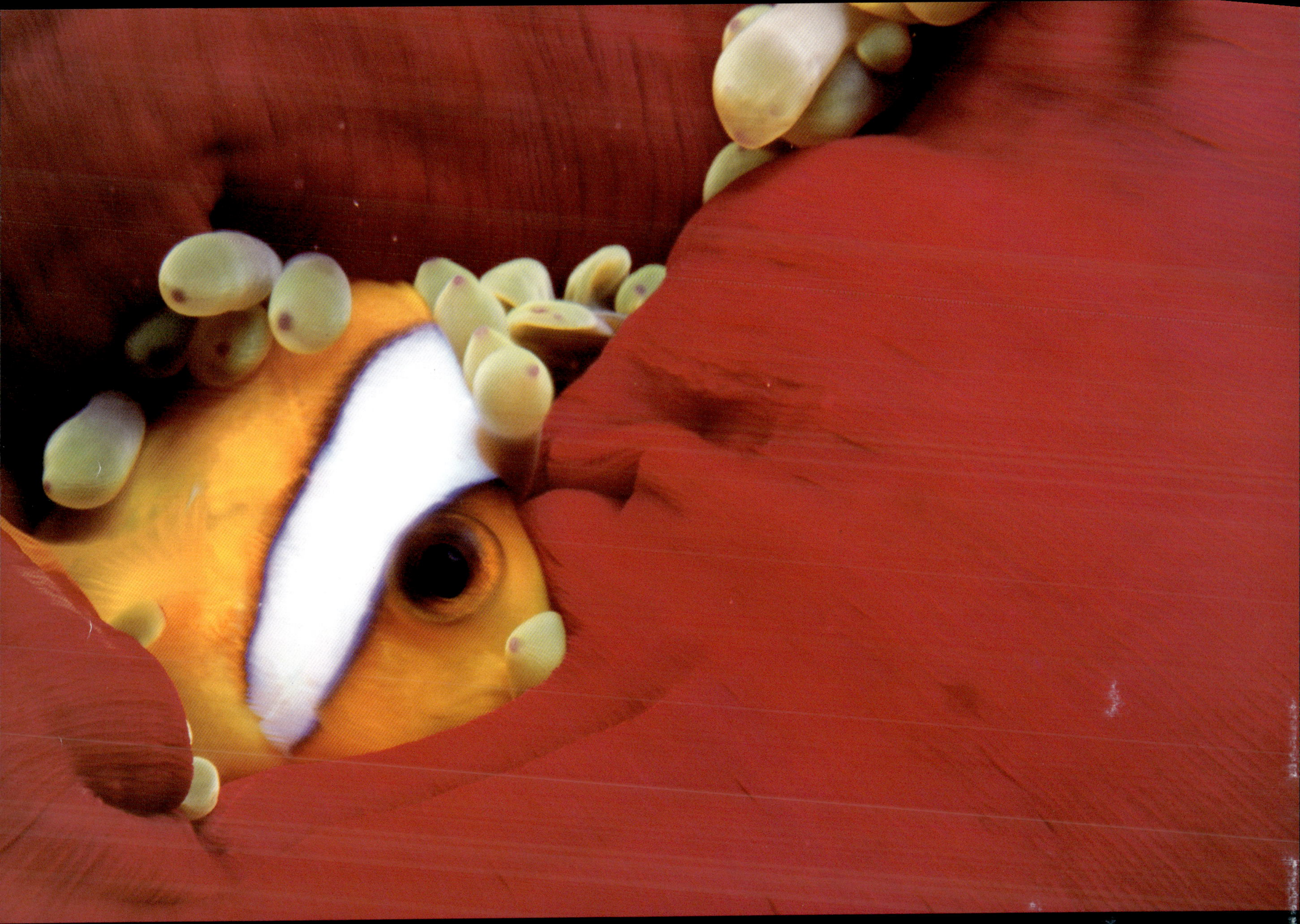

Yellow-mouth moray
and cleaner shrimp

Murène à bouche
jaune et crevette

Morena,
Gymnothorax nudivomer, y
camarón limpiador

Moreia de boca
amarela,
Gymnothorax nudivomer, e
camarão limpador

Gelbmaul-Muräne
und Geißelgarnele

انكليس أصفر الفم
ومعه الروبيان

Clownfish in anemone

Poisson-clown dans
une anémone

Pez payaso entre
anemonas de mar

Peixe-palhaço em
anémona

Clownfisch in einer
Seeanemone

السمكة الضحاك يحتل
مواقع شقيق البحر

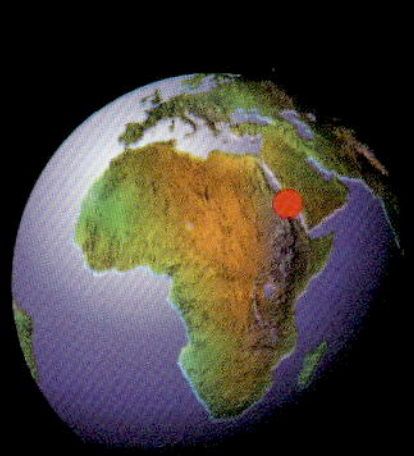

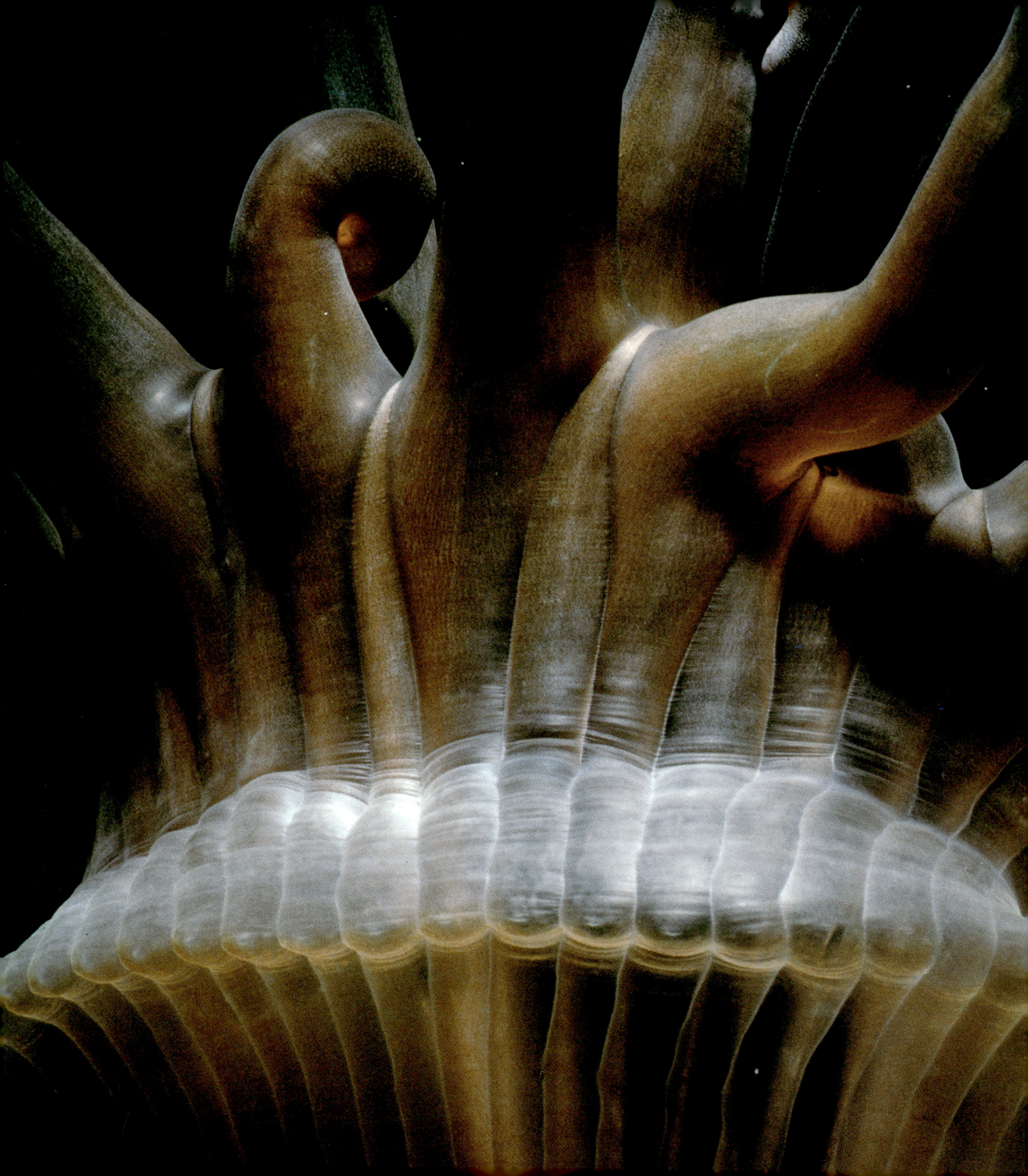

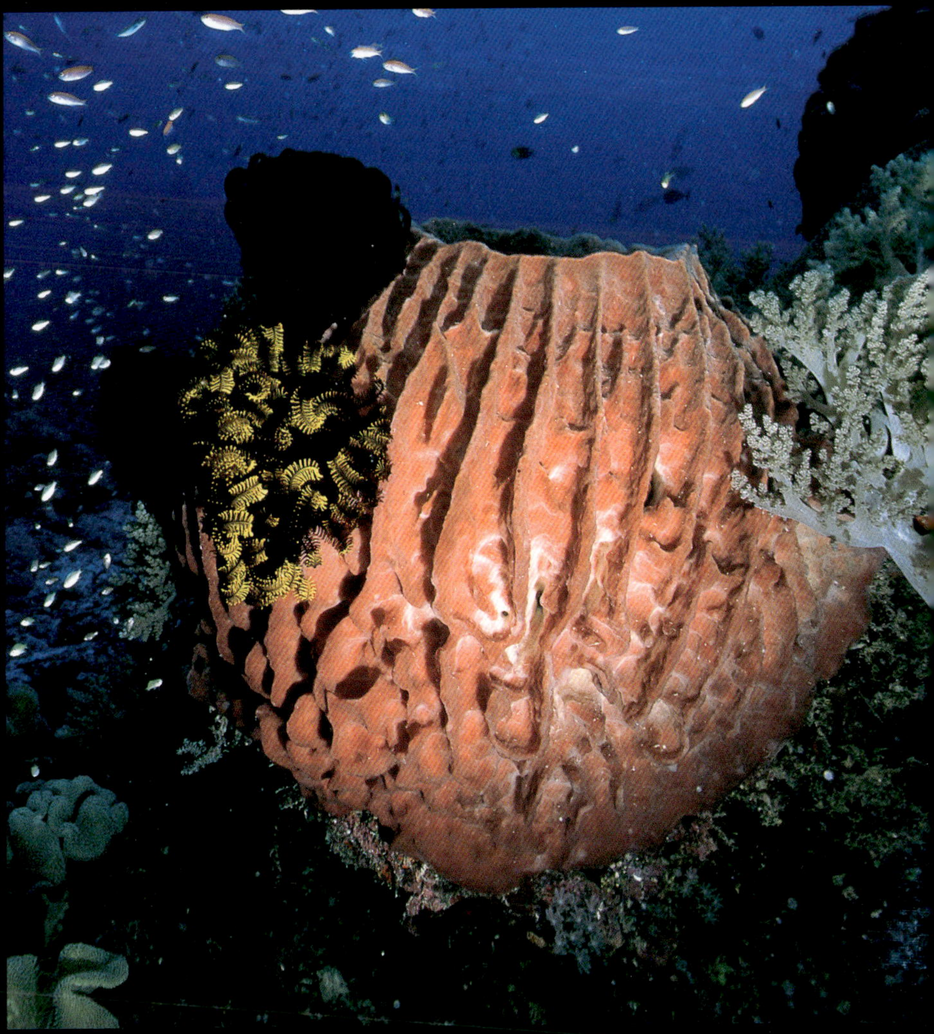

Barrel sponge

Eponge

Esponja de barrel

Esponja

Schwamm

اسفنج اسطواني
الشكل

Symbiotic shrimp on basal disk of anemone at night

Crevette sur la membrane basale d’une anémone la nuit

Camarón simbiótico sobre disco basal de anémona por la noche

Camarão simbiótico na base de uma anémona, à noite

Garnele auf der Basalscheibe einer Seeanemone bei Nacht

مجموعة من الروبيان
على قرص قاعدي
لشقيق البحر في
الليل

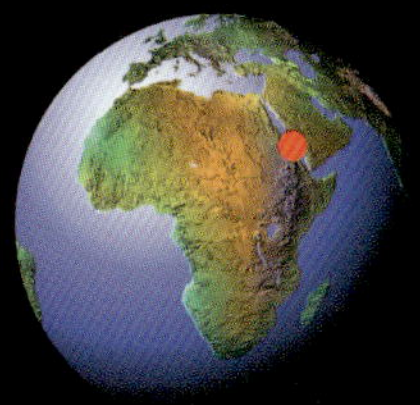

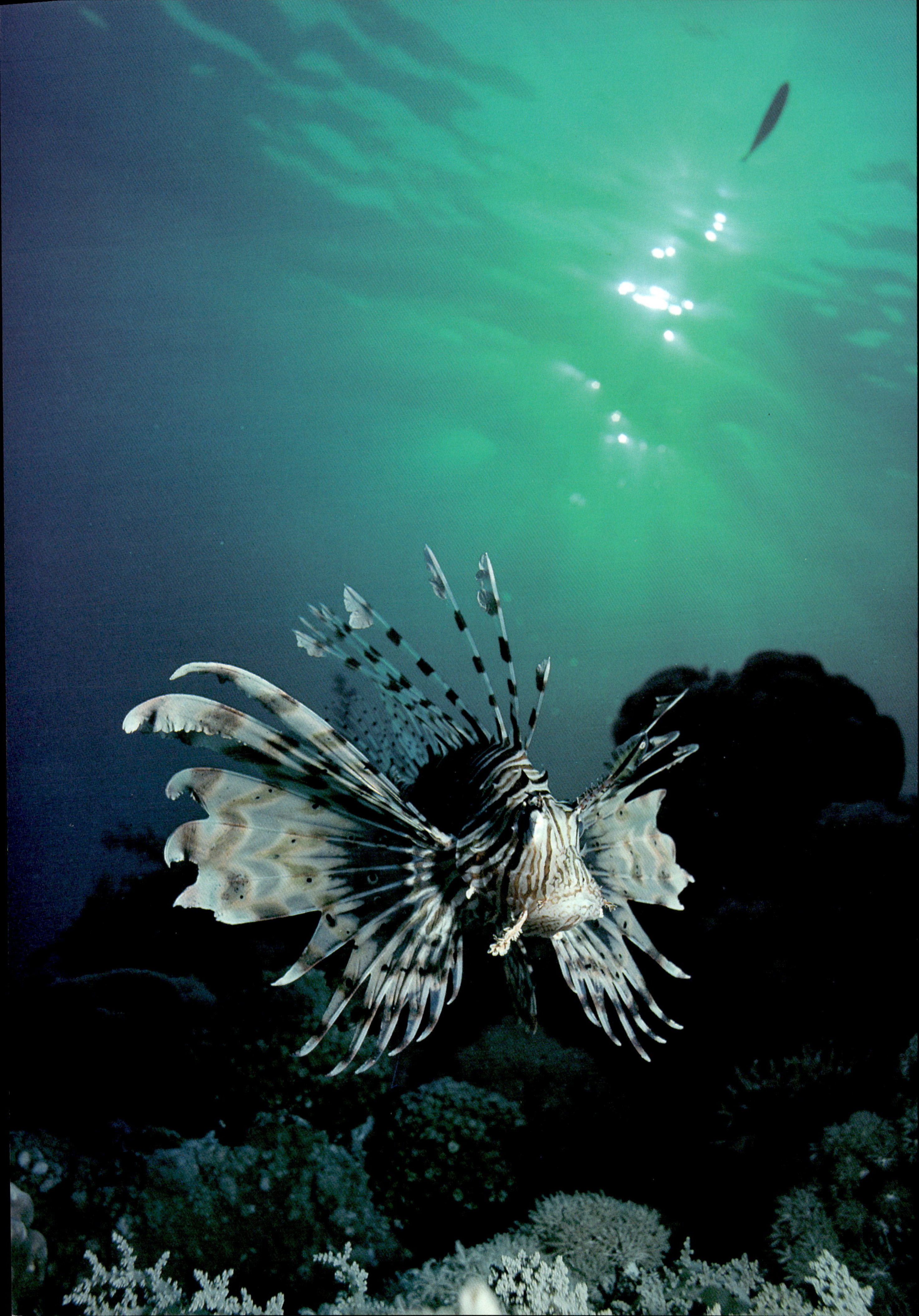

Firefish or lionfish, *Pterois volitans*

Poissons-volants

Pez escorpión, *Pterois volitans*

Peixe-leão, *Pterois volitans*

Pterois volitans

السمك الناري أو
السمك الأسد
Pterois volitans

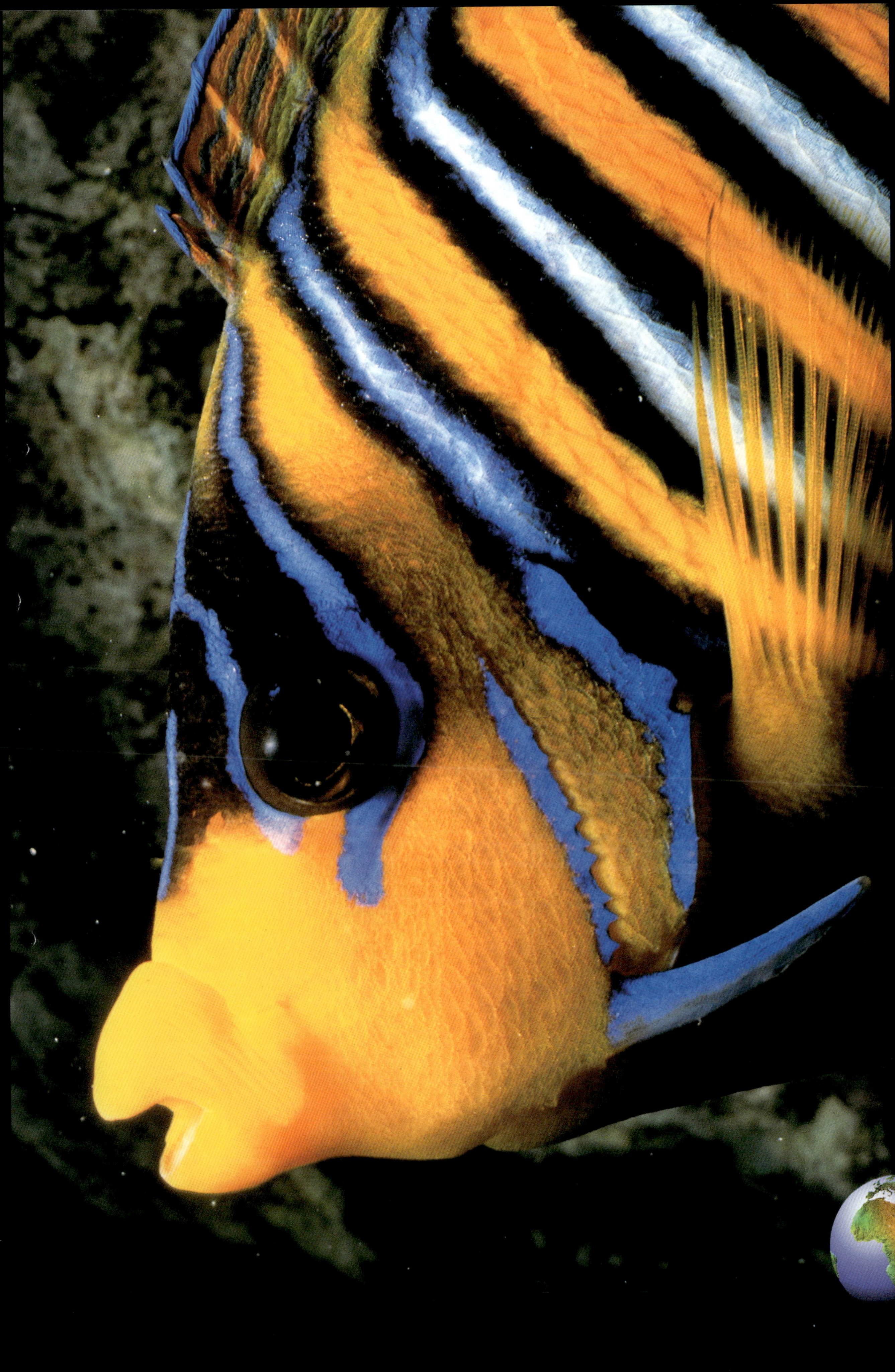

Royal angelfish,
Pygoplites diacanthus

Ange de mer,
Pygoplites diacanthus

Pygoplites diacanthus

Peixe-anjo real,
Pygoplites diacanthus

Pygoplites diacanthus

سمكة الملاك الملكية
Pygoplites diacanthus

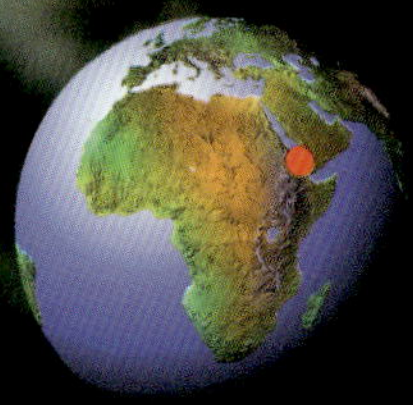

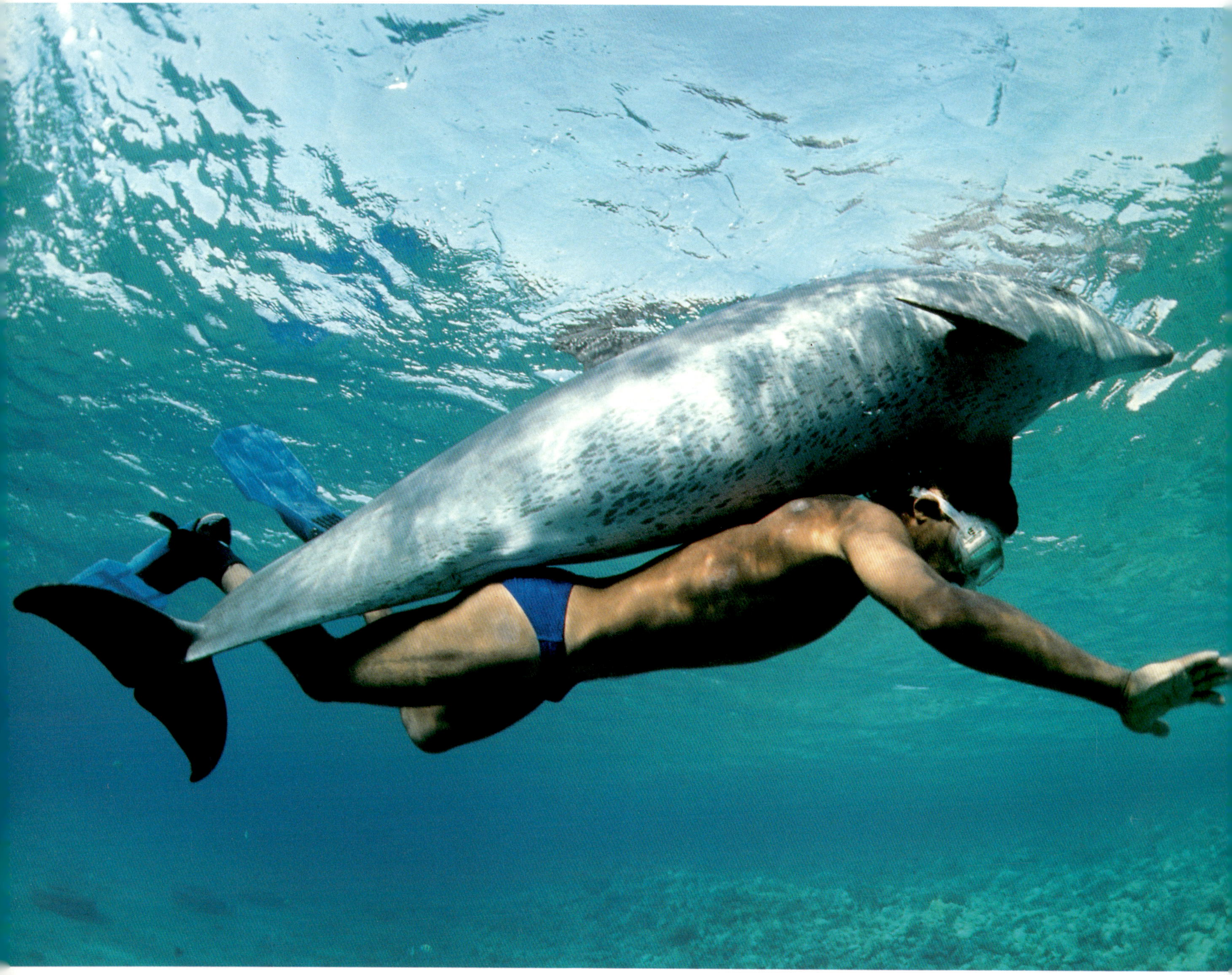

Bottle-nosed dolphin, *Tursiops truncatus*, plays with swimmer

Tursiops, *Tursiops truncatus*, jouant avec un nageur

Delfín mular, *Tursiops truncatus*, jugando con nadador

Delfim, *Tursiops truncatus*, brincando com nadador

Ein Großer Tümmler, *Tursiops truncatus*, spielt mit einem Schwimmer

دلفين ذو أنف مدبب يلعب
مع أحد السباحين
Tursiops truncatus

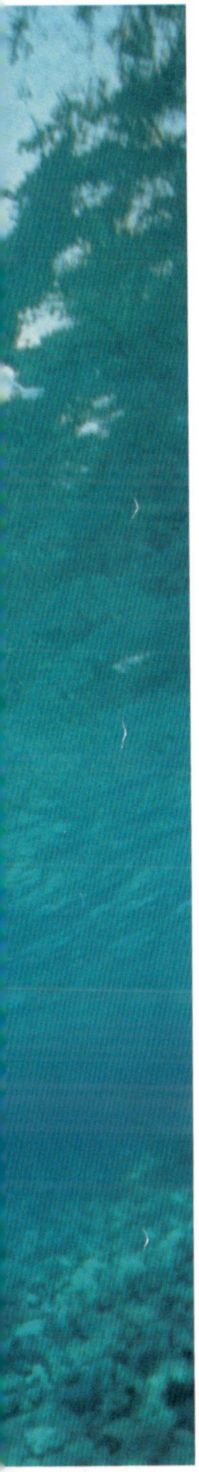

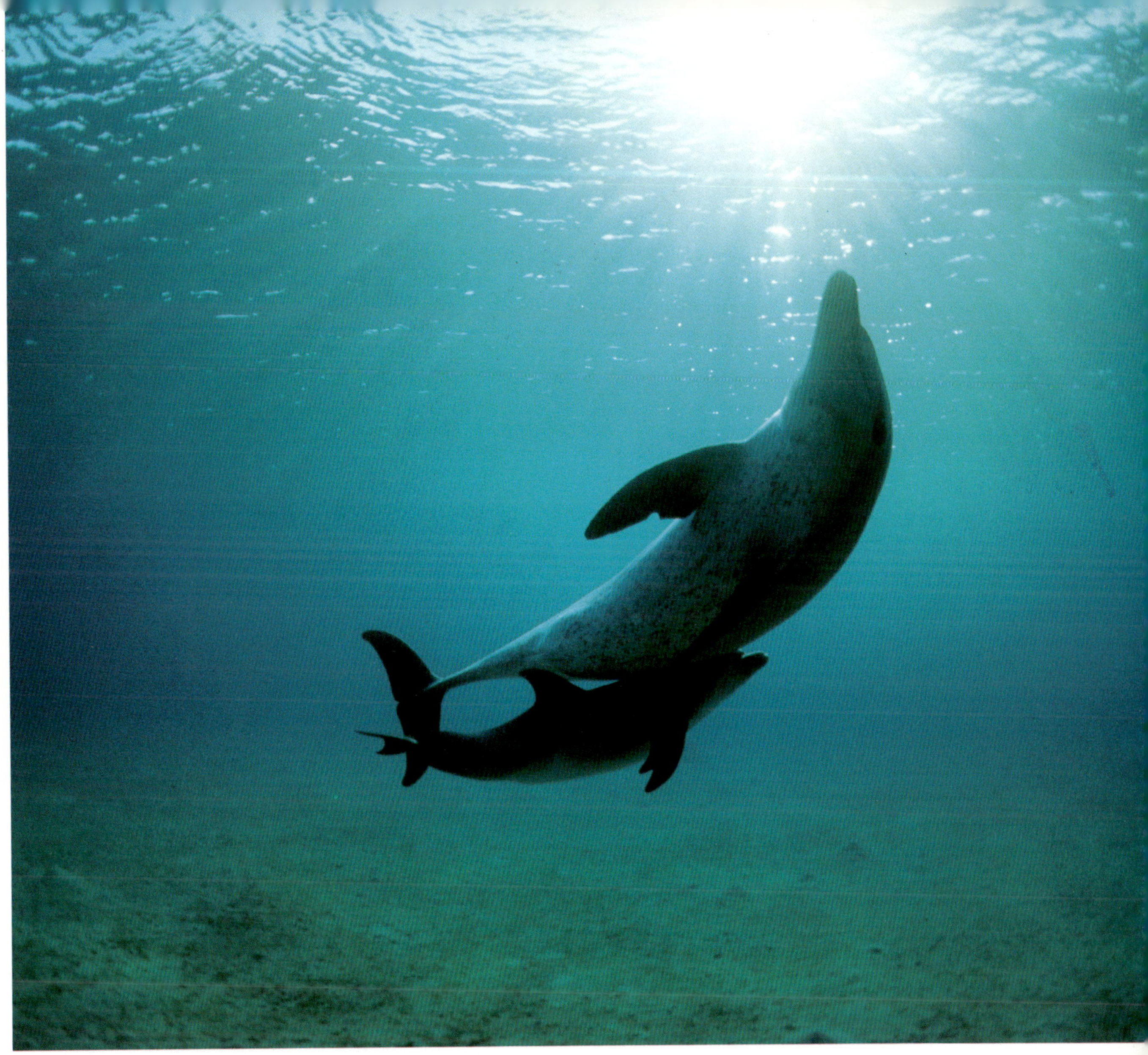

Bottle-nosed dolphin
with mother and calf

Tursiops avec mère et
son petit

Delfín mular con la
madre y la cría

Delfim com mãe e
cria

Ein Großer Tümmler
mit Mutter und Kalb

دلفين ذو أنف مدبب
مع أمه وعجل بحري

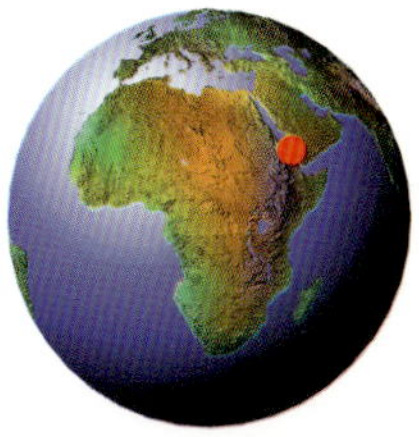

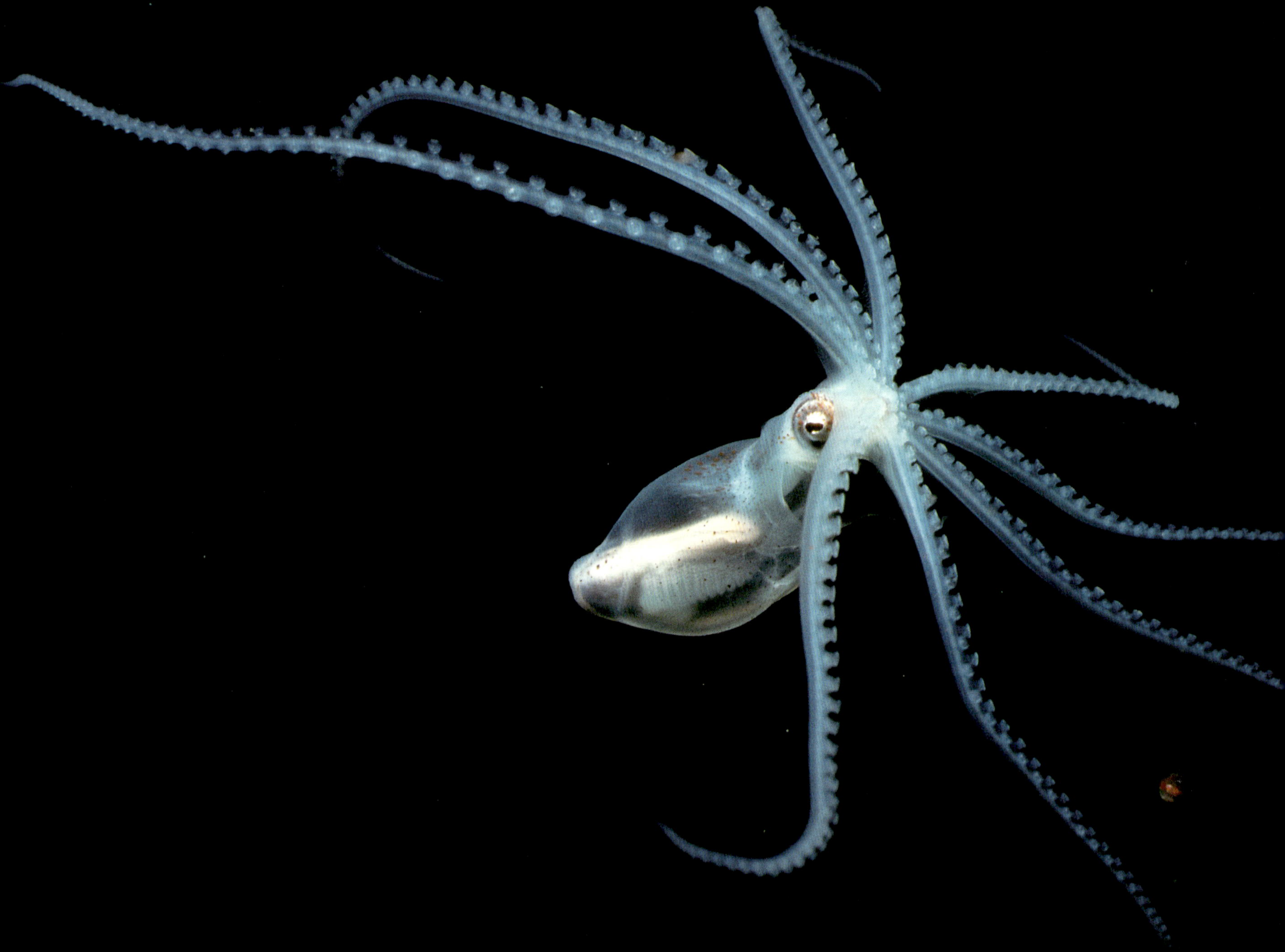

Pelagic octopus in open ocean at night

Pulpo pelágico de noche en mar abierto

Seepolyp im nächtlichen Meer

Pieuvre pélagique en plein océan la nuit

Polvo em mar alto à noite

اخطبوط مُشّعر في
أعالي المحيطَ ليلاً

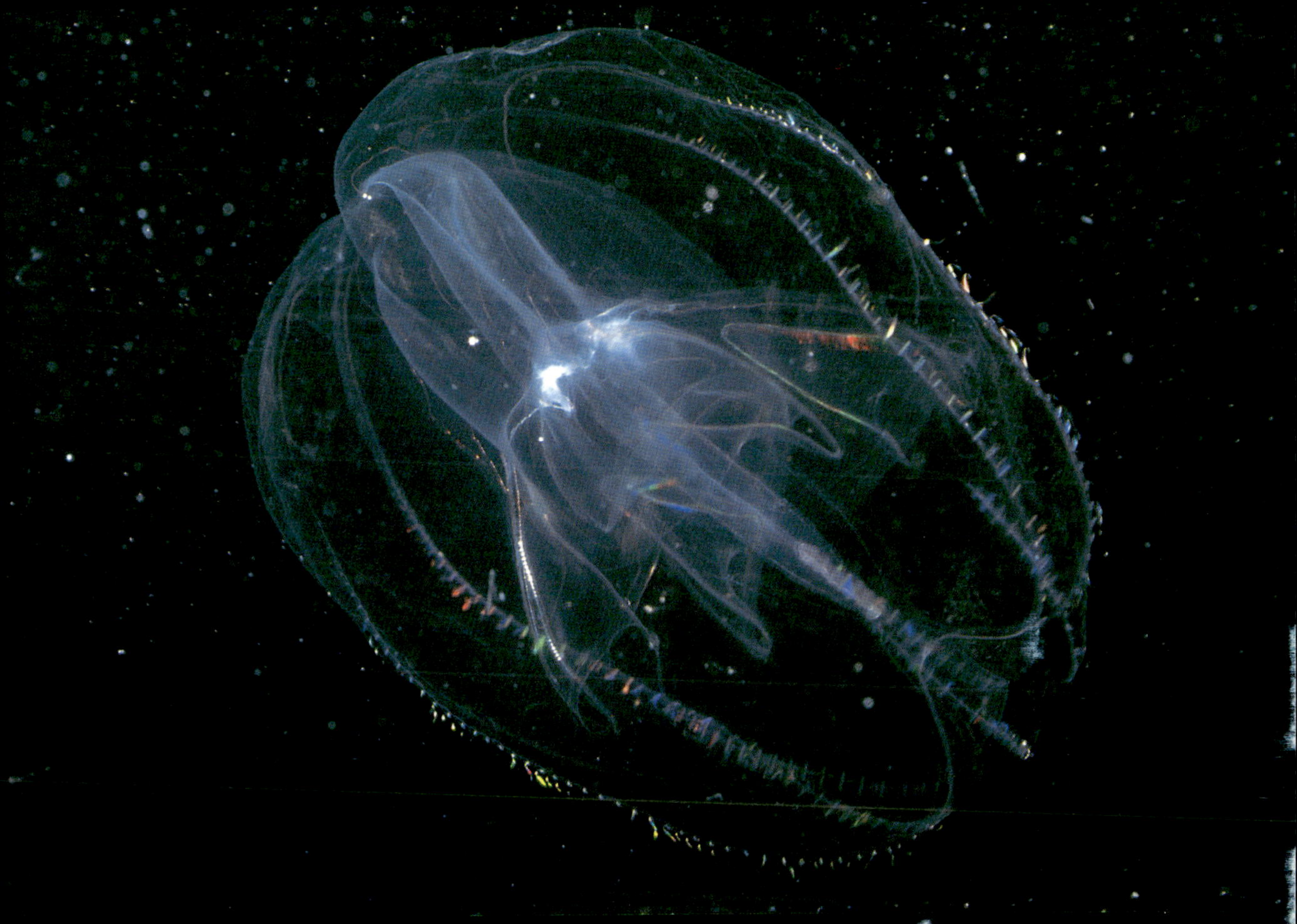

Comb jelly, *ctenophore*

Cténophore

Medusa, *ctenoforo*

Geleia, *ctenoforo*

Kammqualle, *ctenophore*

قنديل البحر الممشط
ctenophore

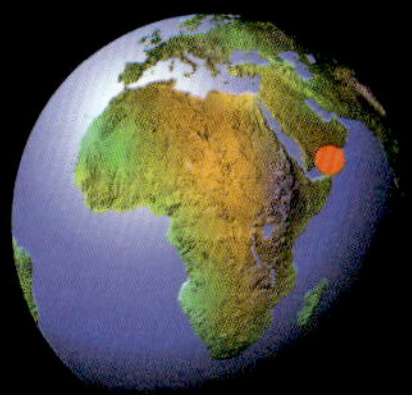

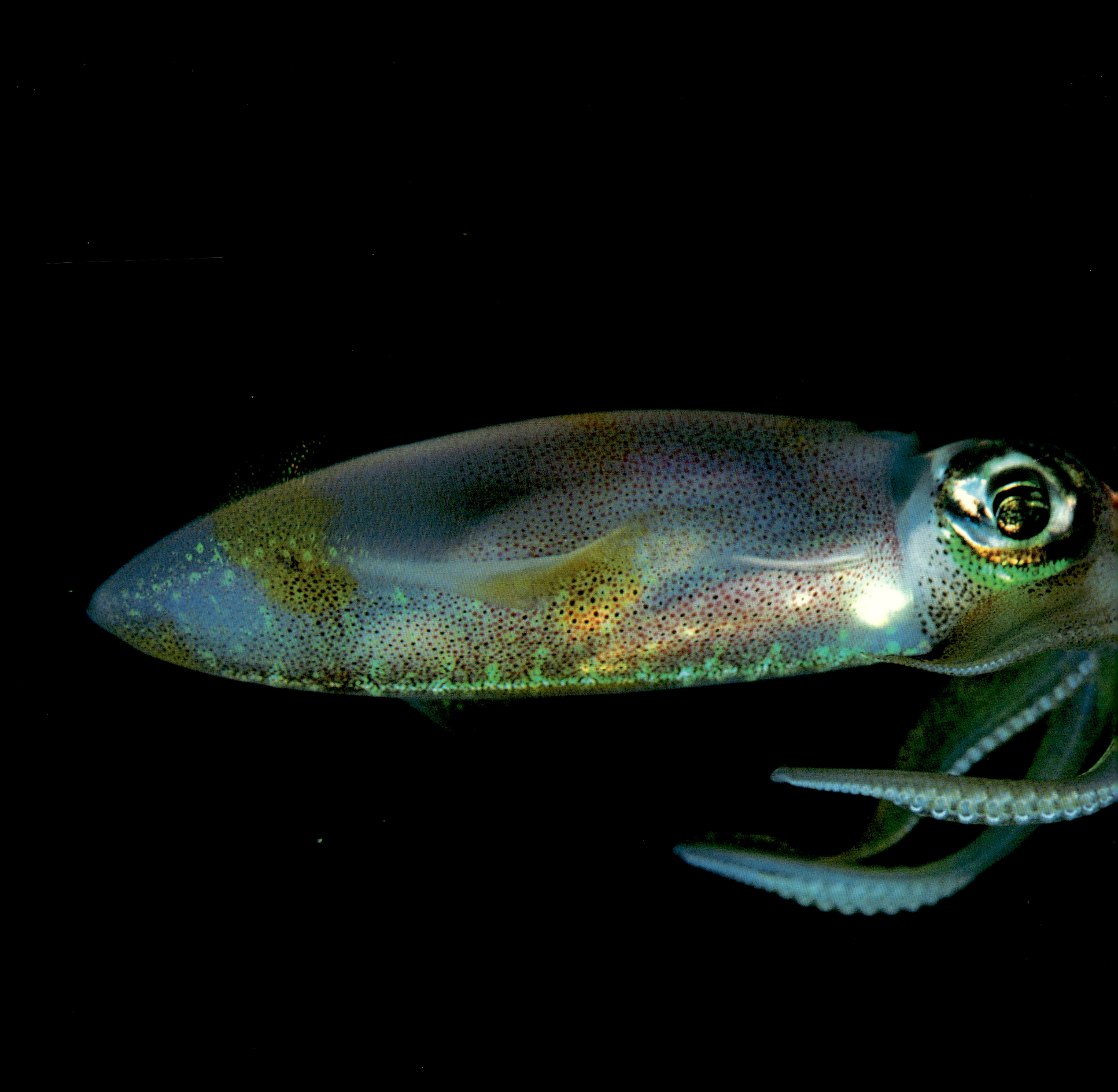

Squid at night
Calamar de noche
Kalmar bei Nacht
Calmar la nuit
Lula à noite
الحبّار في الليل

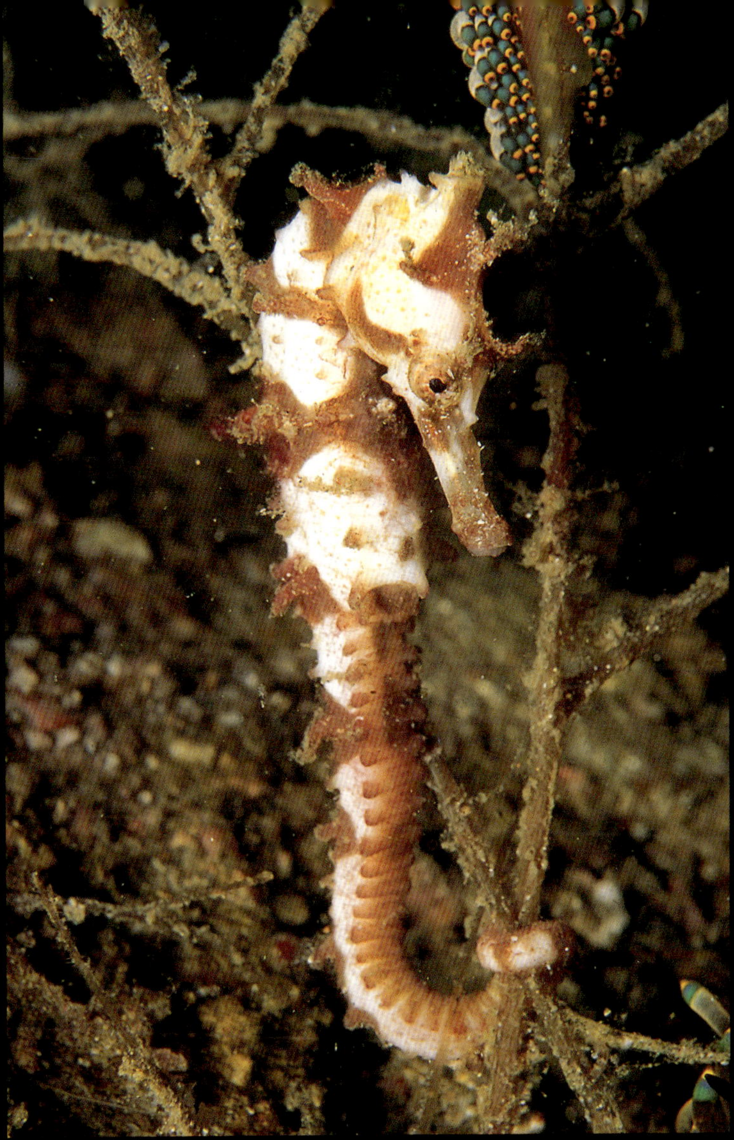

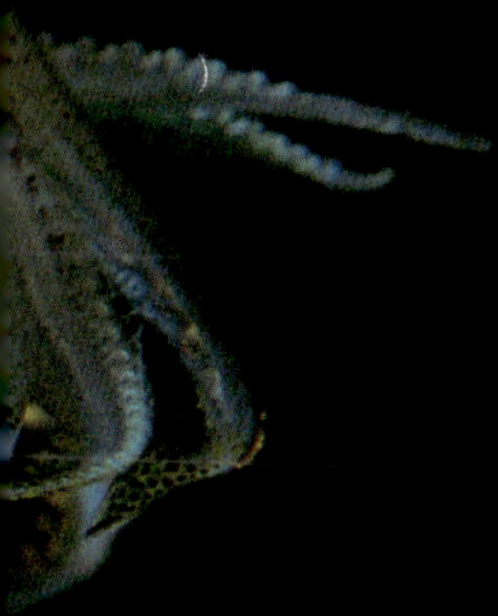

Seahorse photographed in the United Arab Emirates

Hippocampe photographié aux Emirats arabes unis

Caballo de mar fotografiado en los Emiratos Árabes Unidos

Cavalo-marinho fotografado nos Emirados Árabes Unidos

Seepferdchen vor der Küste der Vereinigten Arabischen Emirate

حصان البحر في مياه دولة الامارات العربية المتحدة

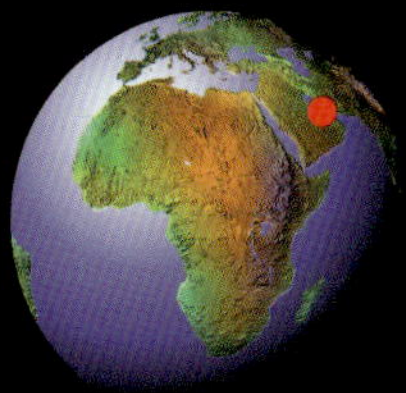

Diver with giant "Spanish Dancer" nudibranch

Nudíbrânqio gigante

Nudíbranqio gigante

غطاسة مع السمكة
الراقصة الأسبانية
(فبيراش العملاقة)

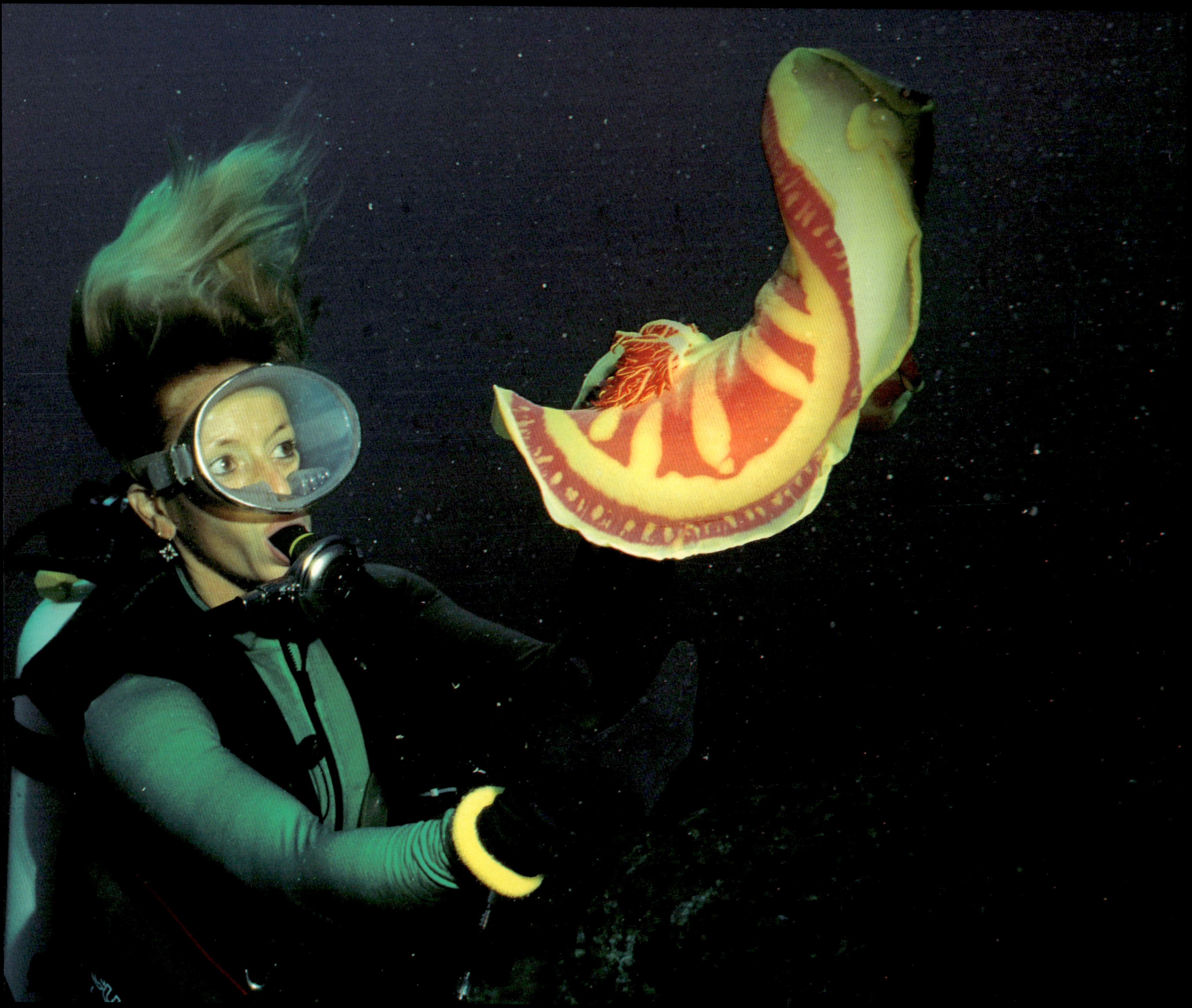

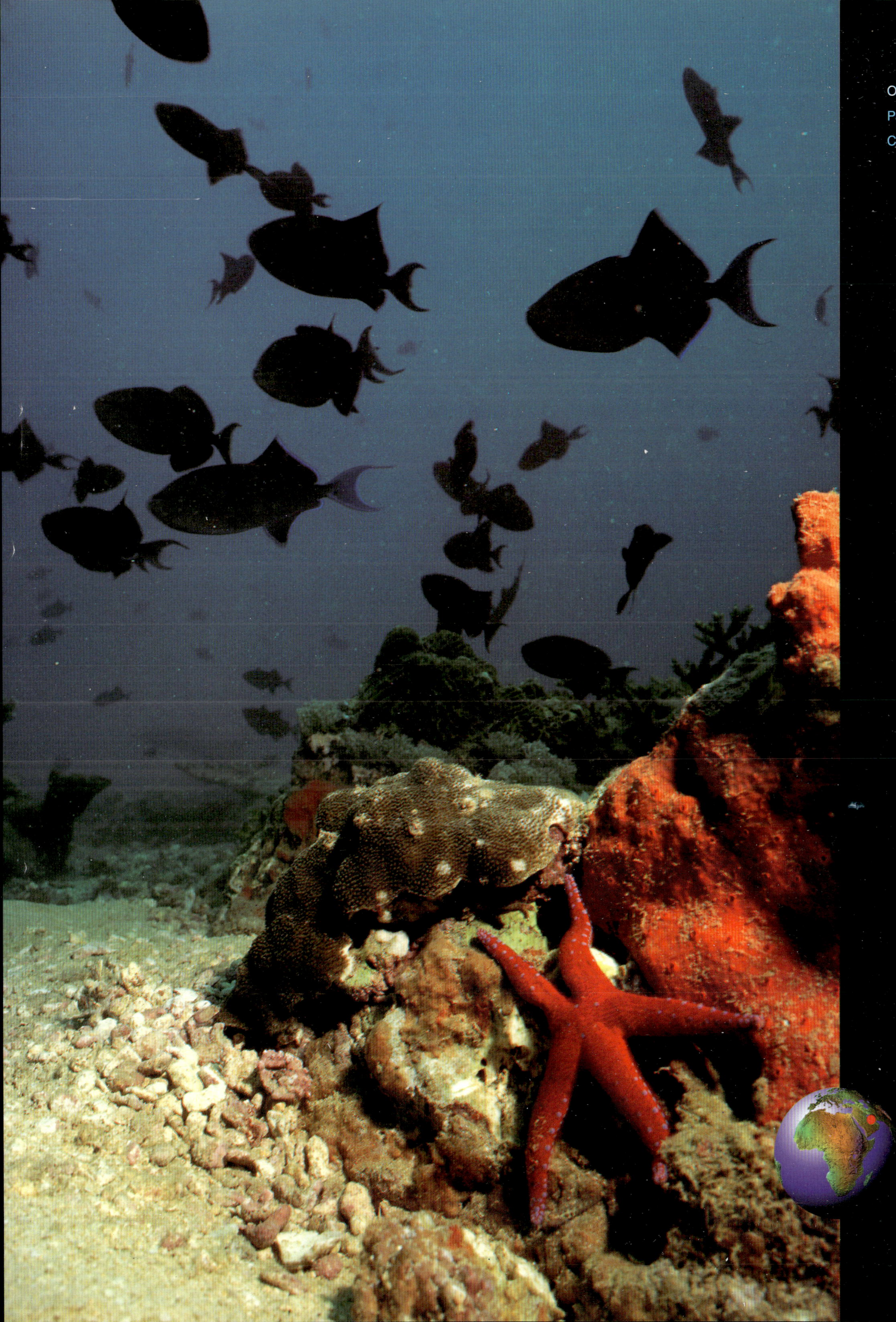

Ocean triggerfish

Pazifik-Drückerfisch

Cangulo do oceano

سمكة القادوح
الإستوائية

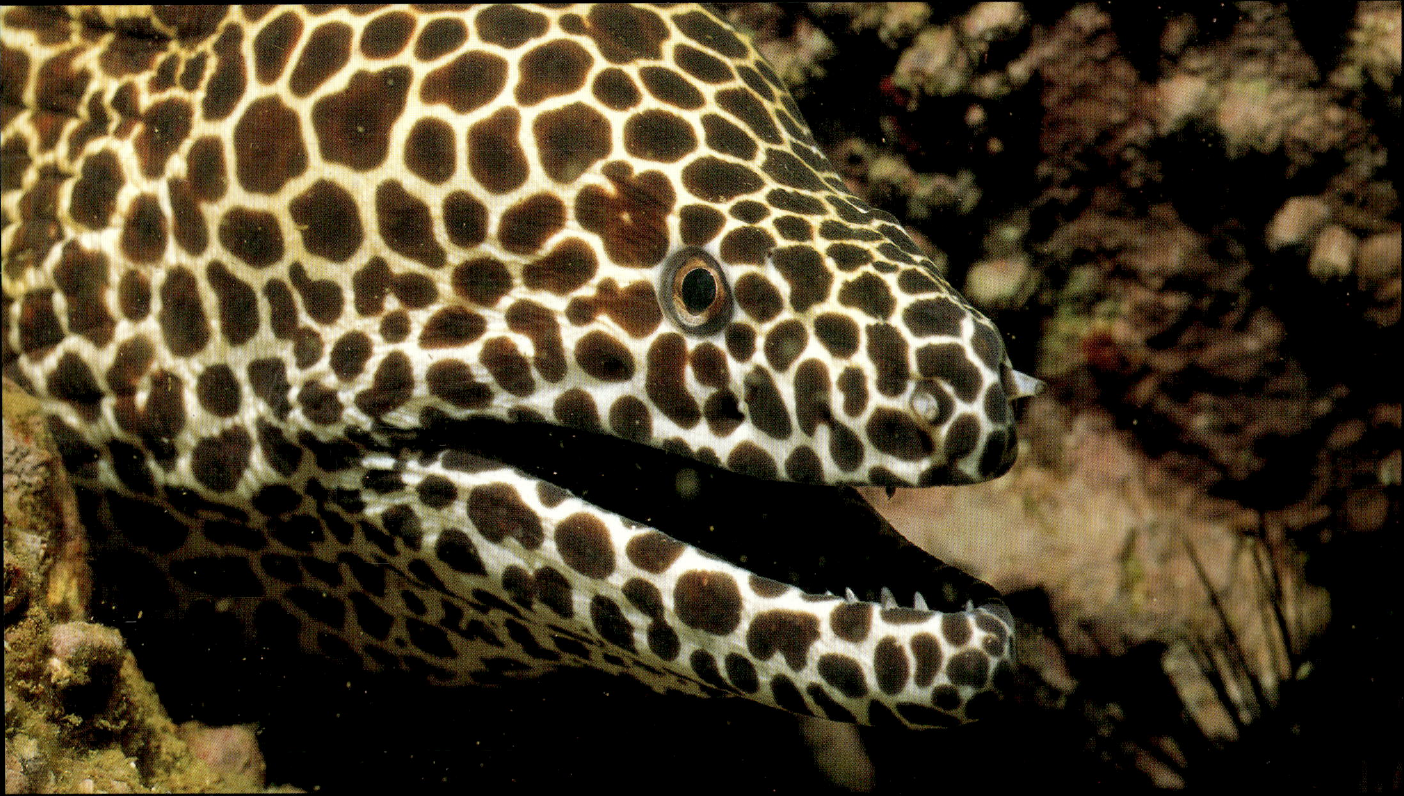

Honeycomb moray eel, *Gymnothorax favigineus*, in UAE waters

Murène,*Gymnothorax favigineus*, au large des Emirats

Morena de panal, *Gymnothorax favigineus*, en aguas de los EAU

Enguia-moreia, *Gymnothorax favigineus*, em águas dos Emirados Árabes Unidos

Muräne, *Gymnothorax favigineus*, in den Gewässern der VAE

انكليس بحري منخرب في مياه الامارات *Gymnothorax favigineus*

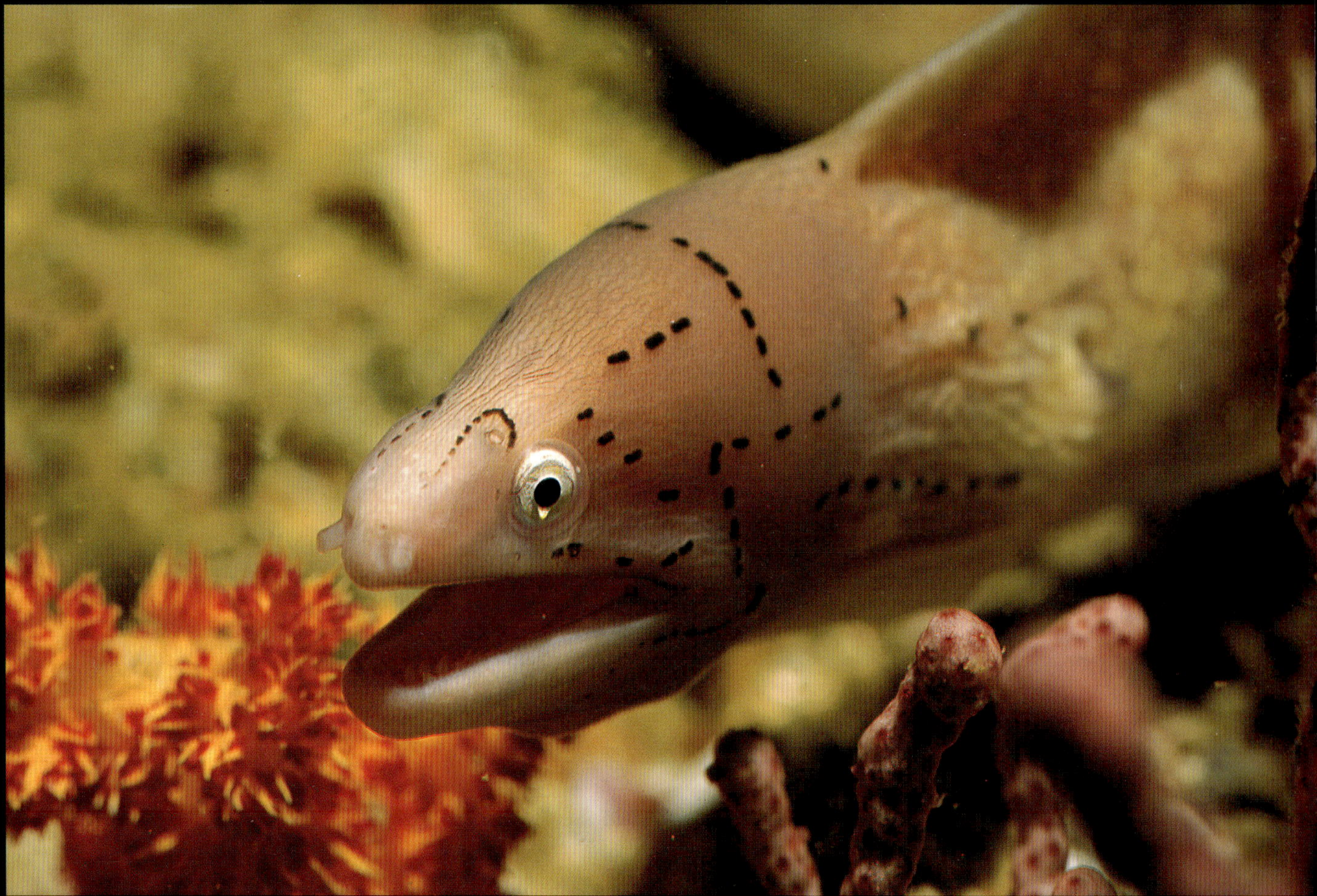

Grey moray, *Siderea grisea*

Murène, Siderea grisea

Morena gris, Siderea grisea

Moreia cinzenta, *Siderea grisea*

Graue Muräne, *Siderea grisea*

انكليس رمادي *Siderea grisea*

Yellowmouth moray,
Gymnothorax nudivomer

Murène,
Gymnothorax nudivomer

Morena de boca amarilla,
Gymnothorax nudivomer

Moreia de boca amarela,
Gymnothorax nudivomer

Gelbmaul-Muräne,
Gymnothorax nudivomer

انكليس ذو فم أصفر
Gymnothorax nudivomer

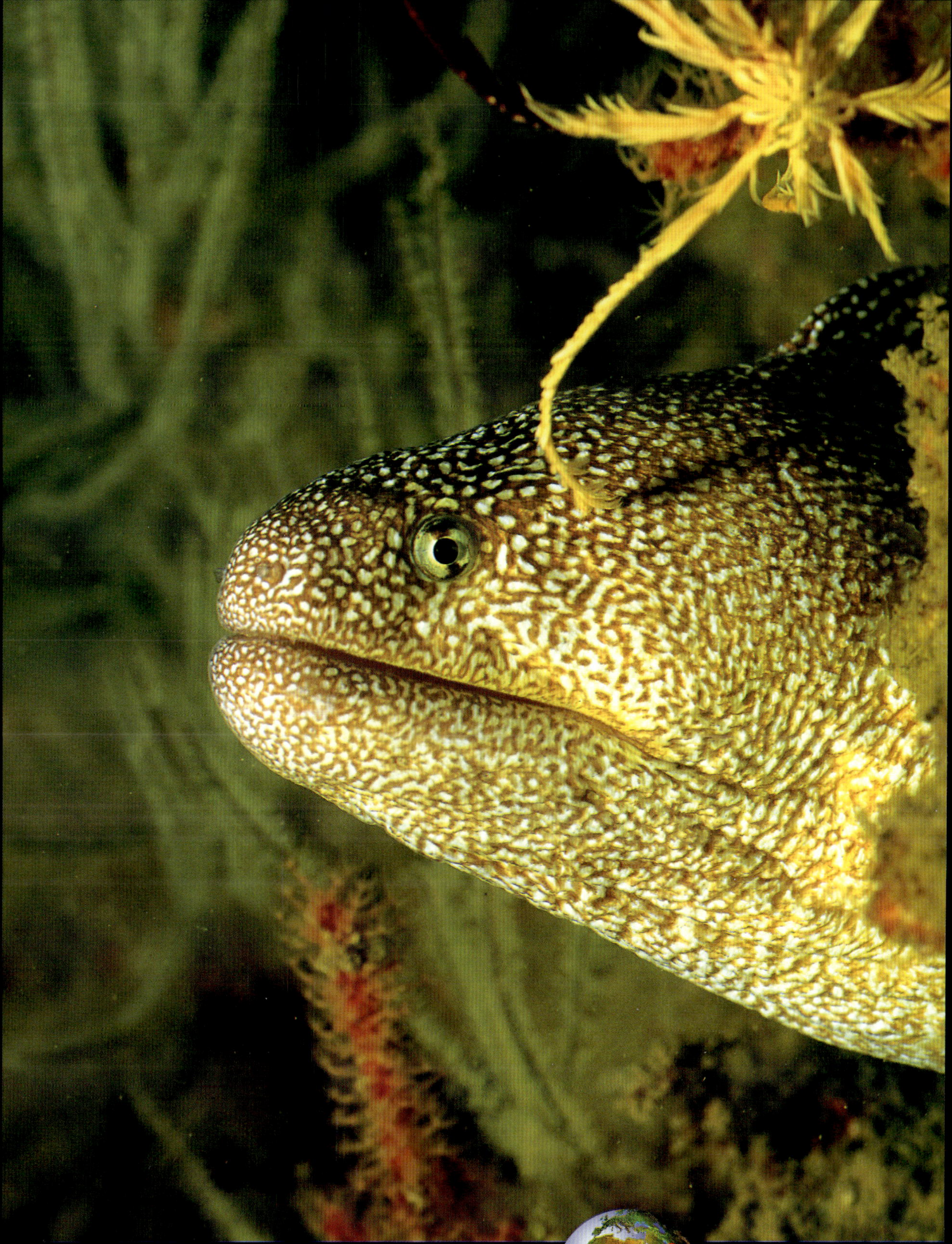

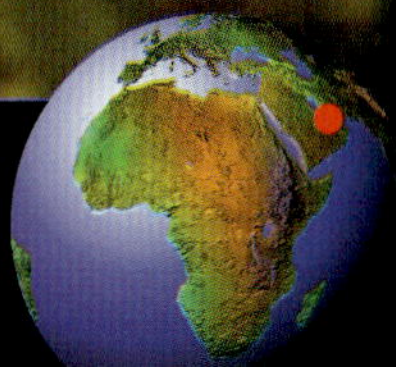

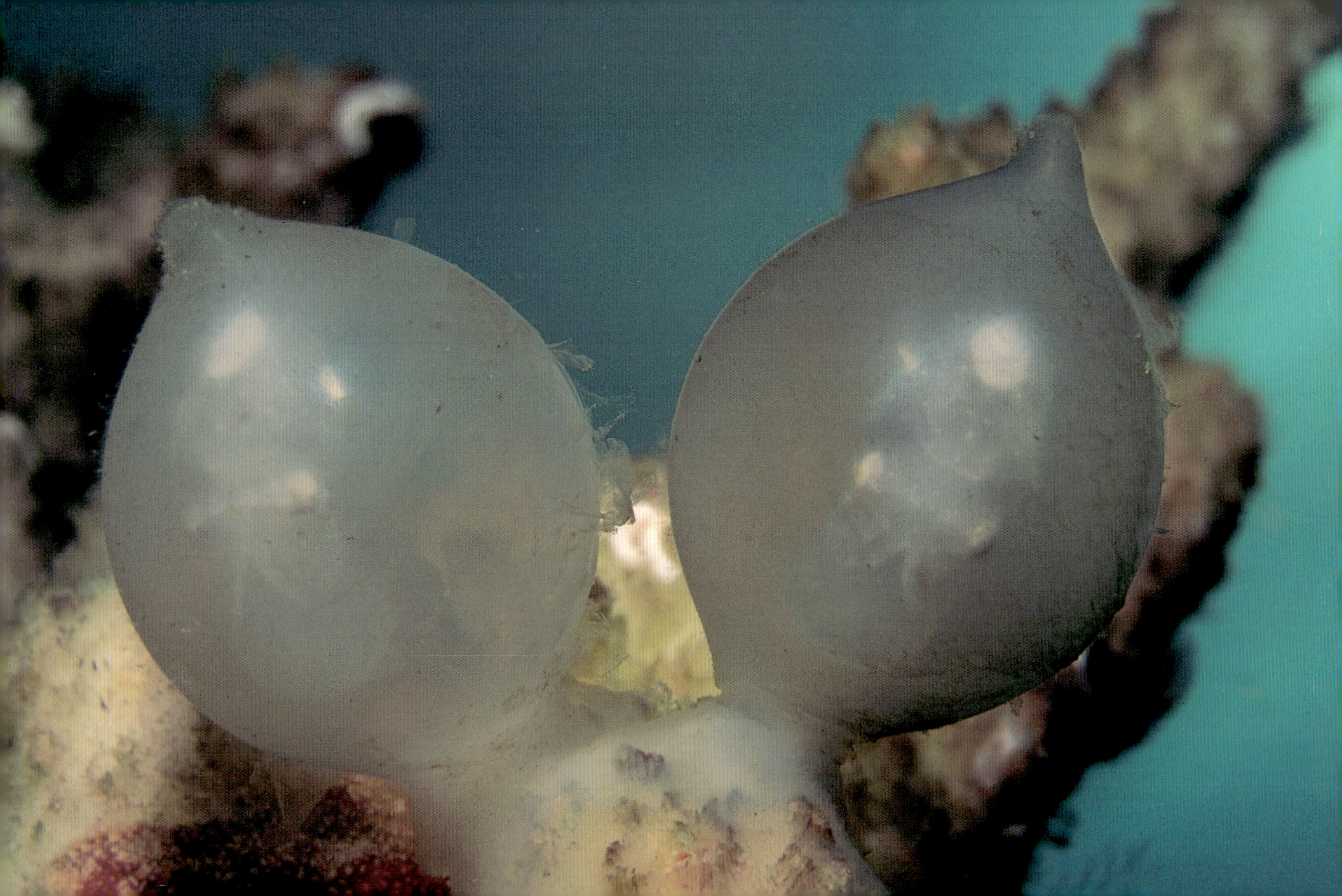

Cuttlefish embryo in egg case

Embryon de seiche

Embrión de sepia dentro del huevo

Embrião de sita, ainda no ovo

Tintenfischembryo in Eihülle

جنين الحبّار داخل البيضة

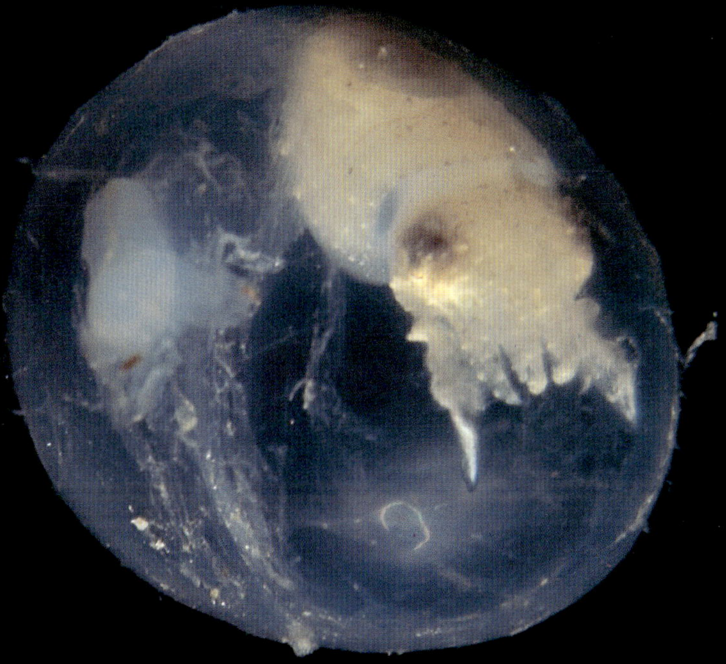

New born cuttlefish in the United Arab Emirates

Naissance d'une seiche dans les Emirats arabes unis

Nacimiento de sepia en los Emiratos Árabes Unidos

Nascimento de uma sita, nos Emirados Árabes Unidos

Geburt eines Tintenfischs in den Vereinigten Arabischen Emiraten

مولد الحبّار في مياه دولة الامارات العربية المتحدة

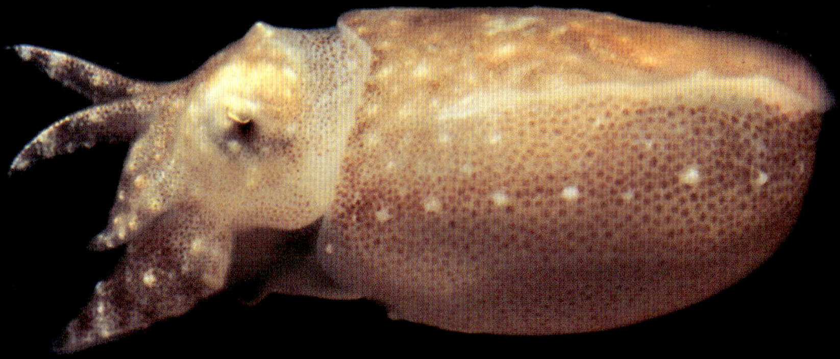

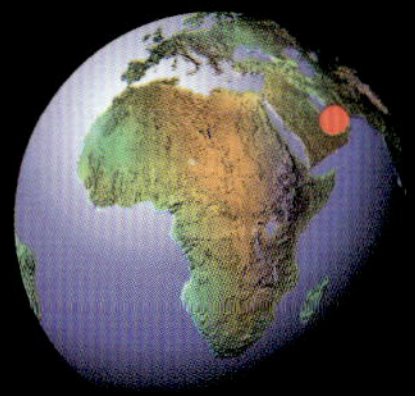

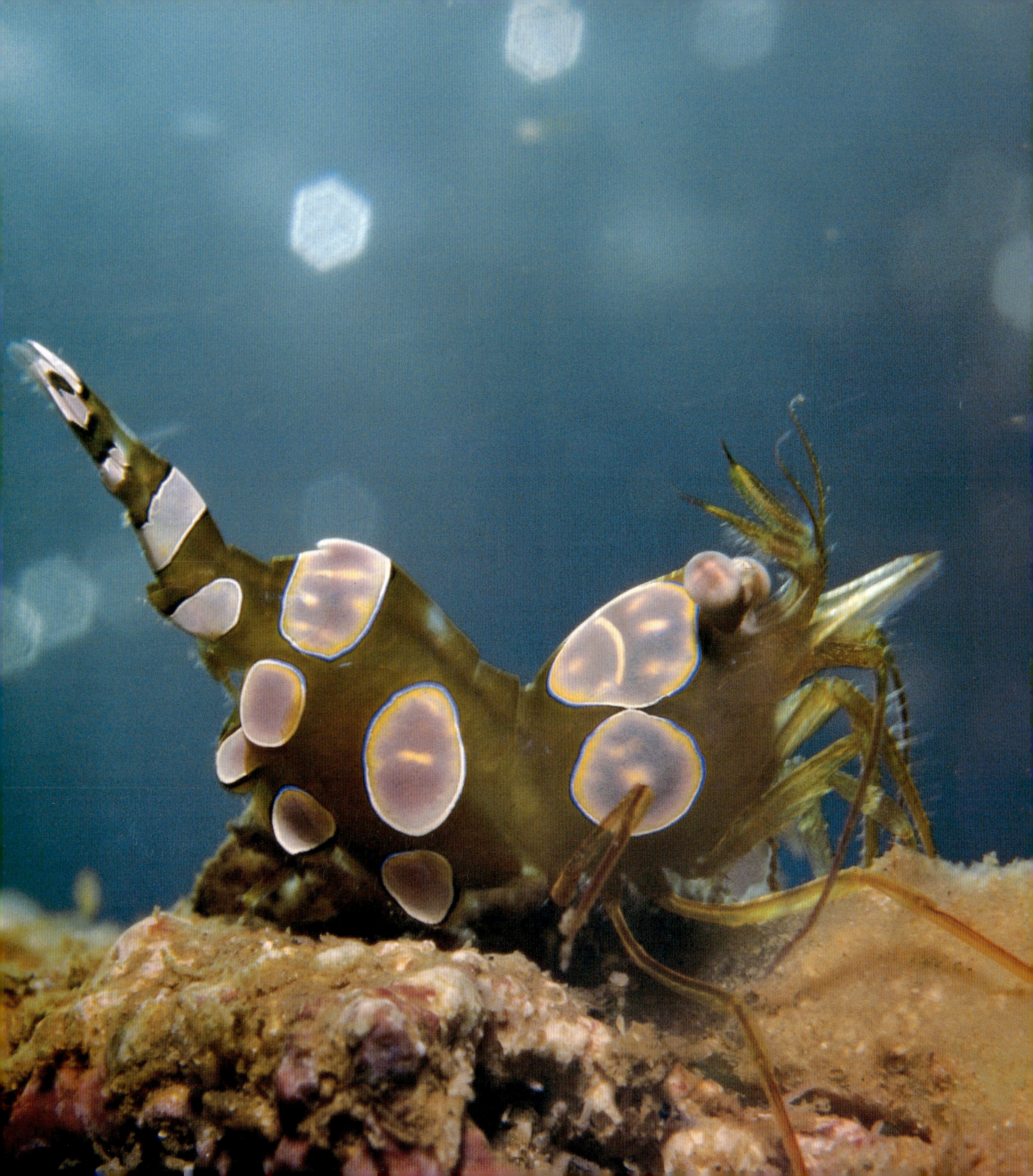

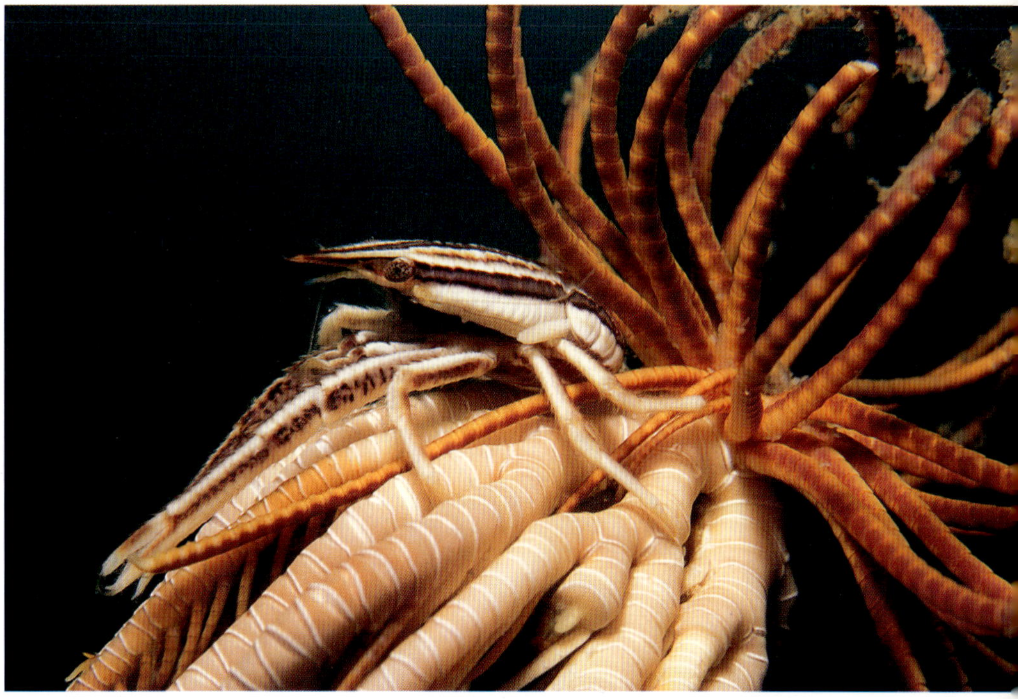

Squat lobster, *Allogalathera* sp., living on crinoid

Galathée, *Allogalathera* sp., vivant sur crinoïde

Langosta, *Allogalathera* sp., sobre crinoideos

Lagosta, *Allogalathera* sp., vivendo em crinóide

Suathummer, *Allogalathera* sp., der sich von Seelilien ernährt

سرطان بحري صغير
على شكل زنبقي أو
متعلق ببعض
الحيوانات البحرية
على شكل زهرة النبات
Allogalathera sp.

White-saddled shrimp, *Thor amboinensis*

Crevette, *Thor amboinensis*

Camarón de lomo blanco, *Thor amboinensis*

Camarão-branco, *Thor amboinensis*

Krabbe, *Thor amboinensis*

روبيان أبيض مخطط
Thor amboinensis

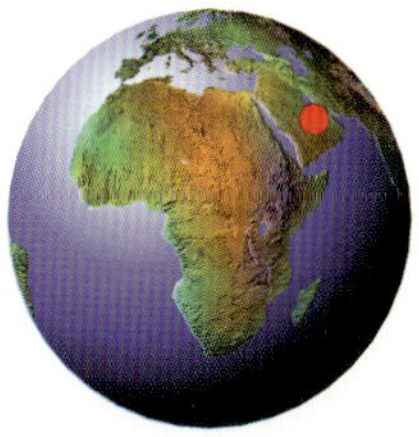

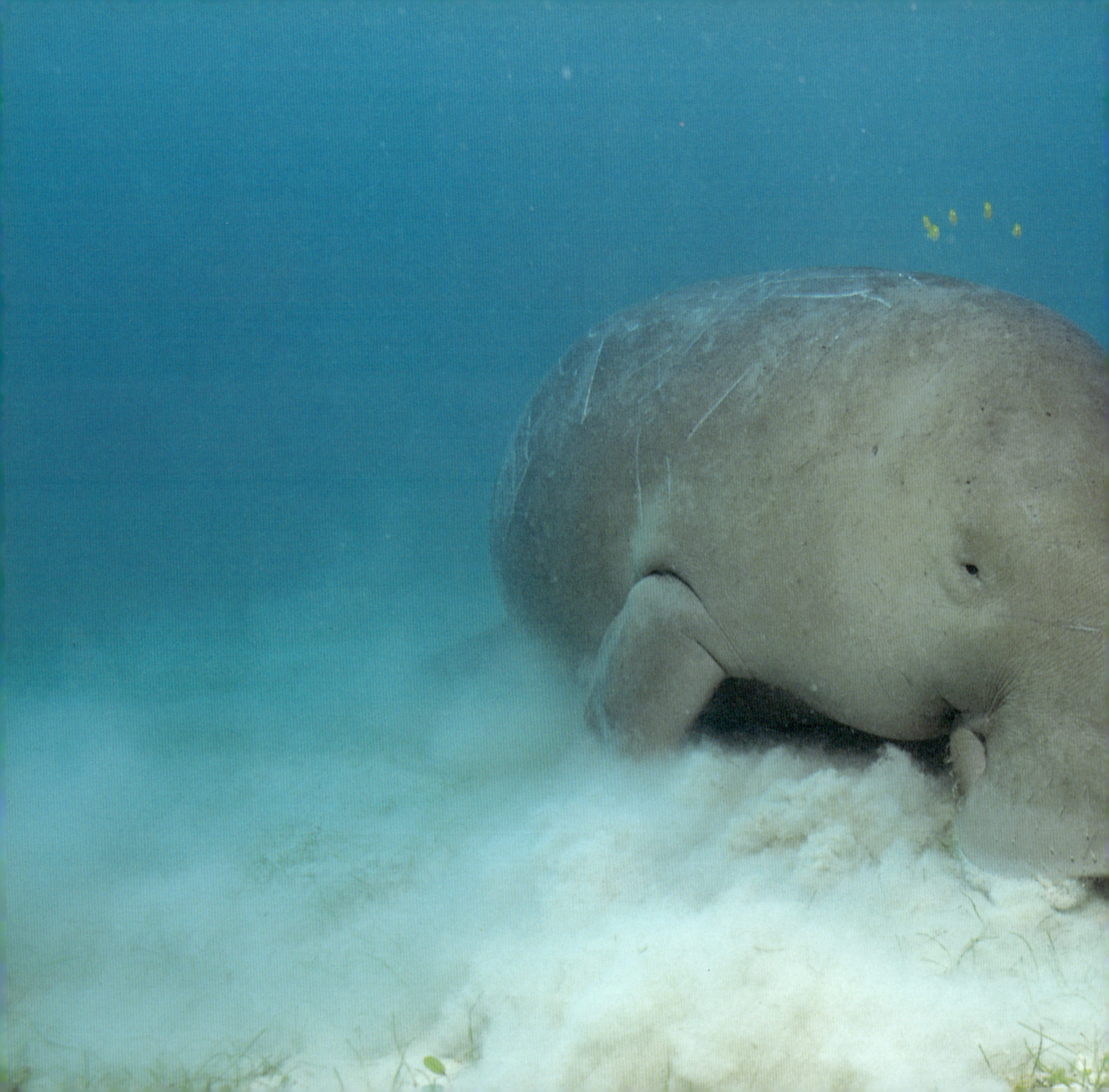

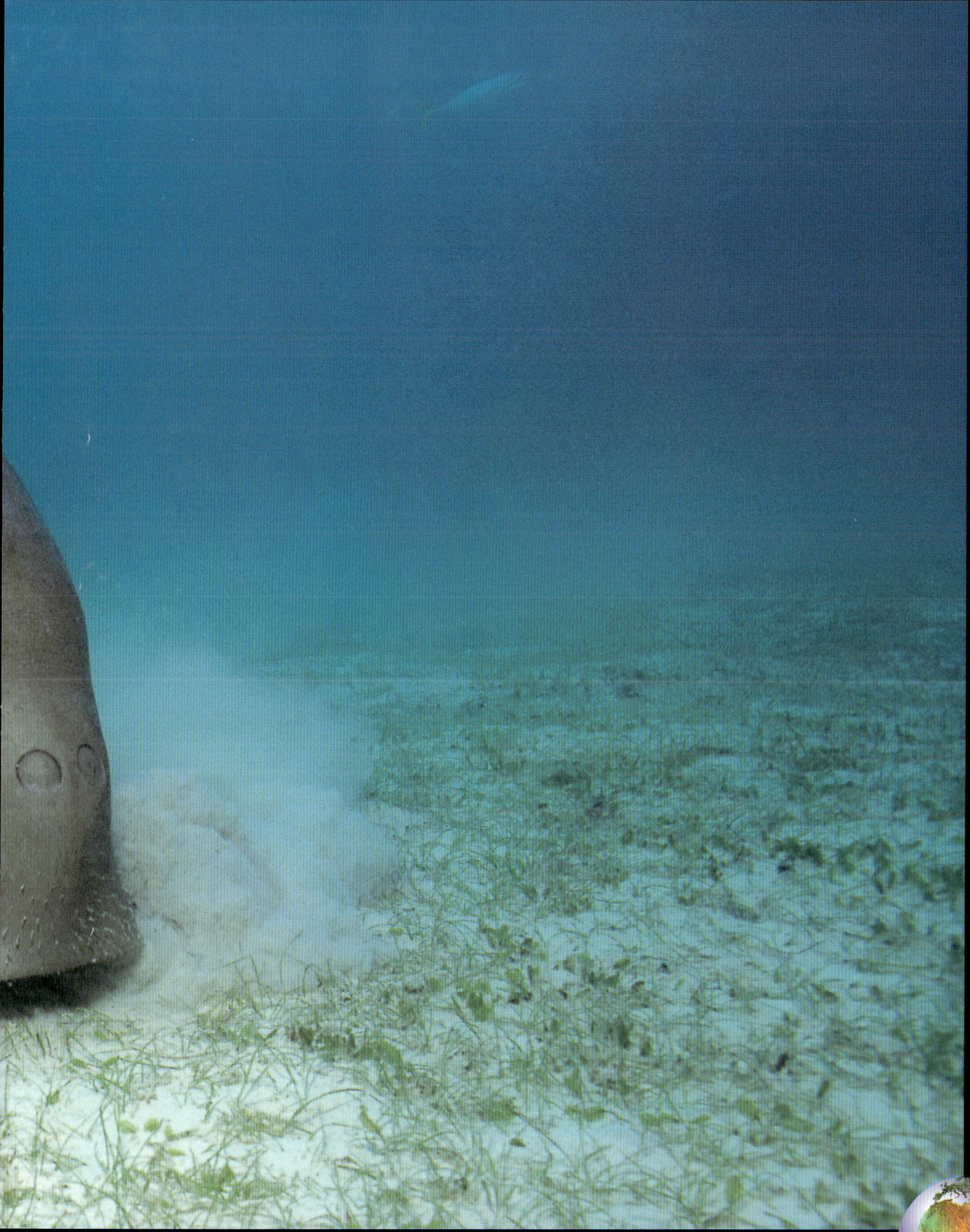

Dugong feeding on sea-grasses, *Dugong dugong*

Dugon se nourrissant de végétaux marins, *Dugong dugong*

Dugón alimentándose de plantas marinas, *Dugong dugong*

Dugongo, *Dugong dugong*, comendo sargaço

Der Dugong, *Dugong dugong*, ernährt sich von Seegras

بقر البحر
Dugong dugong

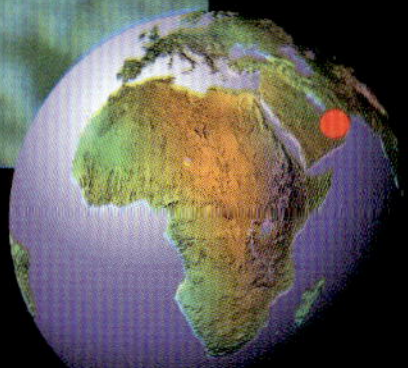

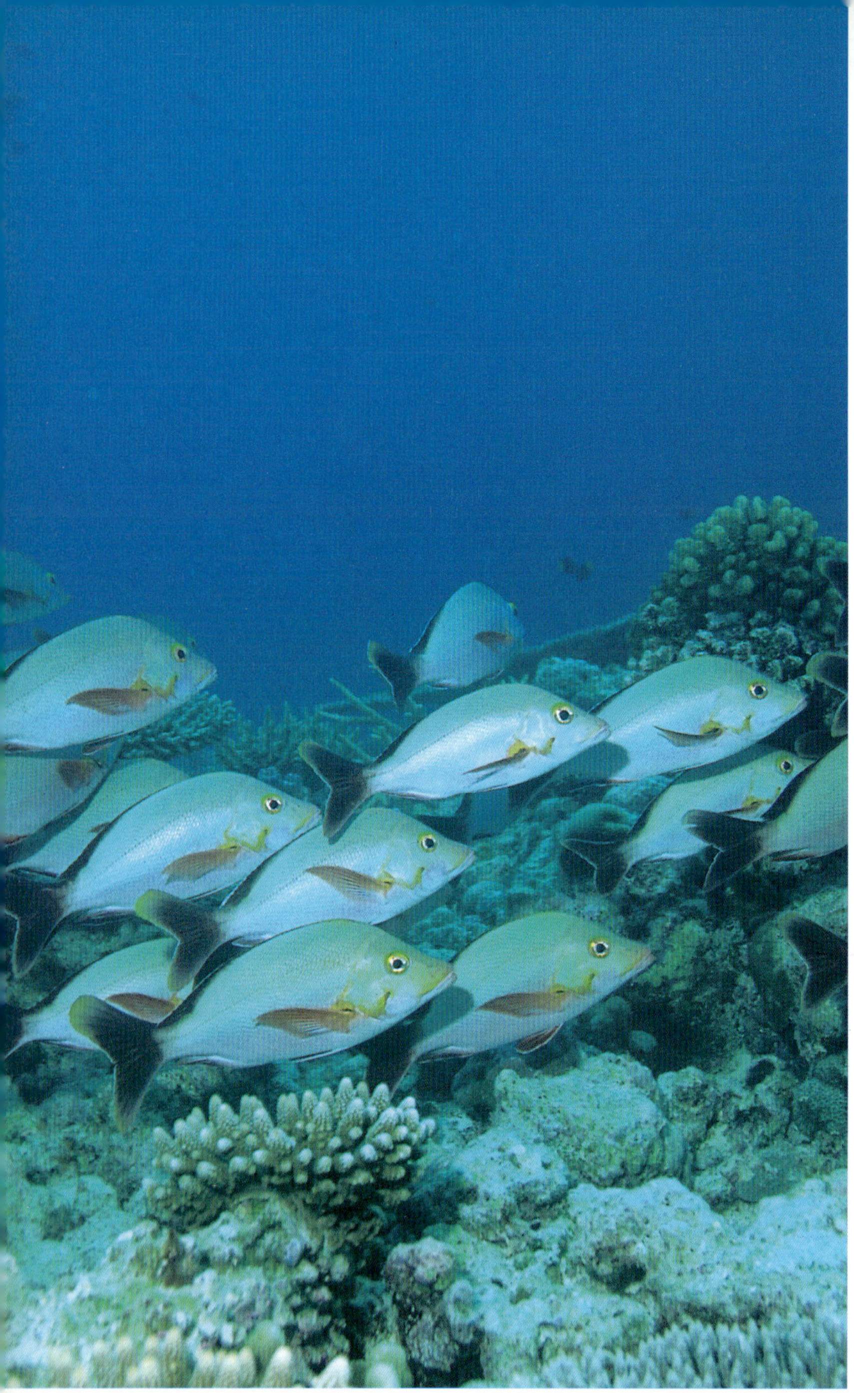

Paddletail, *Lutjanus gibbus*

Lutjanidé, *Lutjanus gibbus*

Machinango o pargo, *Lutjanus gibbus*

Lutjanus gibbus

Schnapper, *Lutjanus gibbus*

سمك الجدف
Lutjanus gibbus

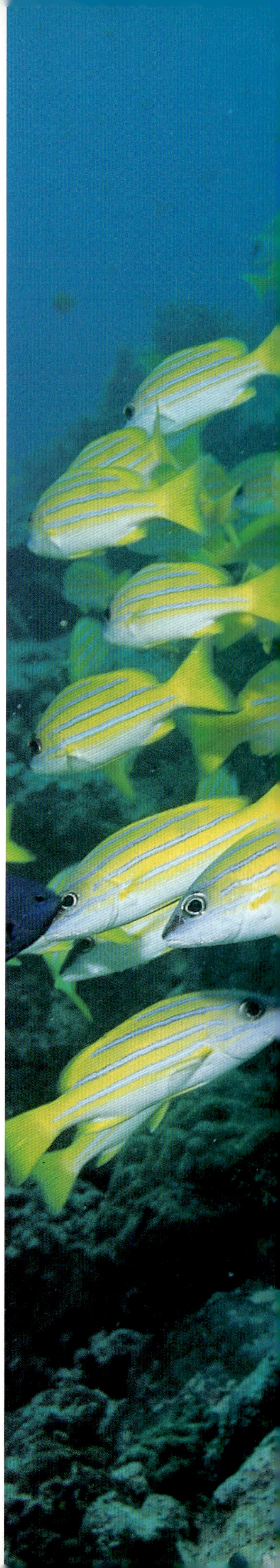

Bluestripe snappers, *Lutjanus kasmiri*

Lutjanidé à raie bleue, *Lutjanus kasmiri*

Machinango o pargo de franja azul, *Lutjanus kasmiri*

Lutjanus kasmiri

Blaugestreifter Schnapper, *Lutjanus kasmiri*

السلحفاة النهاشة
Lutjanus kasmiri

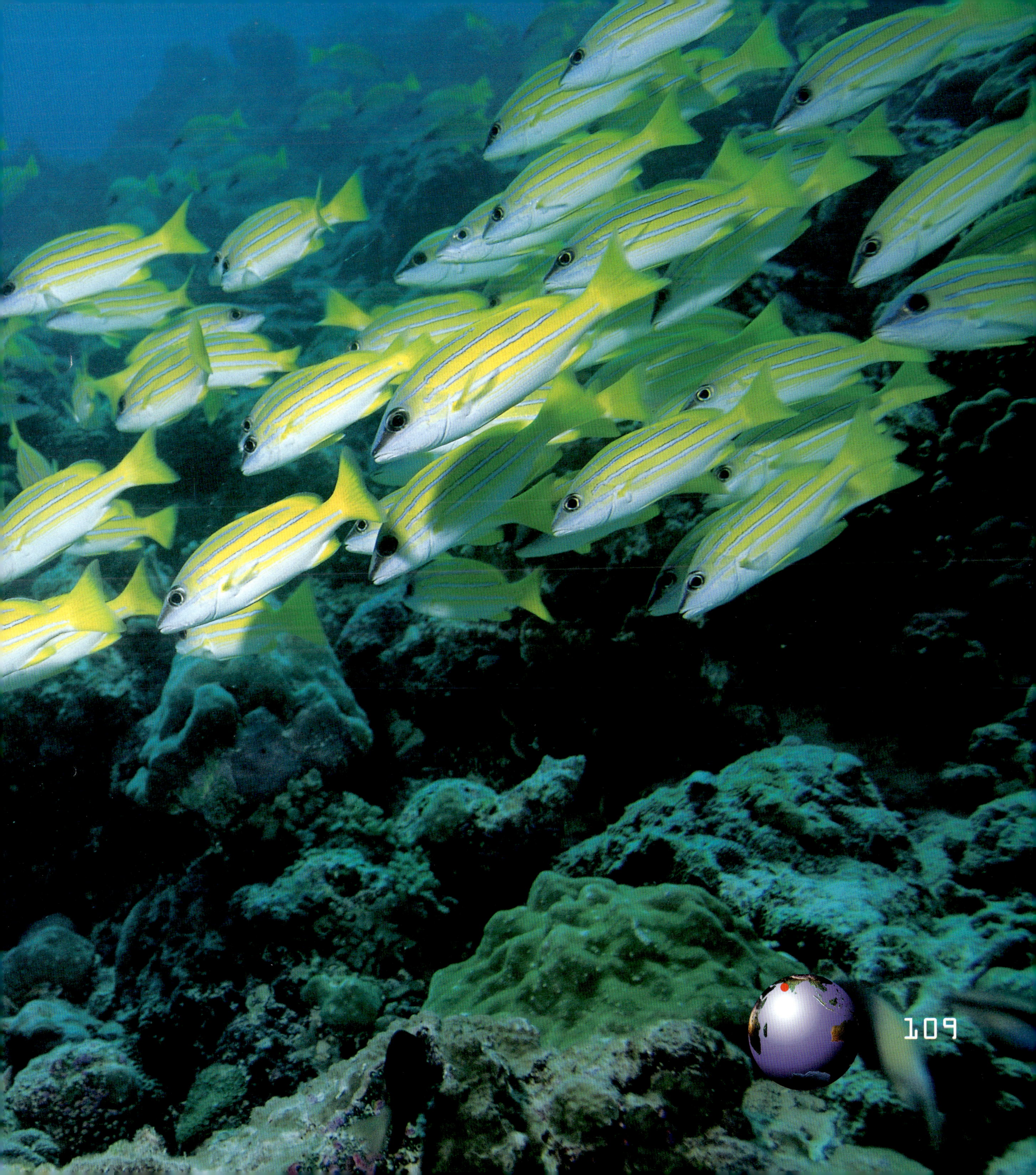

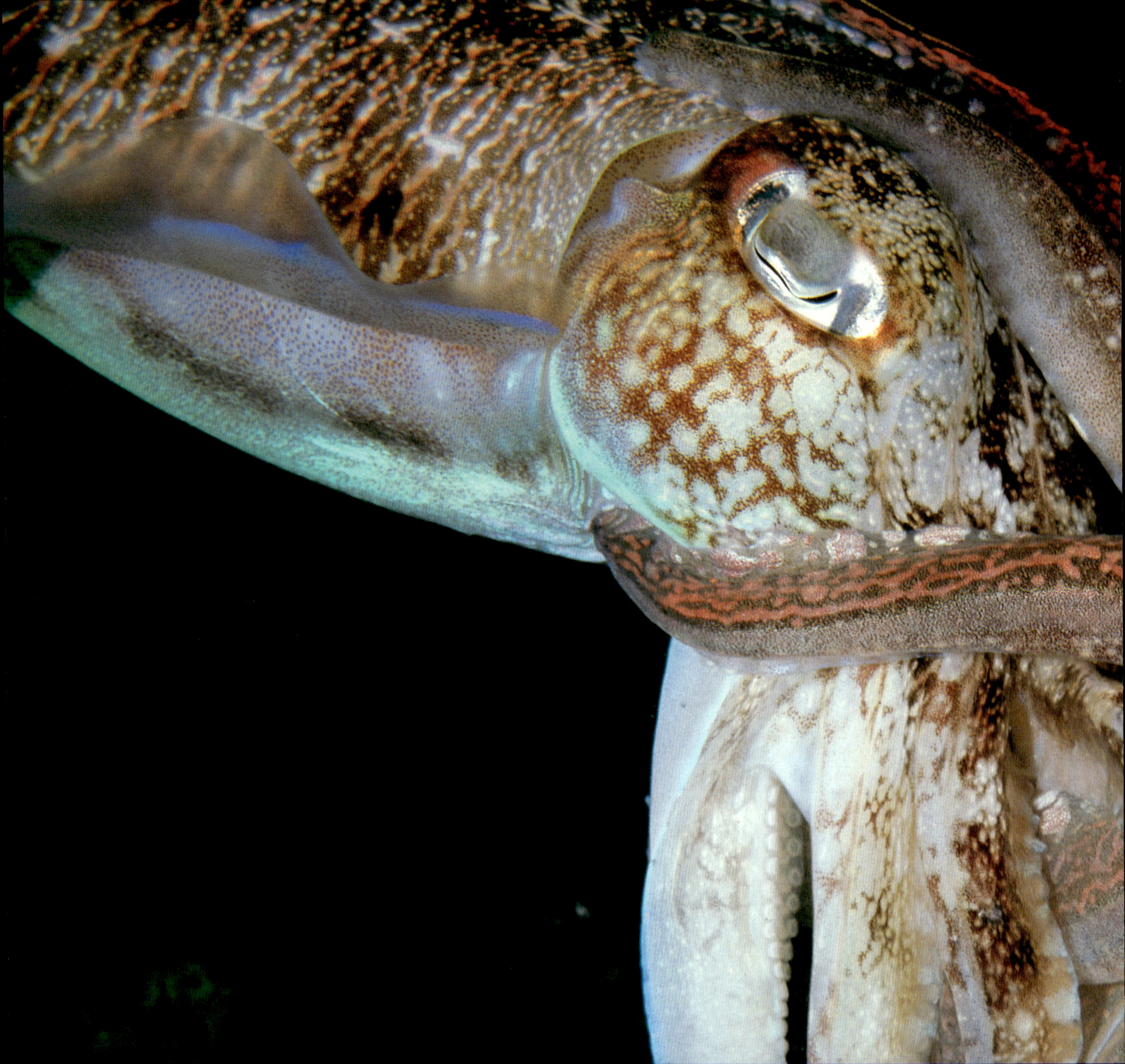

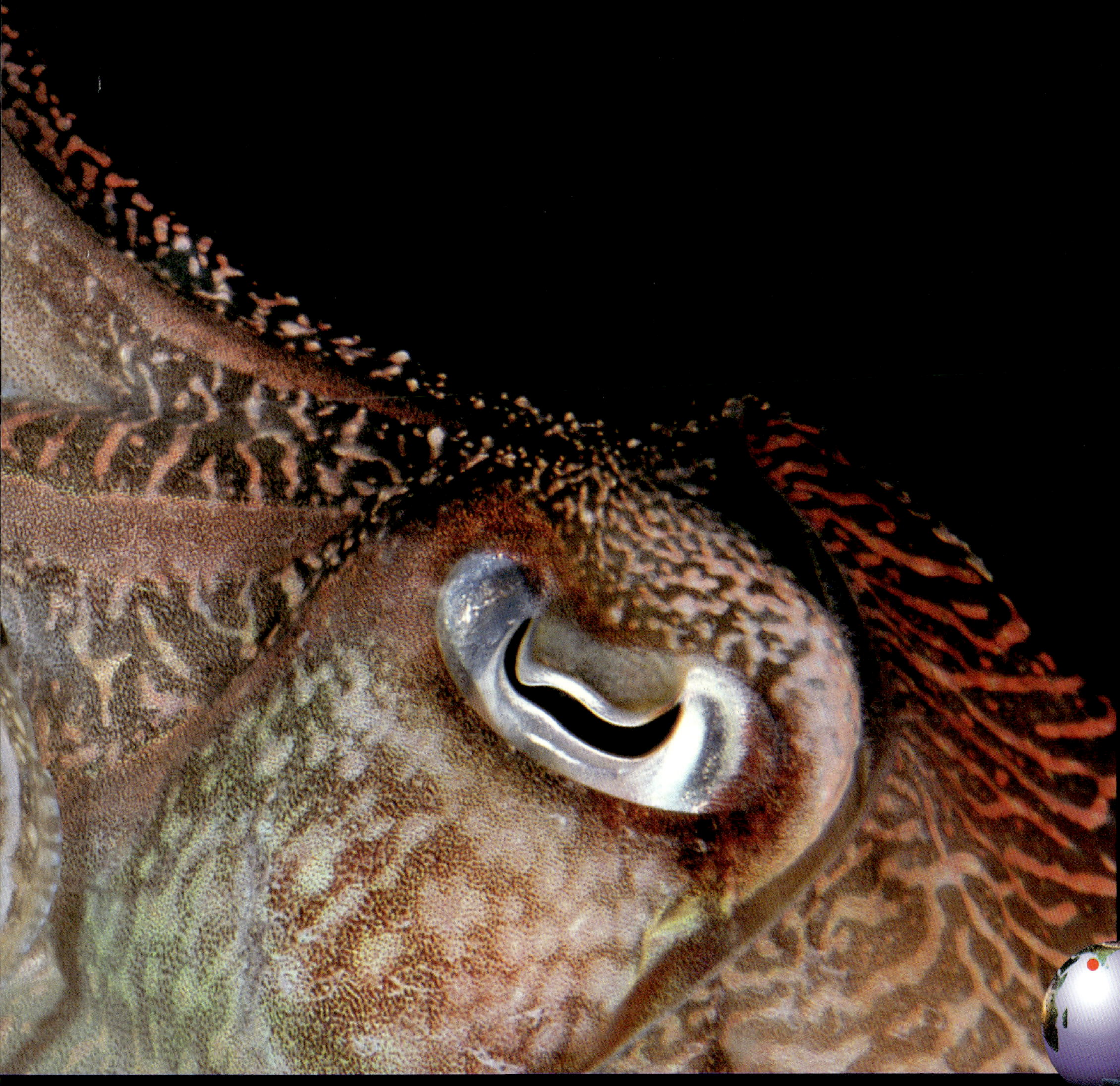

Mating cuttlefish,
Sepia sp.

Seiche s'accouplant,
Sepia sp

Sepia apareándose,
Sepia sp

Acasalamento de
sitas, *Sepia* sp

Tintenfische bei der
Paarung, *Sepia* sp

حبار في وضع تزاوج
Sepia sp

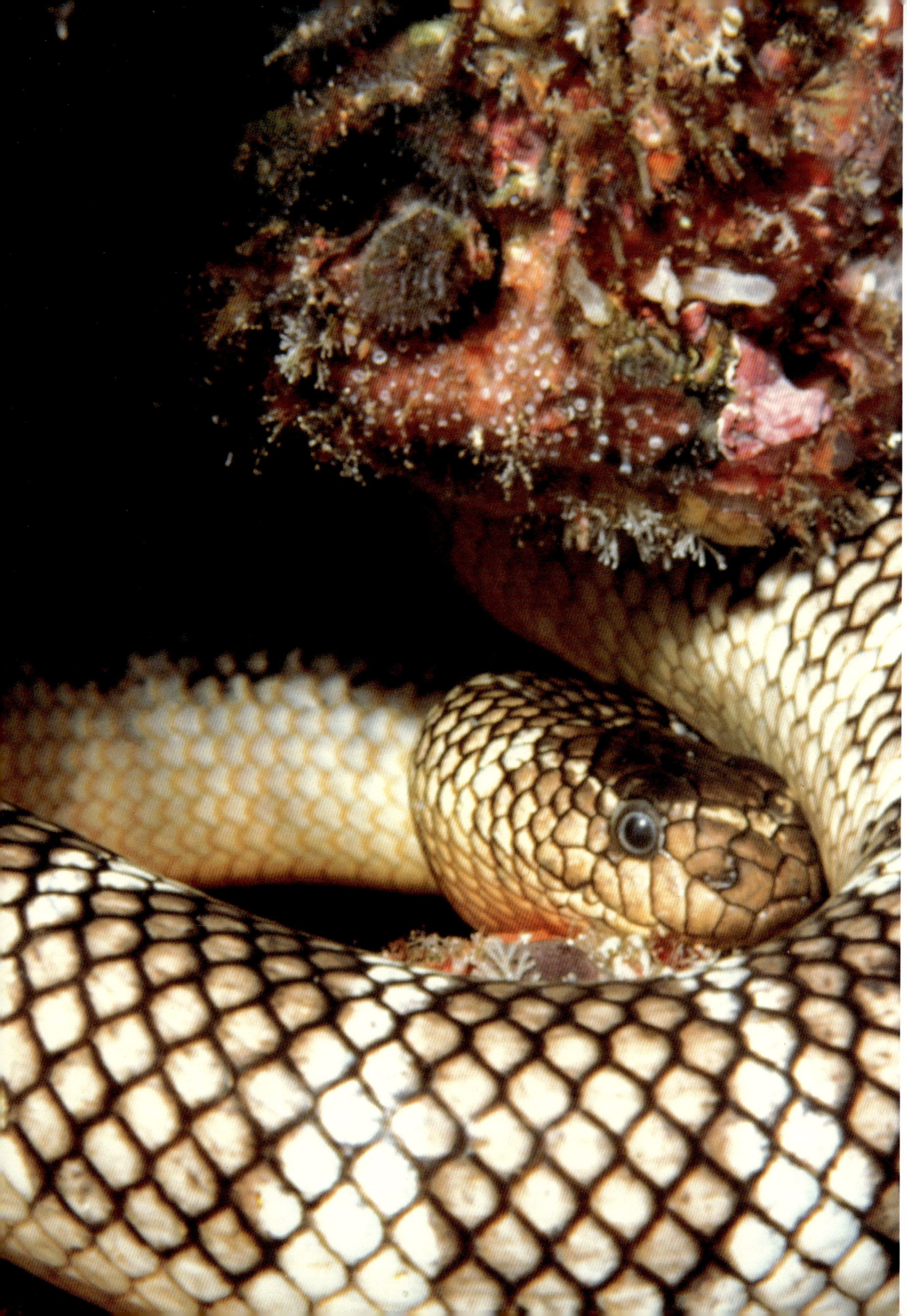

Sea snake,
Hydrophiidae

Serpent marin,
Hydrophiidae

Hydrophiidae

Cobra-do-mar,
Hydrophiidae

Seeschlange,
Hydrophiidae

ثعبان البحر

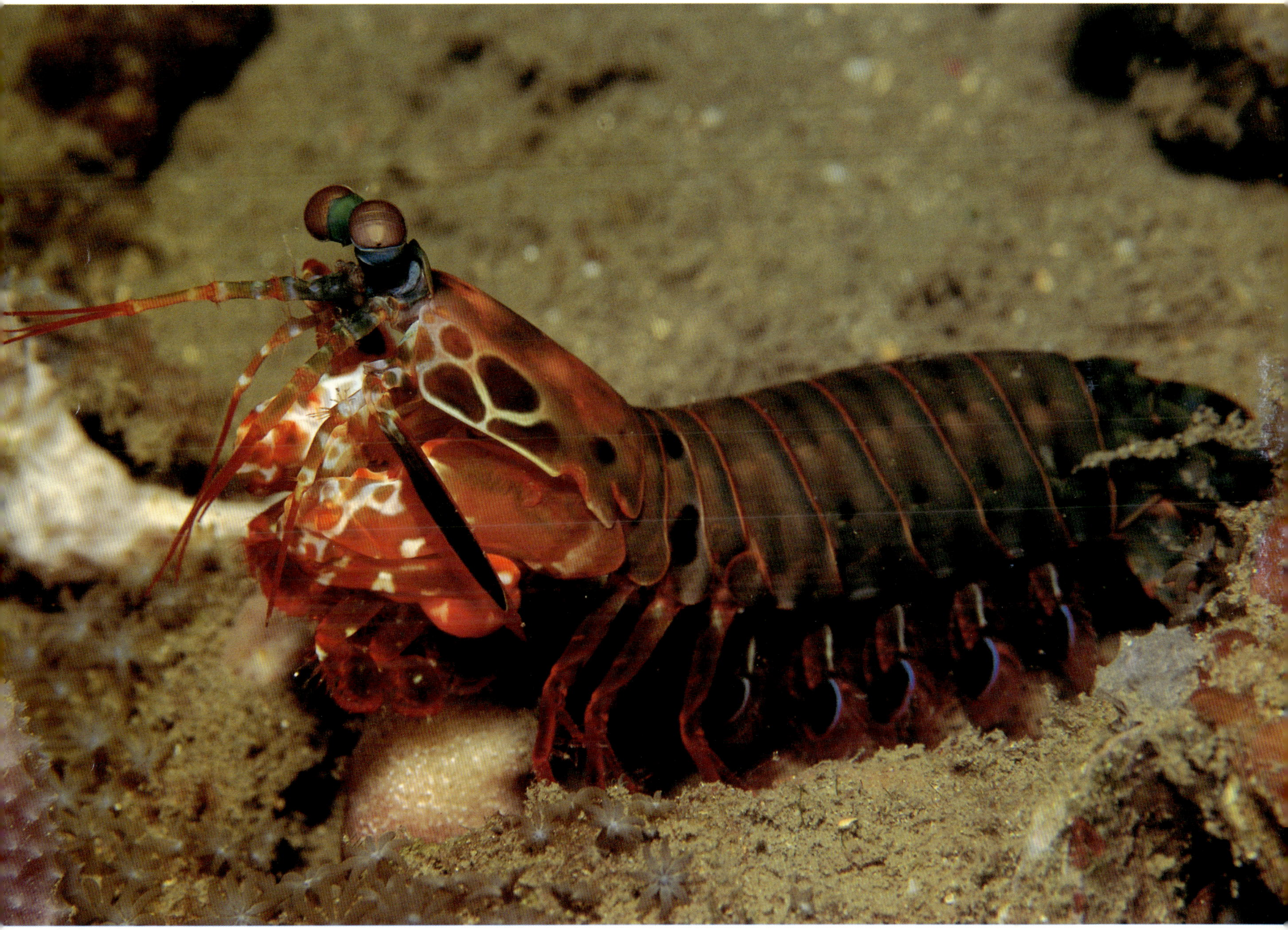

Mantis shrimp, *Odontodactylus scyllarus*

Squille-mante, *Odontodactylus scyllarus*

Odontodactylus scyllarus

Caranguejo louva-a-deus, *Odontodactylus scyllarus*

Odontodactylus scyllarus

السرعوف الروبيان *Odontodactylus scyllarus*

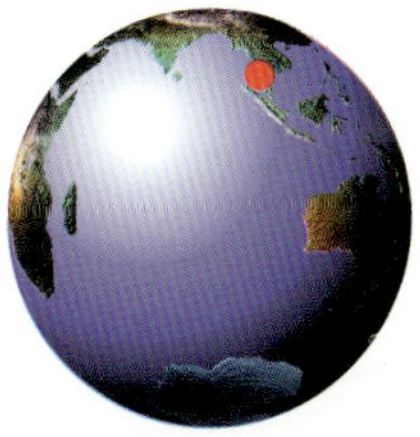

Chétodon à queue rouge, *Chaetodon collare*, et gorgone

de abanico

Peixe-borboleta de cauda vermelha, *Chaetodon collare*, com leque-do-mar

Gorgonenaktinie

السمكة الفراشة حمراء الذيل
Chaetodon collare

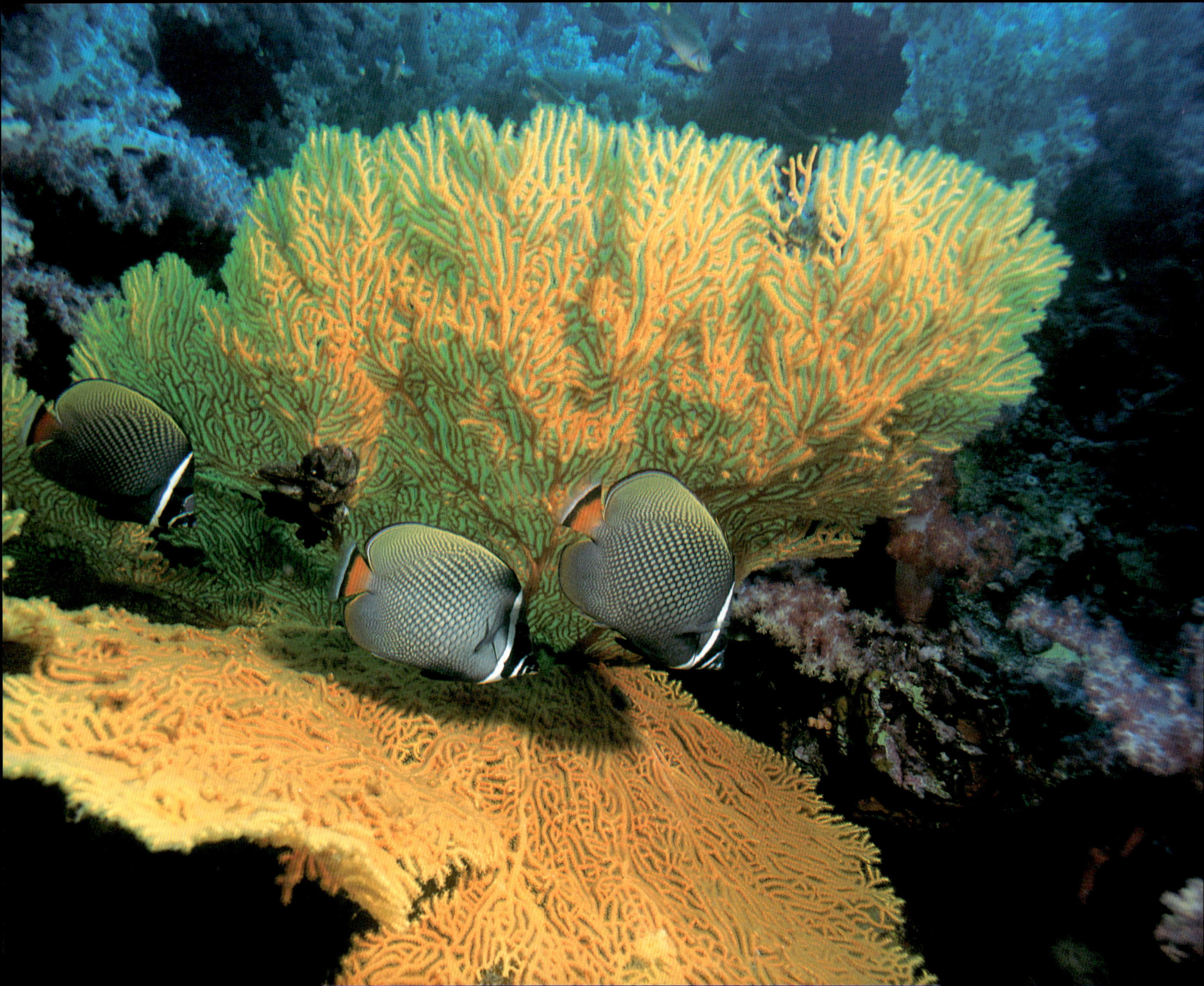

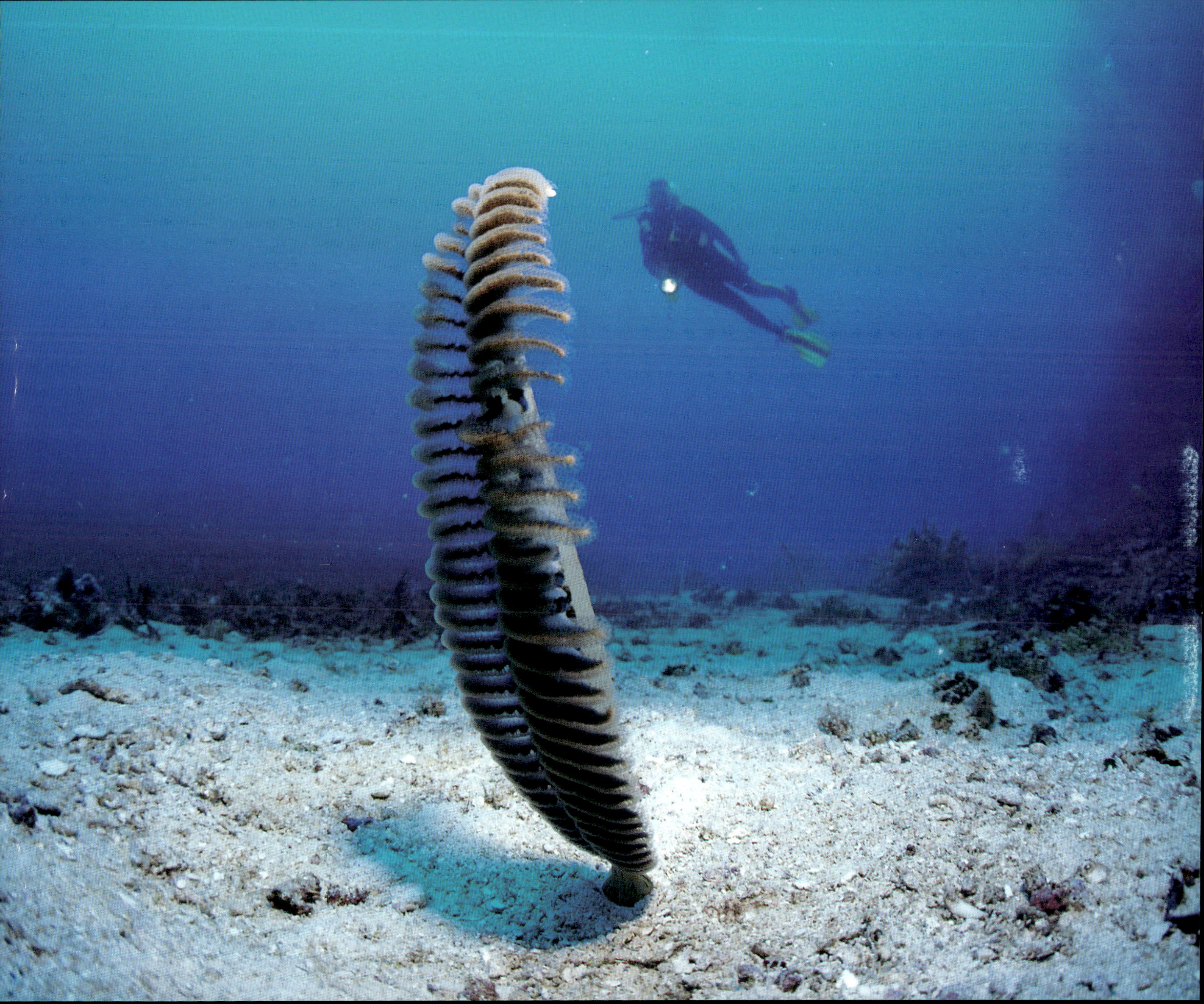

Sea pen and diver, *Pteroeididae*

Penne de mer et plongeur, ptéroïdidés

Pteroeididae

Esferográfica-do-mar e mergulhador

Pteroeididae

السمكة القلم مع سباح

Pteroeididae

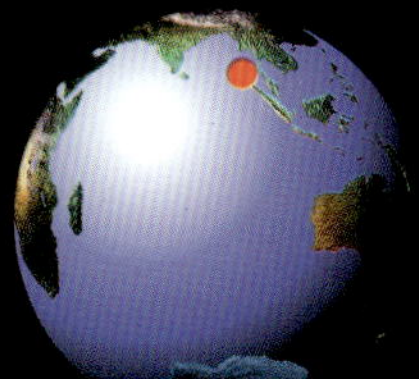

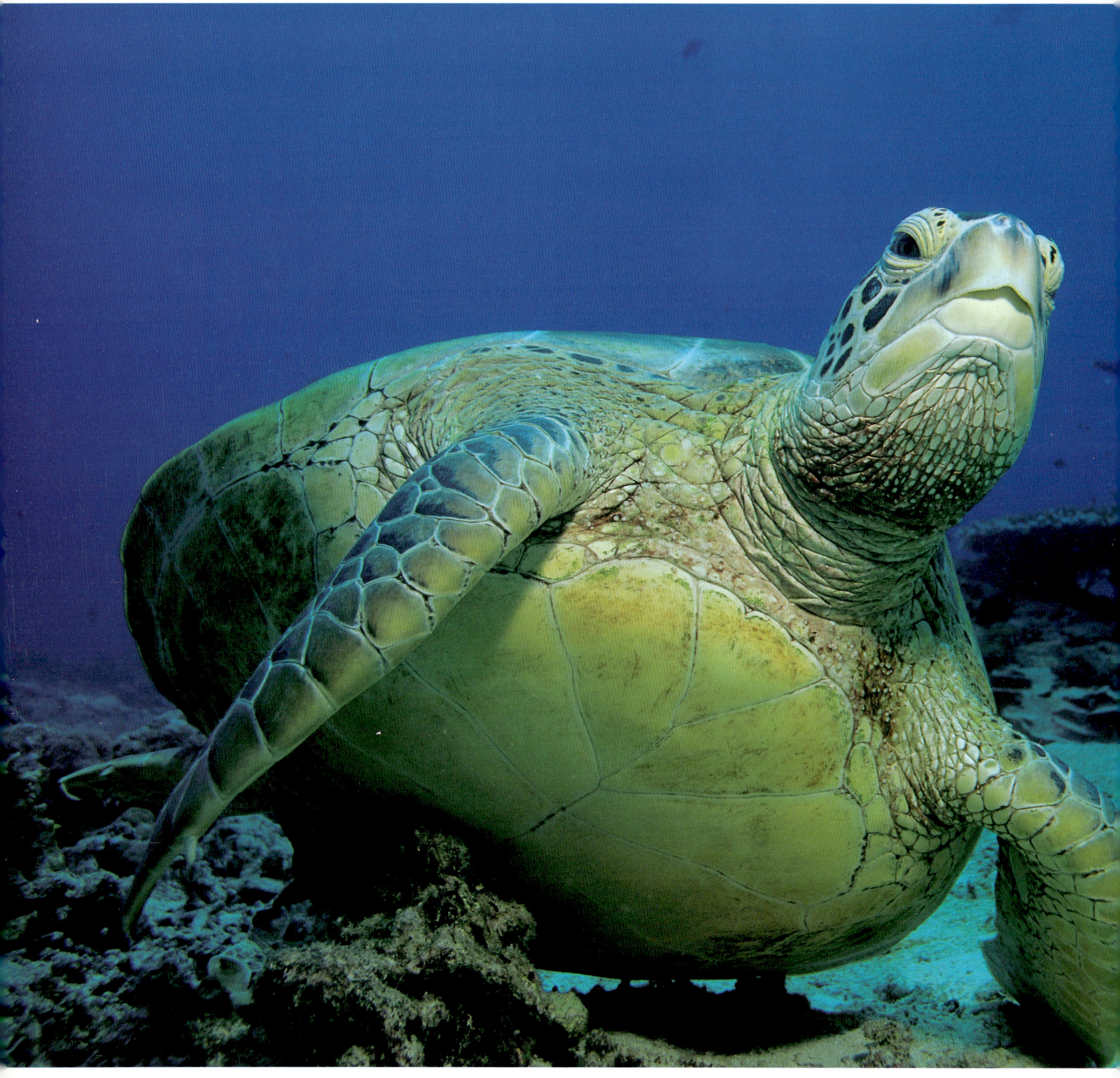

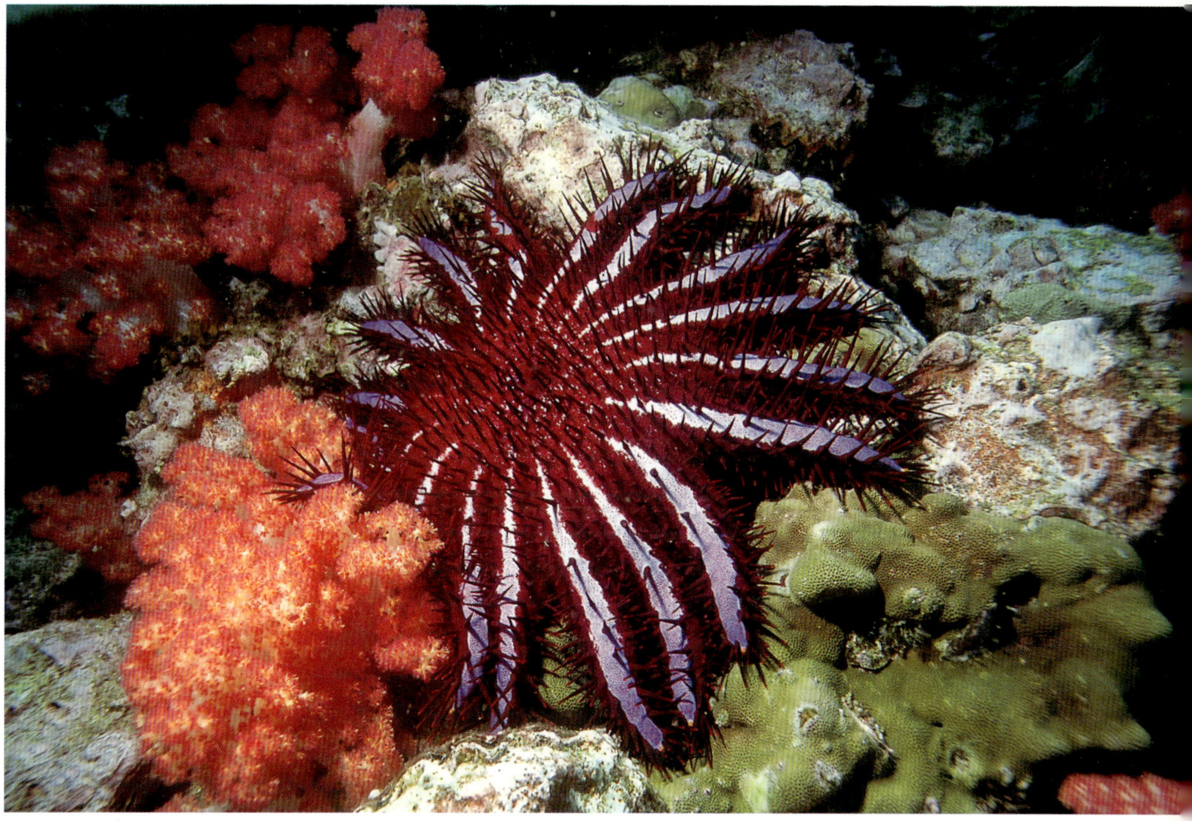

Crown-of-thorns starfish, *cf. Acanthaster planci*

Etoile de mer dite couronne d'épines, *cf. Acanthaster planci*

Estrella de mar con corona de espinas, *Acanthaster planci*

Coroa-de-espinhos (estrela-do-mar), *Acanthaster planci*

Seestern, *Acanthaster planci*

نجم البحر
Acanthaster planci

Green turtle at rest, *Chelonia mydas*

Tortue verte au repos, *Chelonia mydas*

Tortuga común o verde en reposo, *Chelonia mydas*

Tartaruga-verde descansando, *Chelonia mydas*

Ruhende Suppenschildkröte, *Chelonia mydas*

سلحفاه خضراء تستريح
Chelonia mydas

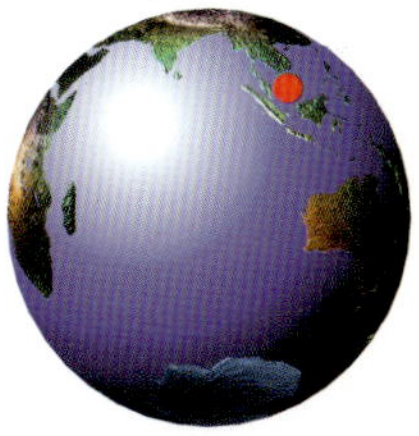

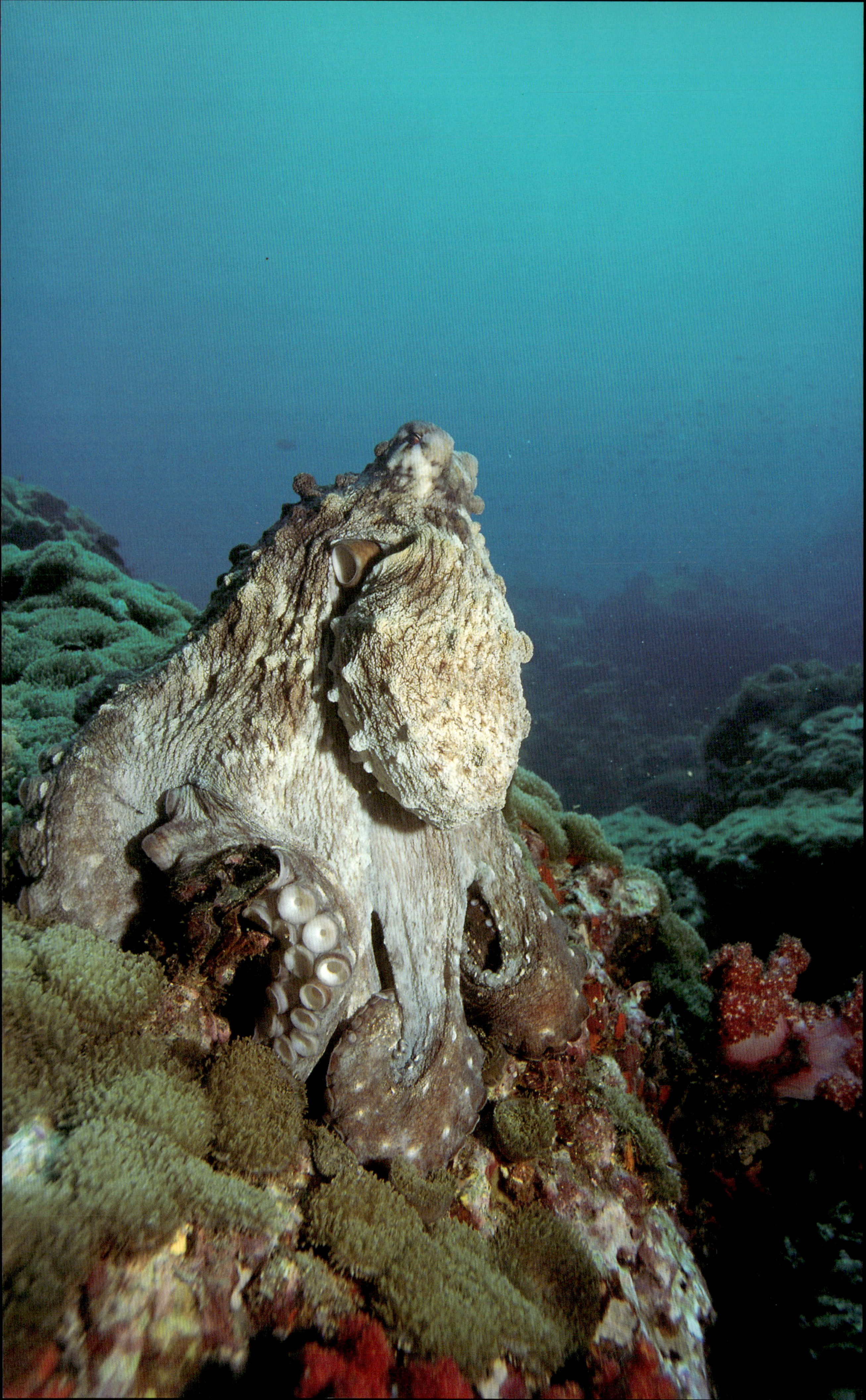

Octopus

Pieuvre

Pulpo

Polvo

Octopus

اخطبوط

Cuttlefish, *Sepia pharaonis*, laying eggs while guarded by attendant male

Seiche, *Sepia pharaonis*, pondant sous l'œil du mâle

Sepia, *Sepia pharaonis*, desovando protegida por la vigilancia del macho

Sita pondo ovos, *Sepia pharaonis*, guardada por macho vigilante

Tintenfisch, *Sepia pharaonis*, beim Eierlegen unter dem wachsamen Auge eines Männchens

سمكة حبّار تضع البيض بينما يحرسها ذكر الحبار *Sepia pharaonis*

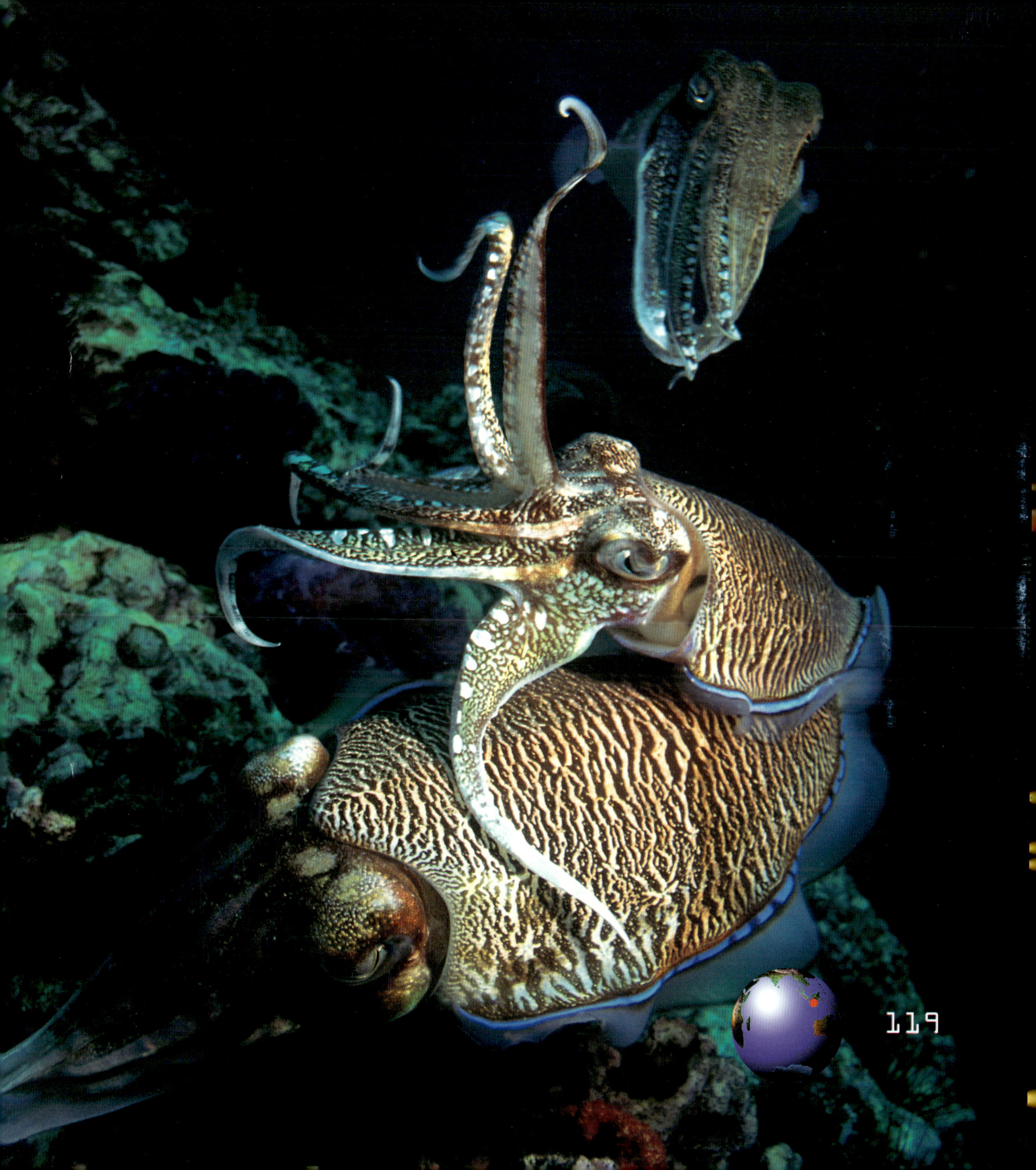

Yellowback fusiliers, *Caesio xanthonota*

Caesio xanthonota

Caesio xanthonota

Fuzileiros-amarelos, *Caesio xanthonota*

Fusilierfische, *Caesio xanthonata*

سمك الغدار أصفر الظهر

Caesio xanthonata

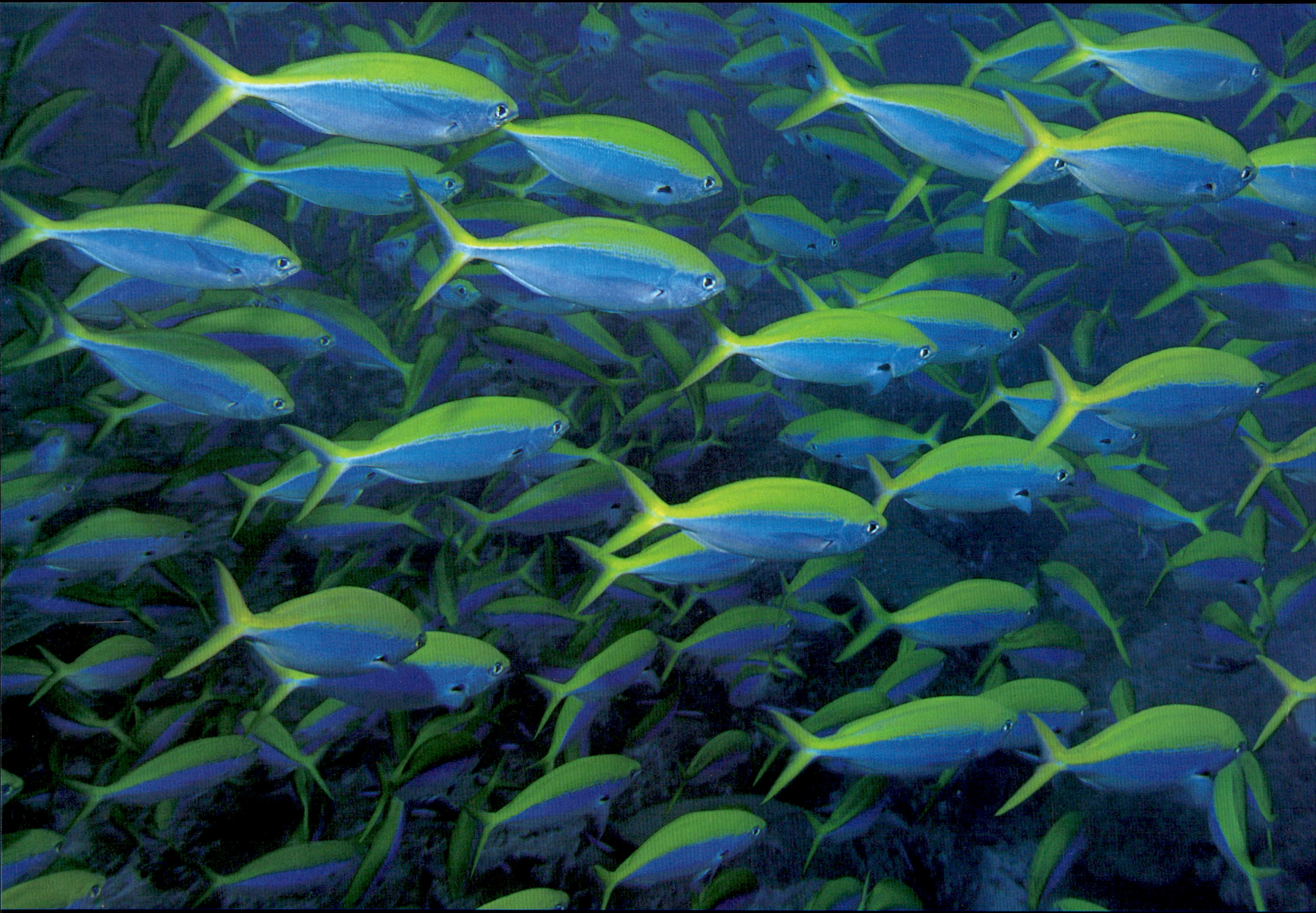

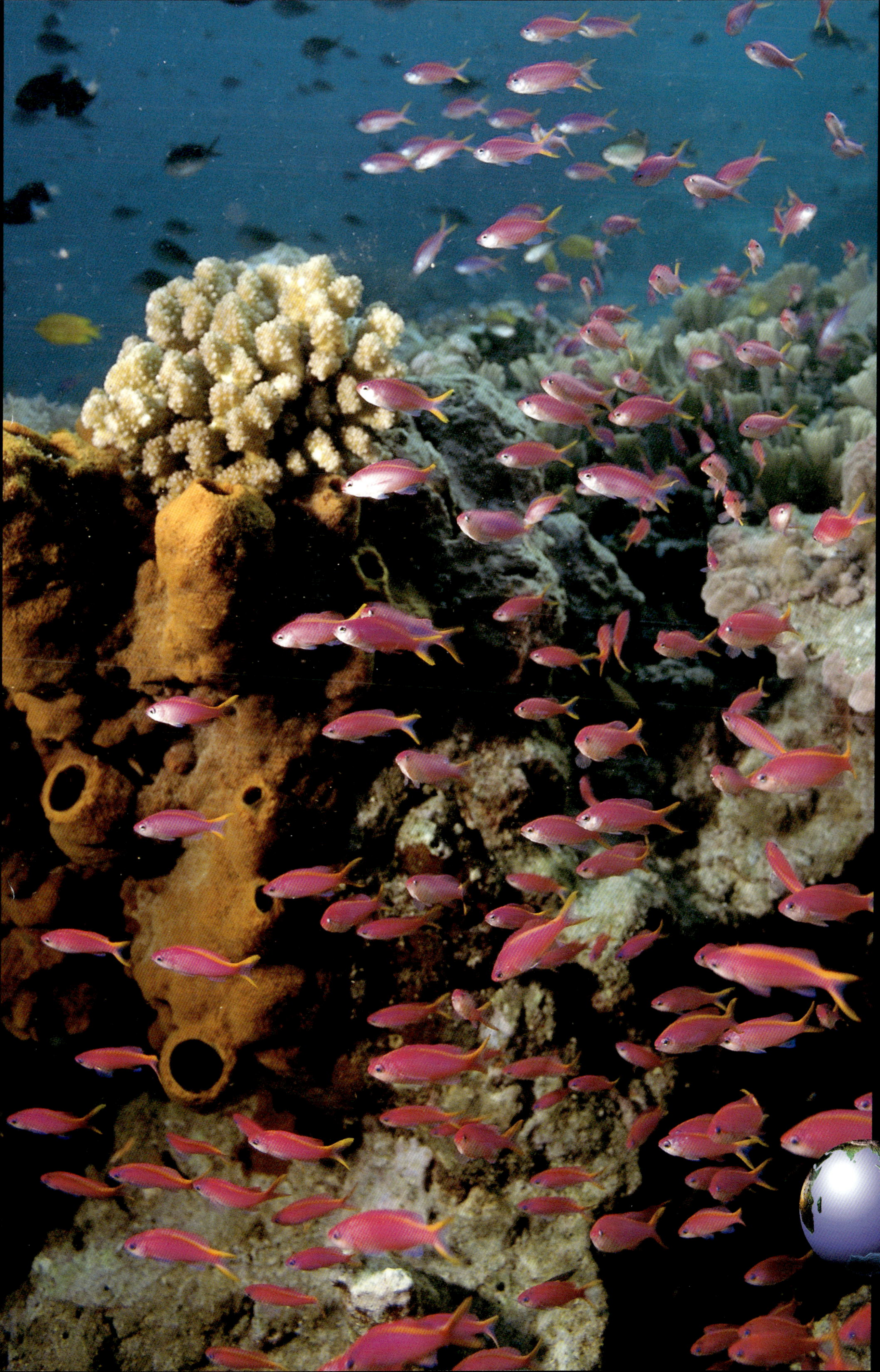

Coral-reef scenery with purple anthias, *Pseudanthias tuka*

Corail et anthias violet, *Pseudanthias tuka*

Paisaje de arrecifes coralinos con tres colas morado, *Pseudanthias tuka*

Cena da barreira de coral com antias púrpuras, *Pseudanthias tuka*

Korallenriff mit Purpur-Anthias, *Pseudanthias tuka*

سمكة انثياس بنفسجية على حدّ مرجاني *Pseudanthias tuka*

Striped catfish,
Plotosus lineatus

Poisson-chat à rayures, *Plotosus lineatus*

Pez gato de rayas, *Plotosus lineatus*

Peixe-gato listrado, *Plotosus lineatus*

Gestreifter Wels, *Plotosus lineatus*

سلّورة مخططة
Plotosus lineatus

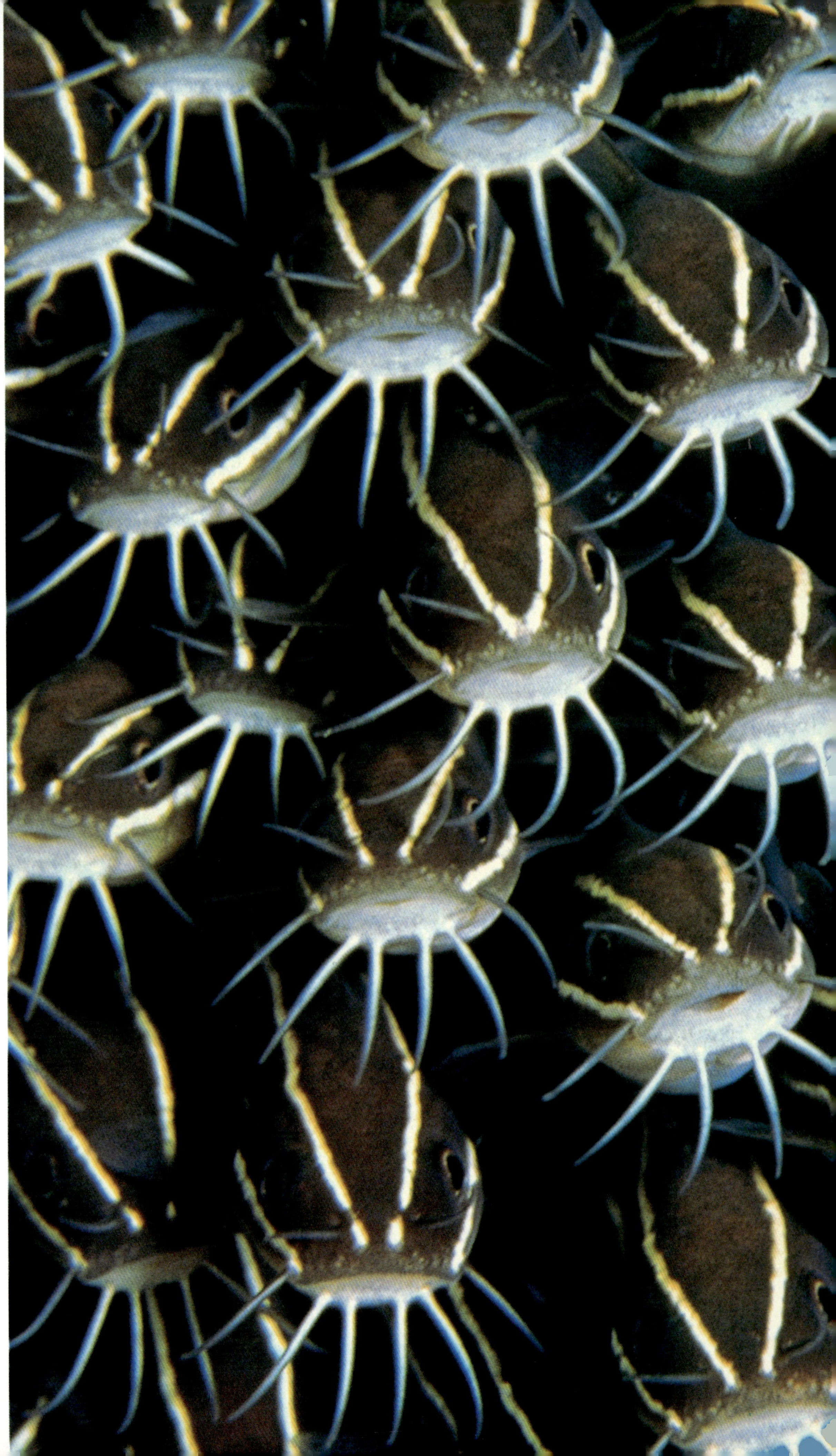

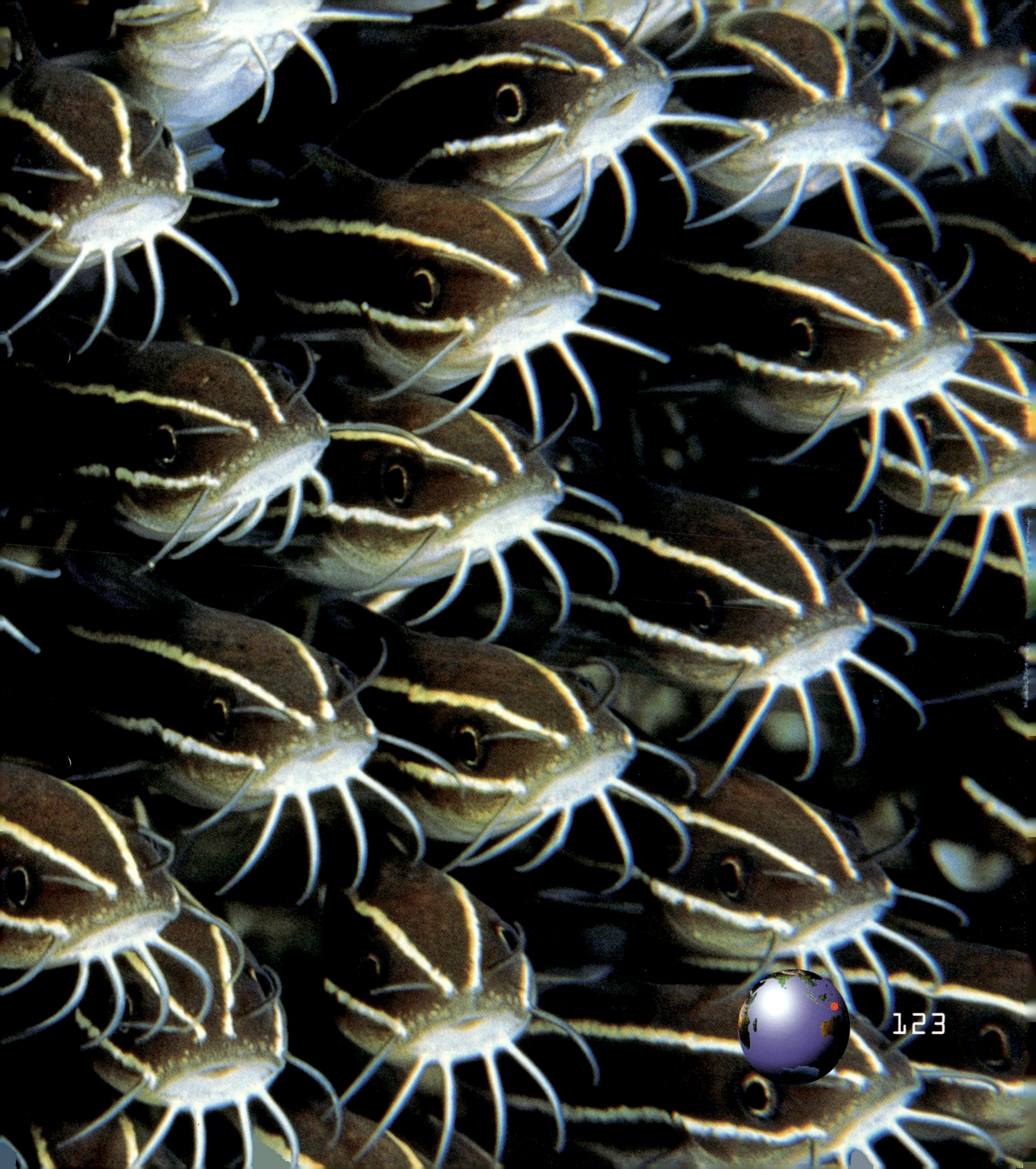

Clownfish,
Amphiprion percula

Poisson-clown,
Amphiprion percula

Pez payaso,
Amphiprion percula

Peixe-palhaço,
Amphiprion percula

Clownfisch,
Amphiprion percula

السمك الضحاك
Amphiprion percula

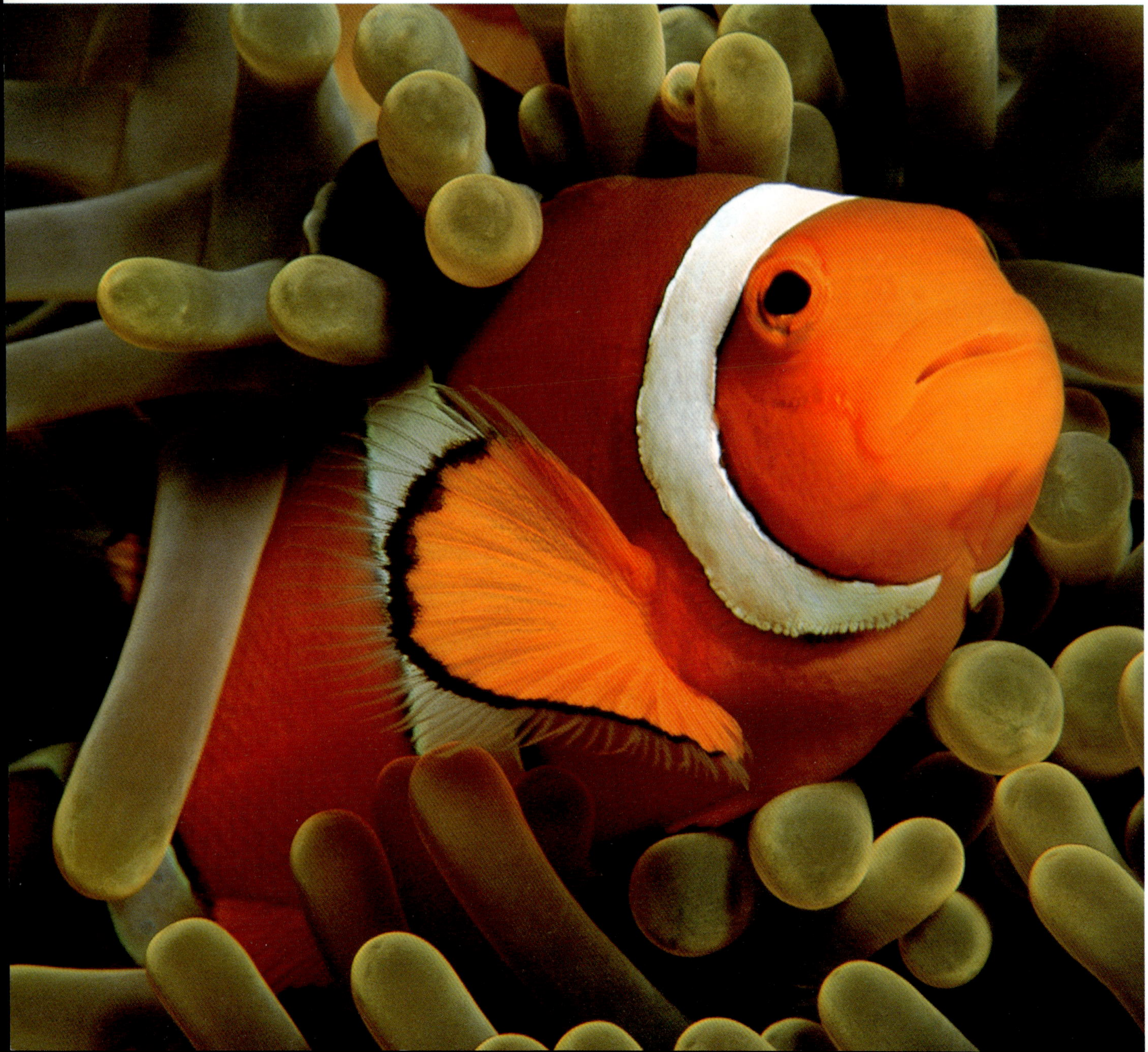

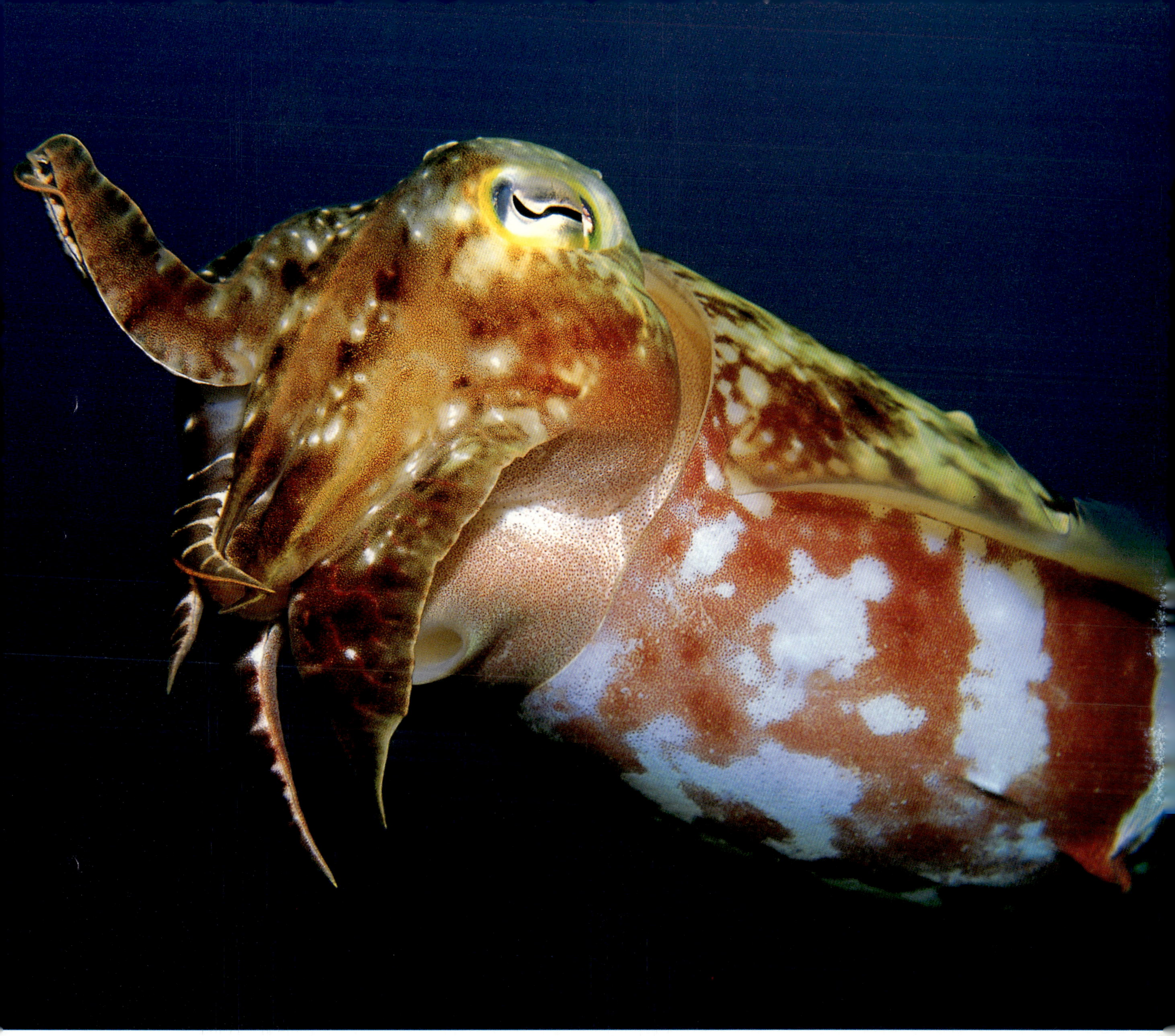

Cuttlefish, *Sepia* sp.
Seiche, *Sepia* sp.
Sepia, *Sepia* sp.
Sita, *Sepia* sp.
Tintenfisch, *Sepia* sp.
الحبّار
Sepia sp

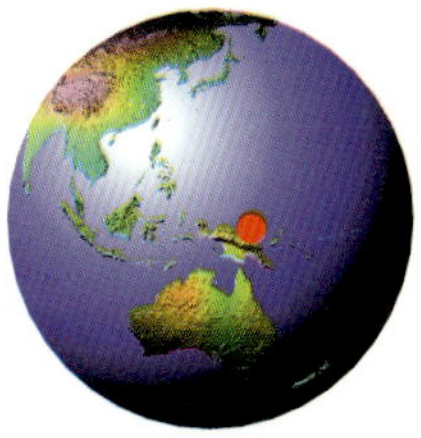

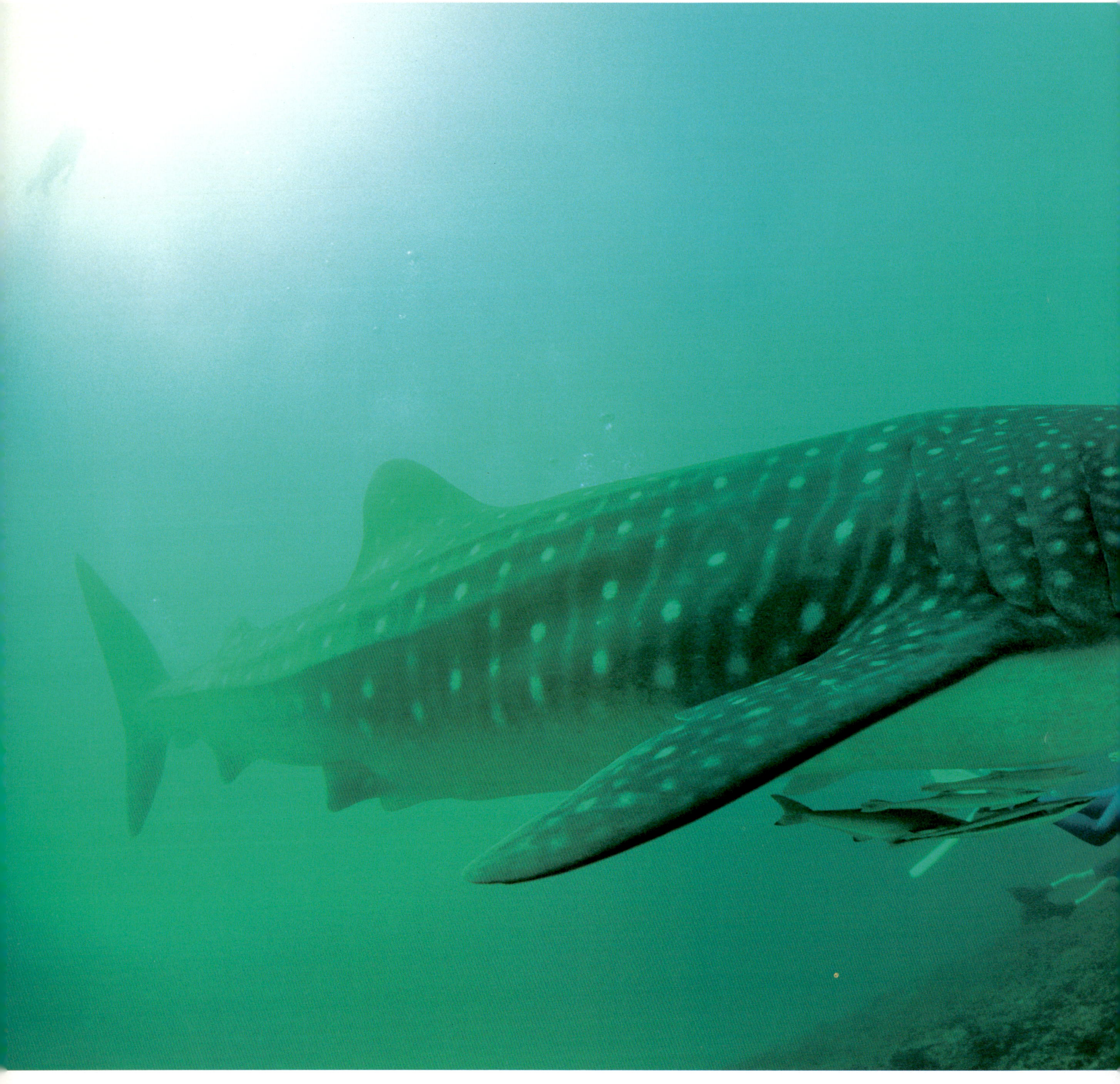

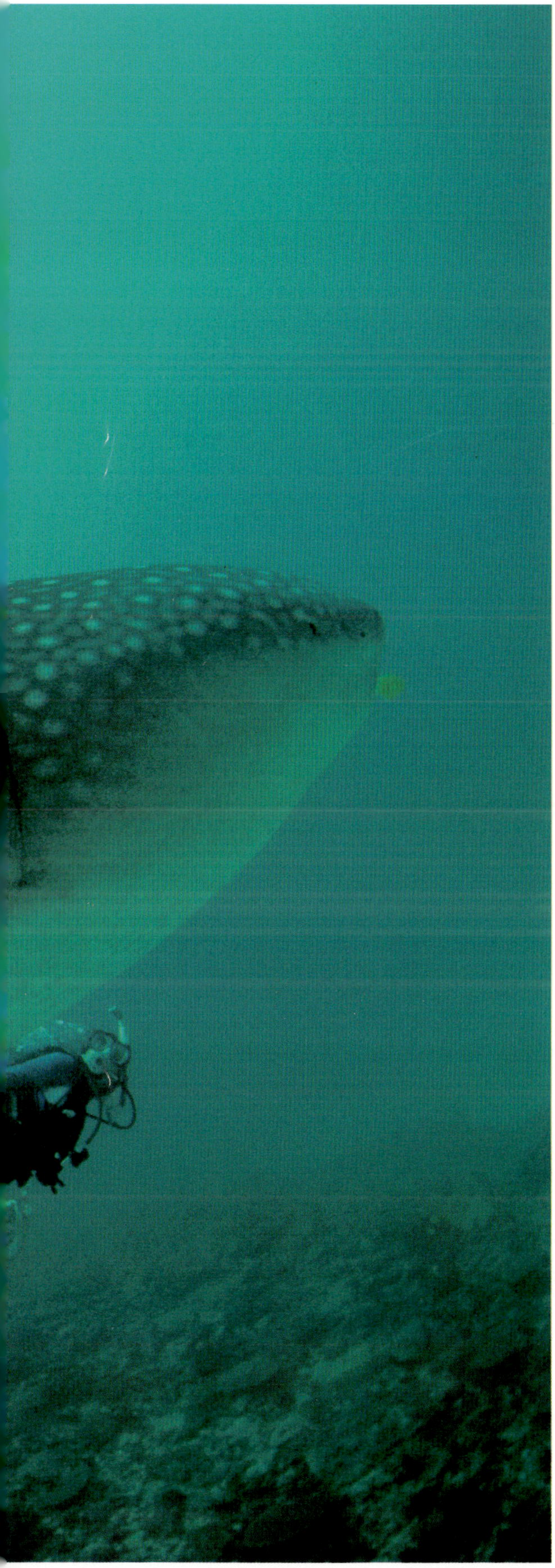

Whaleshark, *Rhincodon typus*, and divers

Requin-baleine, *Rhincodon typus*, et plongeurs

Tiburón ballena, *Rhincodon typus*, y buzos

Tubarão-baleia, *Rhincodon typus*, e mergulhadores

Walhai, *Rhincodon typus*, und Taucher

قرش حوتي مع
غطاسين
Rhincodon typus

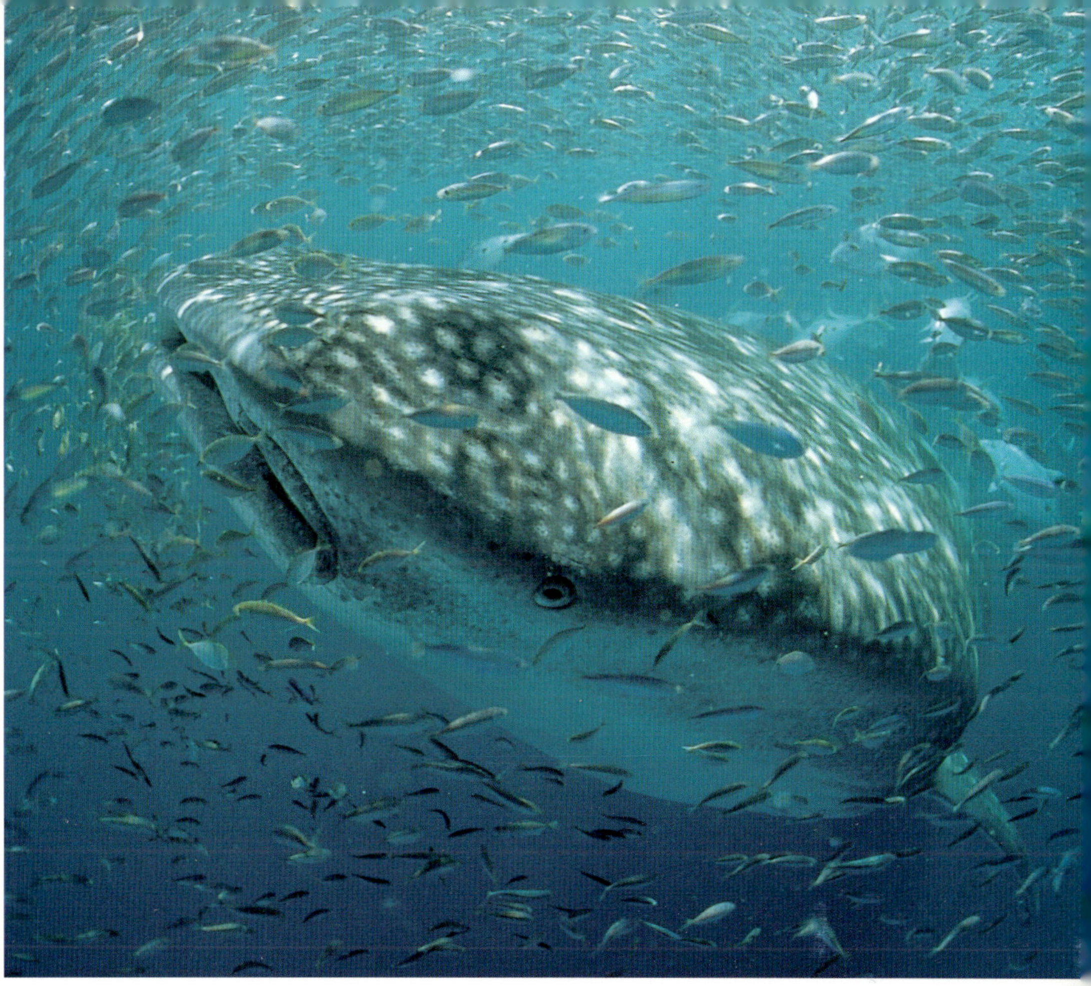

Whaleshark among shoal of plankton feeding fish

Requin-baleine et multitude de poissons se nourrissant de plancton

Tiburón ballena entre un banco de peces y plancton

Tubarão-baleia entre cardume de peixes alimentando-se de plancton

Walhai in einem Schwarm planktonfressender Fische

فراش حوتي وسط
قطيع من السمك يأكل
من ضّلالة

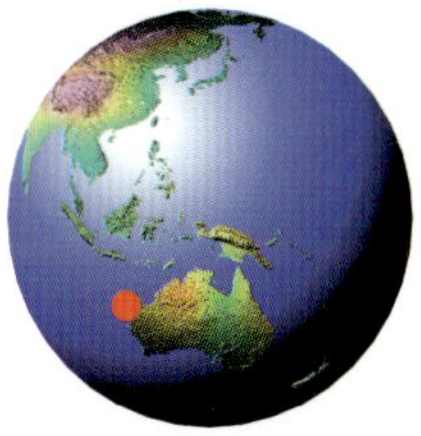

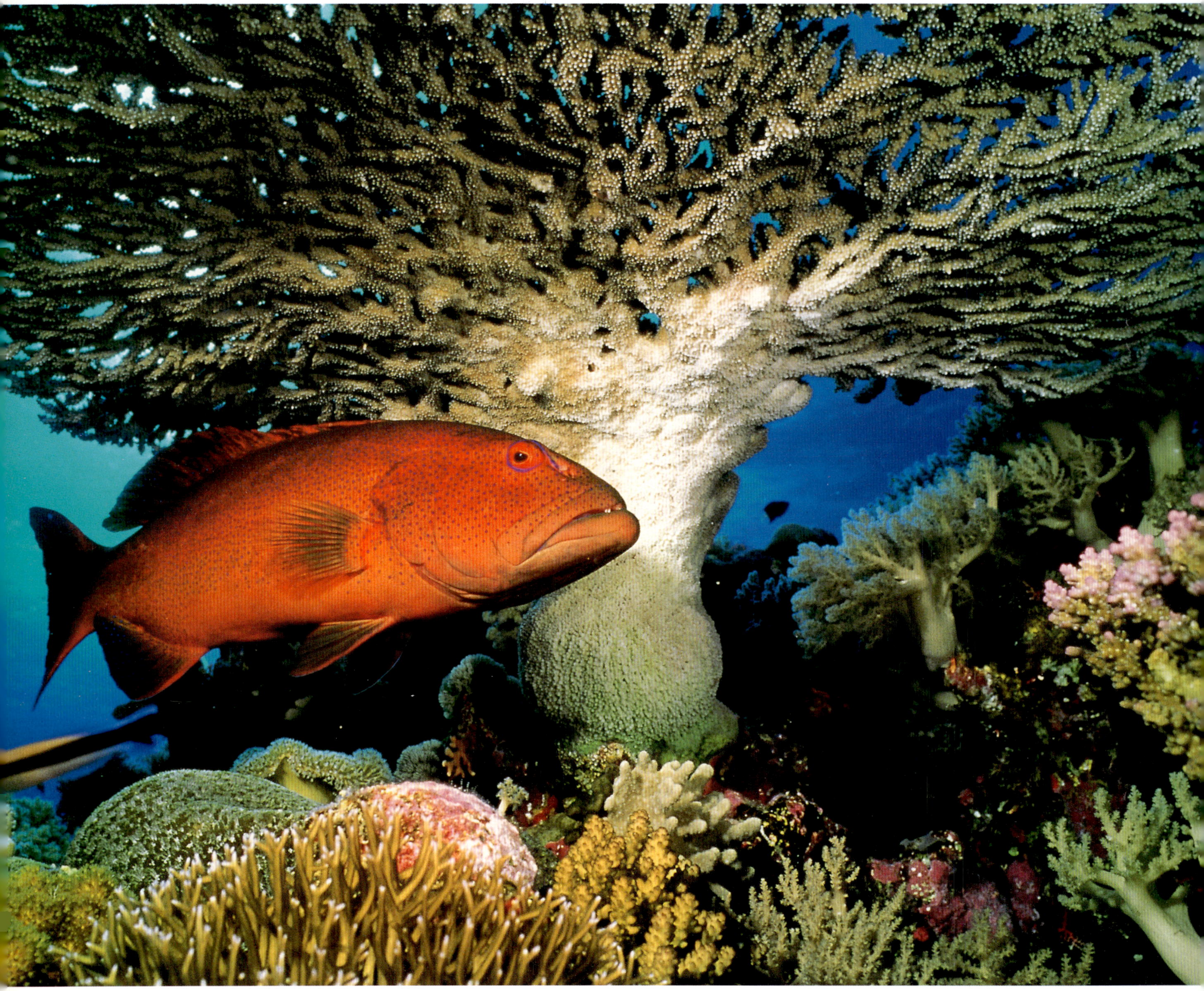

Coral trout,
Plectropomus leopardus

Plectropomus leopardus

Trucha de coral,
Plectropomus leopardus

Truta-coral,
Plectropomus leopardus

Sägebarsch,
Plectropomus leopardus

نُقَط مرجان
Plectropomus leopardus

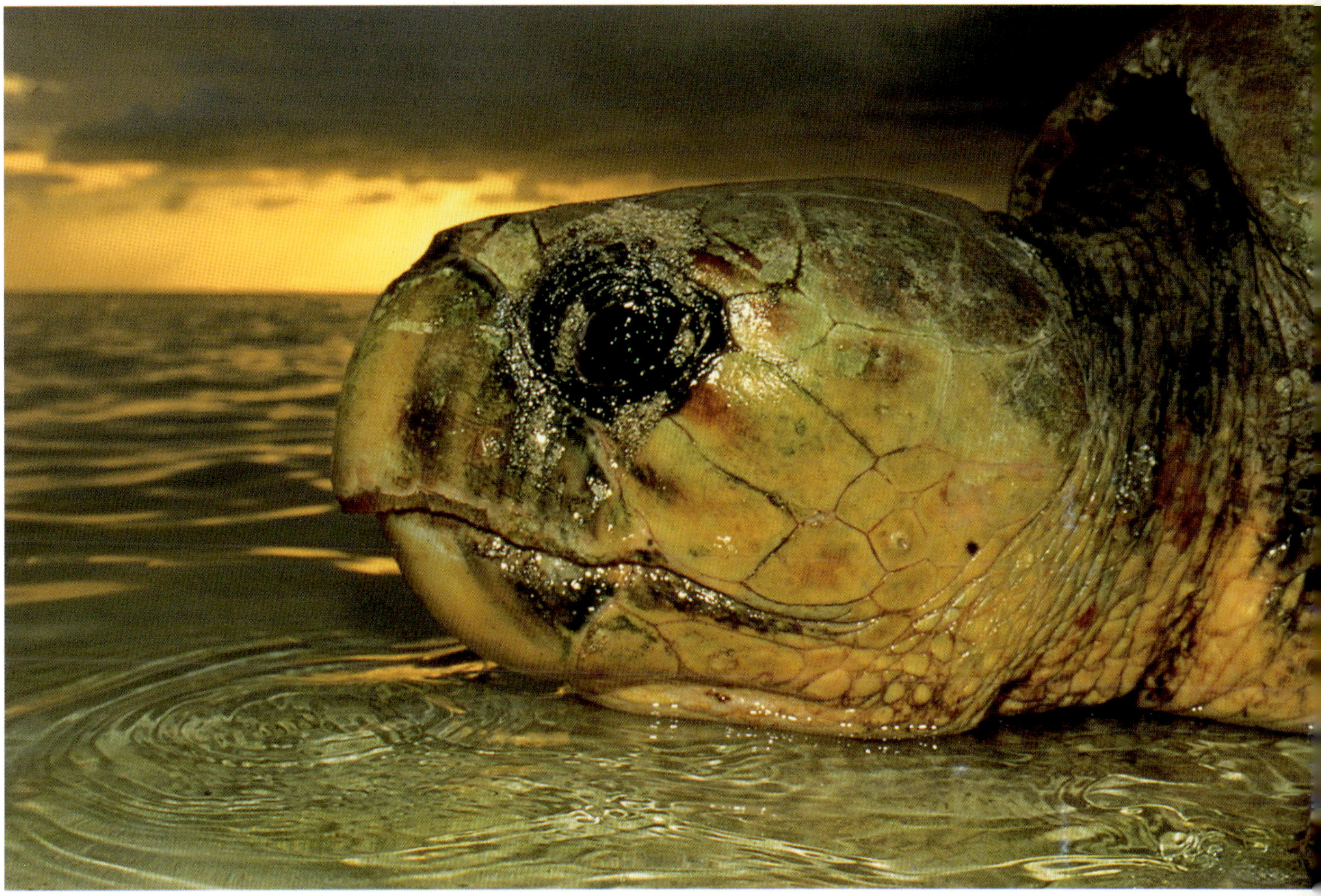

Green turtle comes ashore

Tortue verte arrivant au rivage

Tortuga común o verde llegando a tierra

Tartaruga-verde saindo do mar

Eine Suppenschildkröte kommt an Land

سلحقاة خضراء على الشاطئ

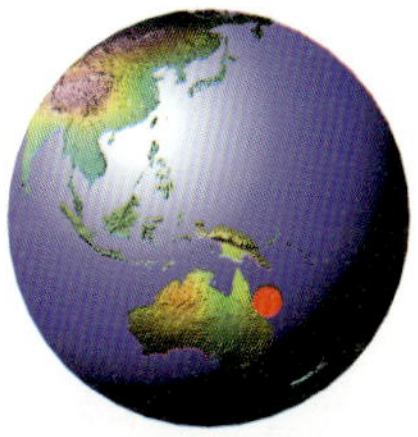

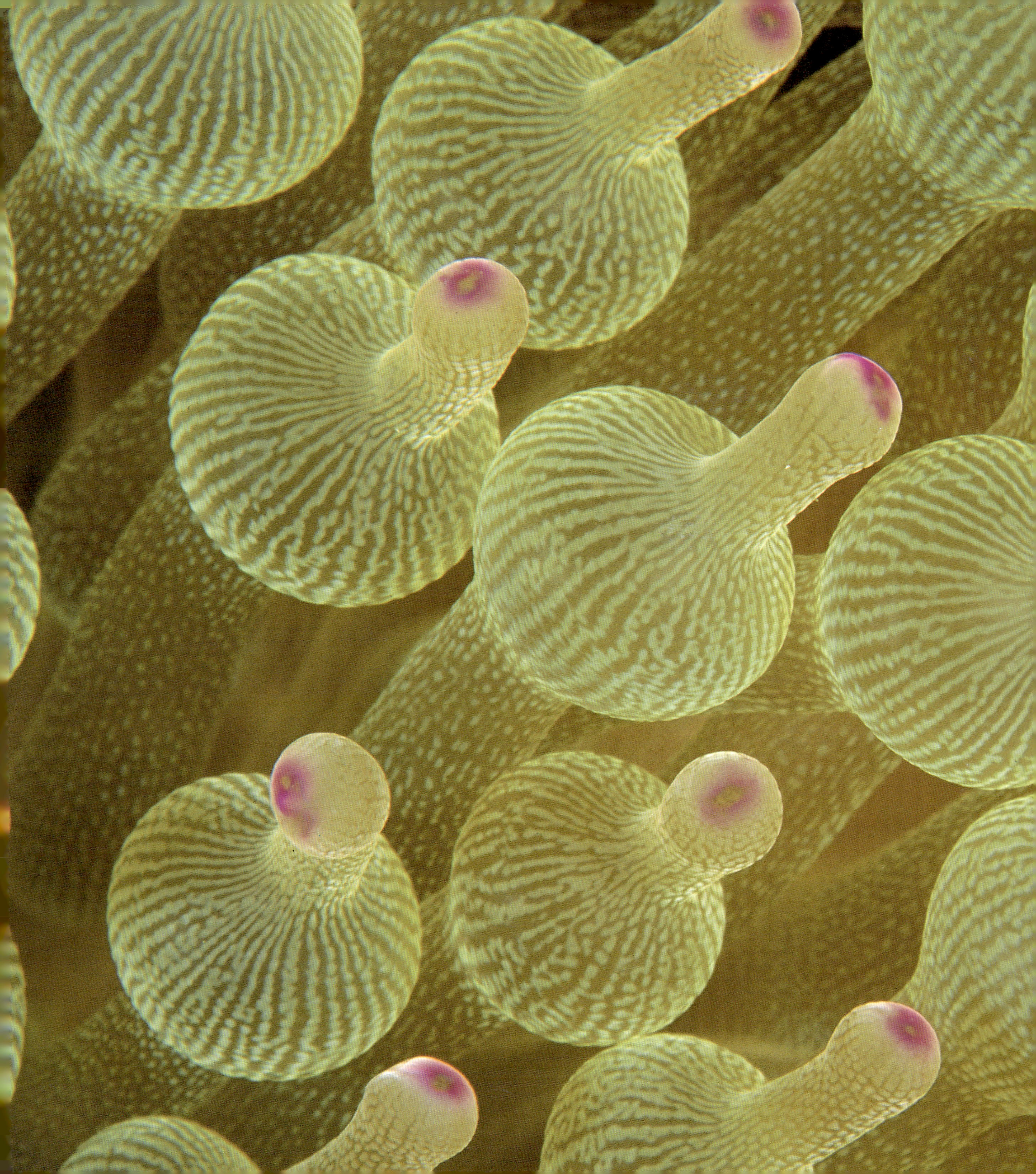

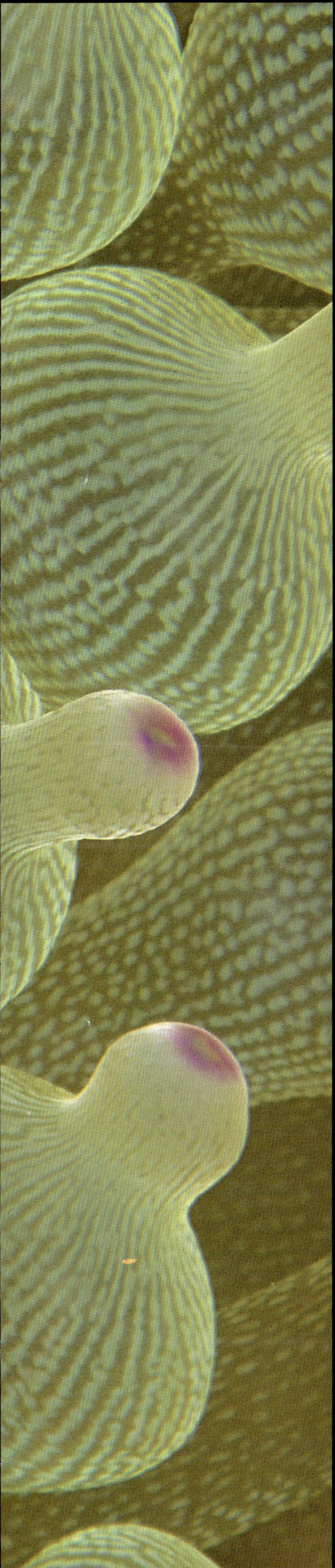

Bulb tentacle anemone *Entacmaea quadricolor*

Anémone quatre couleurs, *Entacmaea quadricolor*

Anémona, *Entacmaea quadricolor*

Anémona de tentáculos *Entacmaea quadricolor*

Tentakel-Anemone, *Entacmaea quadricolor*

طرف بصلي لسمكة انومية *Entacmaea quadricolor*

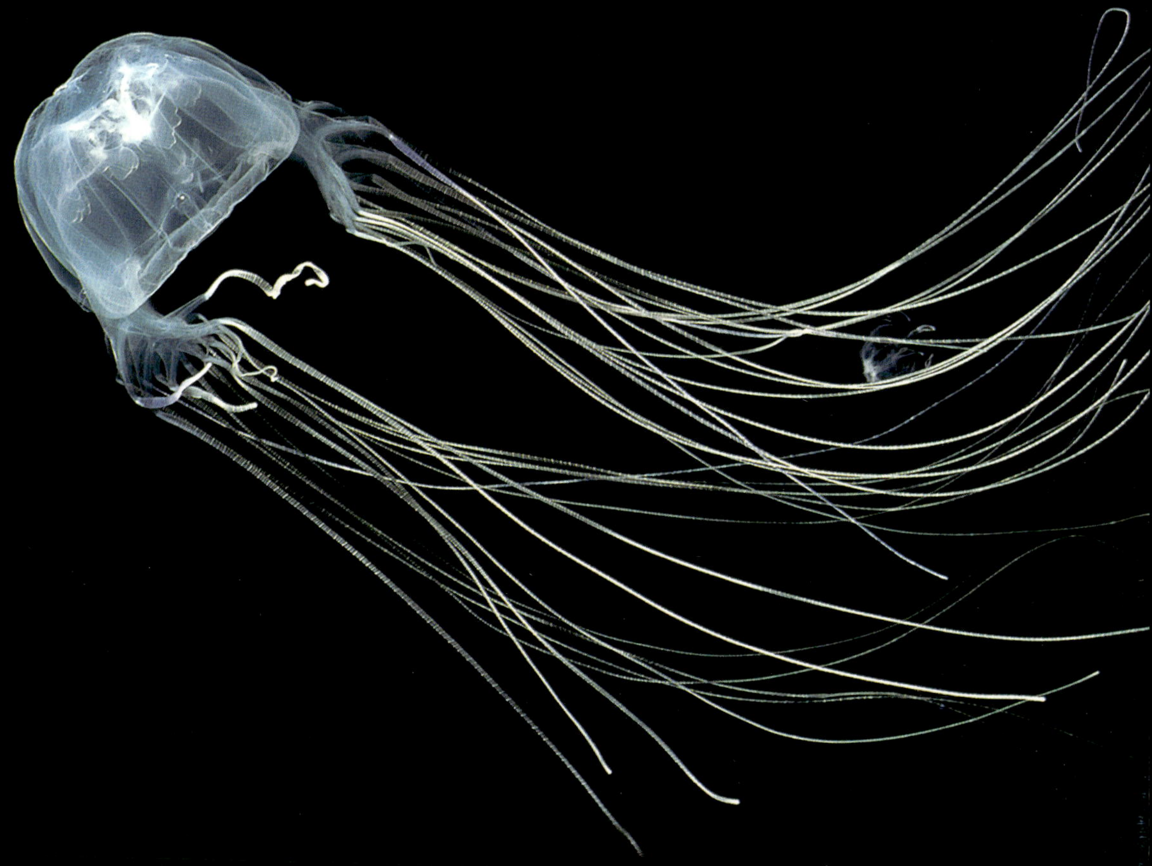

Box jellyfish, *Chironex fleckeri*, hunting for food

Méduse, *Chironex fleckeri*, cherchant de la nourriture

Medusa, *Chironex fleckeri*, en busca de alimento

Medusa-de-caixa, *Chironex fleckeri*, procurando alimento

Qualle, *Chironex fleckeri* auf Nahrungsjagd

قنديل البحر يبحث عن الطعام *Chironex fleckeri*

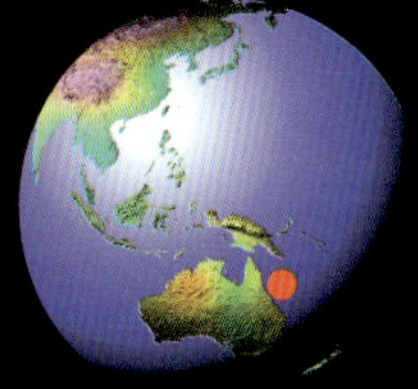

Gorgonian sea-fan

Gorgone

Gorgonia de abanico

Leque-do-mar

Gorgonenkoralle

مروحة بحر غرغونية

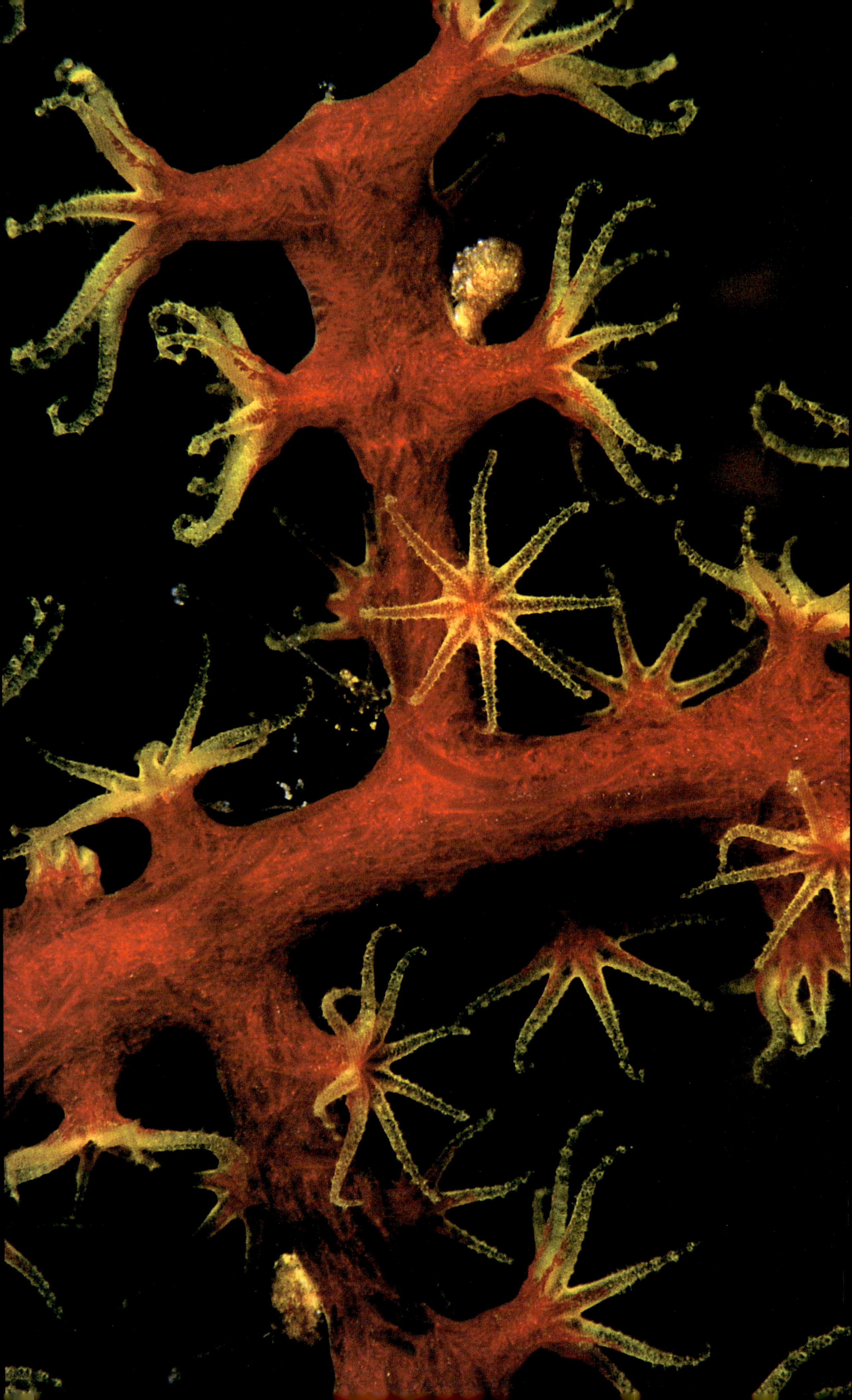

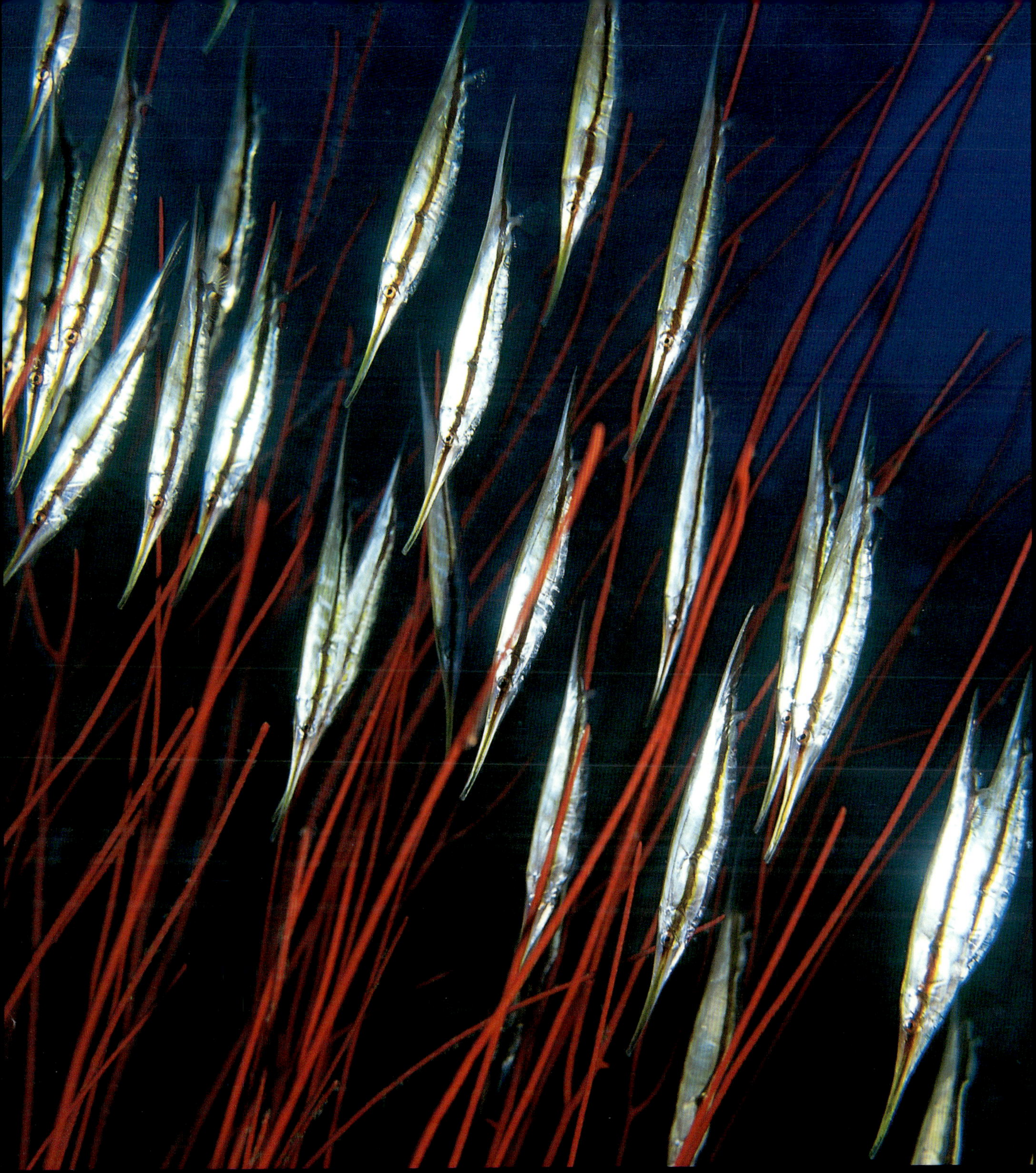

Aeoliscus sp., razor fish

Rasoir, *Aeoliscus* sp

Pez navaja, *Aeoliscus* sp

Peixe-navalha, *Aeoliscus* sp

Scheidenmuschel, *Aeoliscus* sp.

السمكة ذات السنام الحاد
Aeoliscus sp.

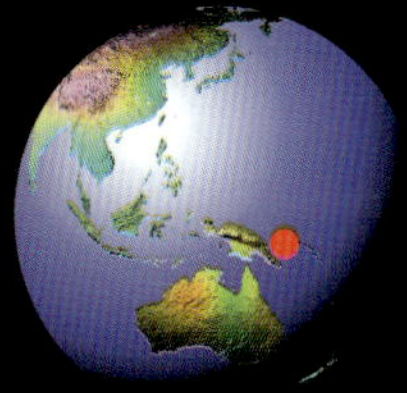

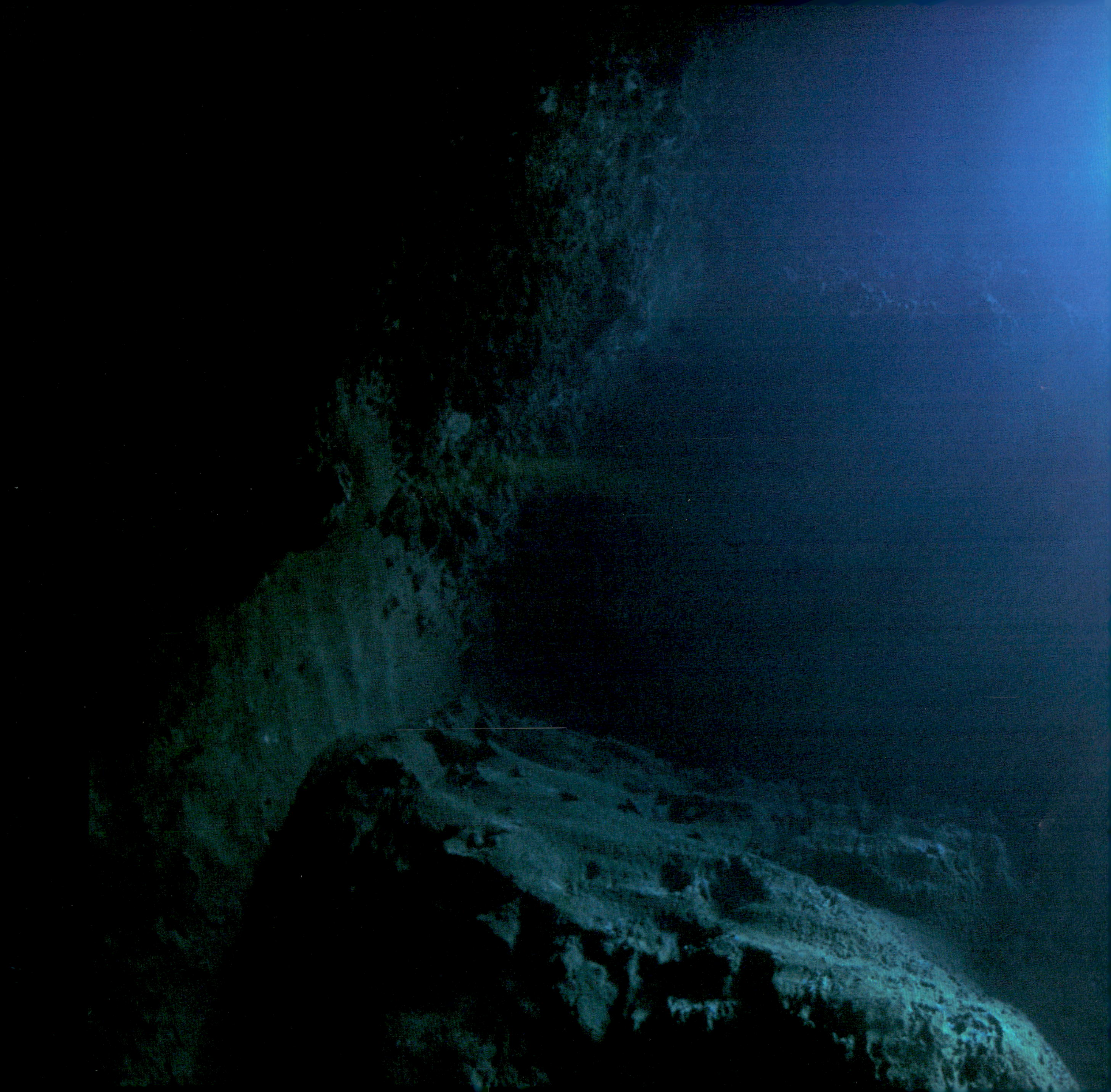

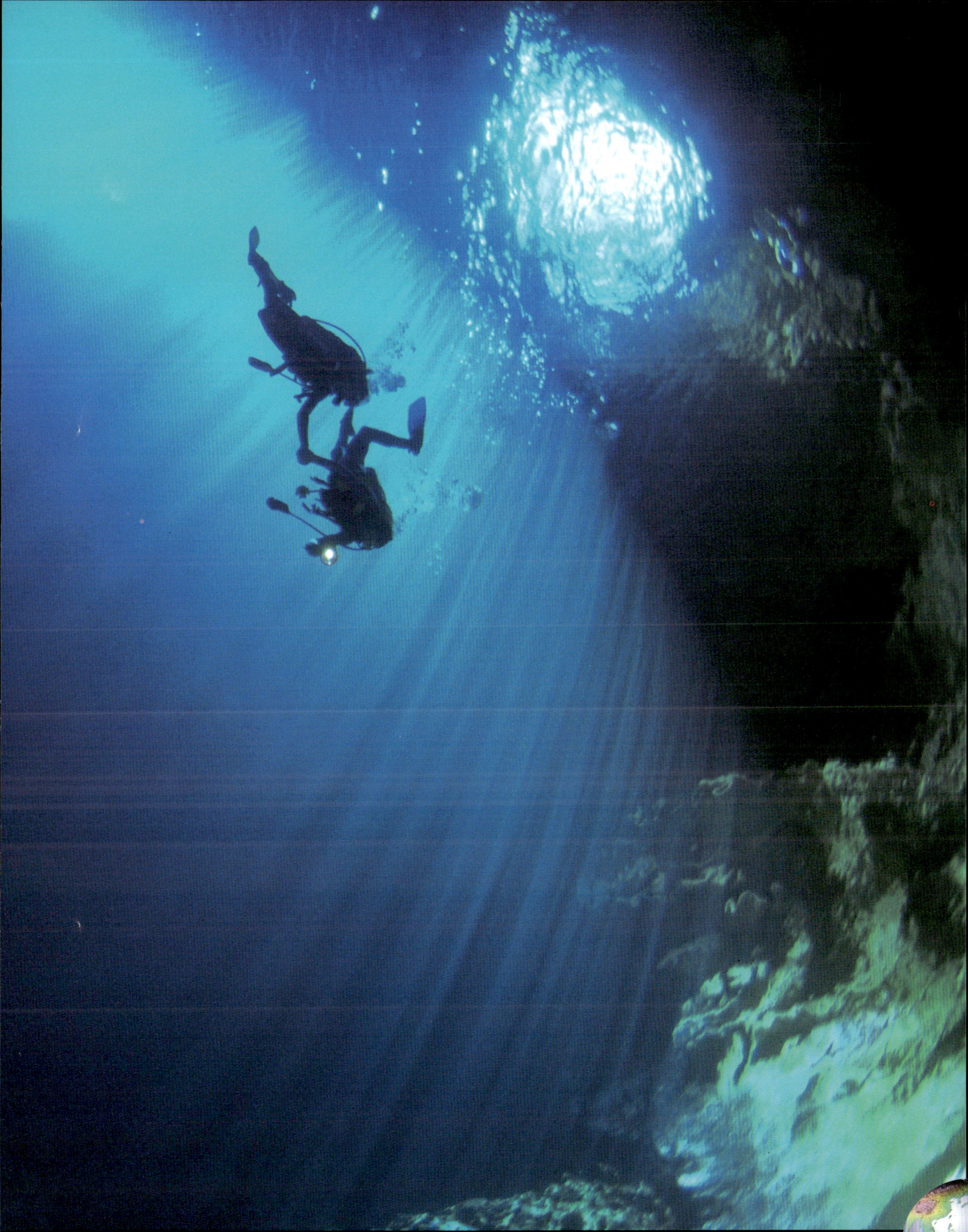

Divers in a cave in Tonga

Plongeurs dans une grotte à Tonga

Buzos en una cueva, en Tonga

Mergulhadores numa gruta em Tonga

Taucher in einer Höhle in Tonga

غطاسون في كهف في تونغا

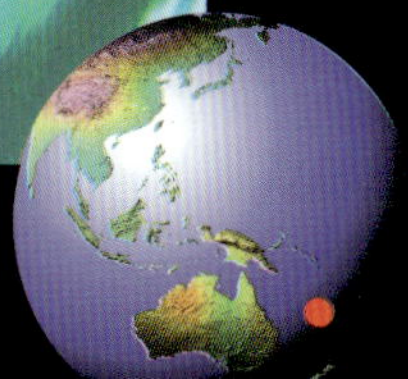

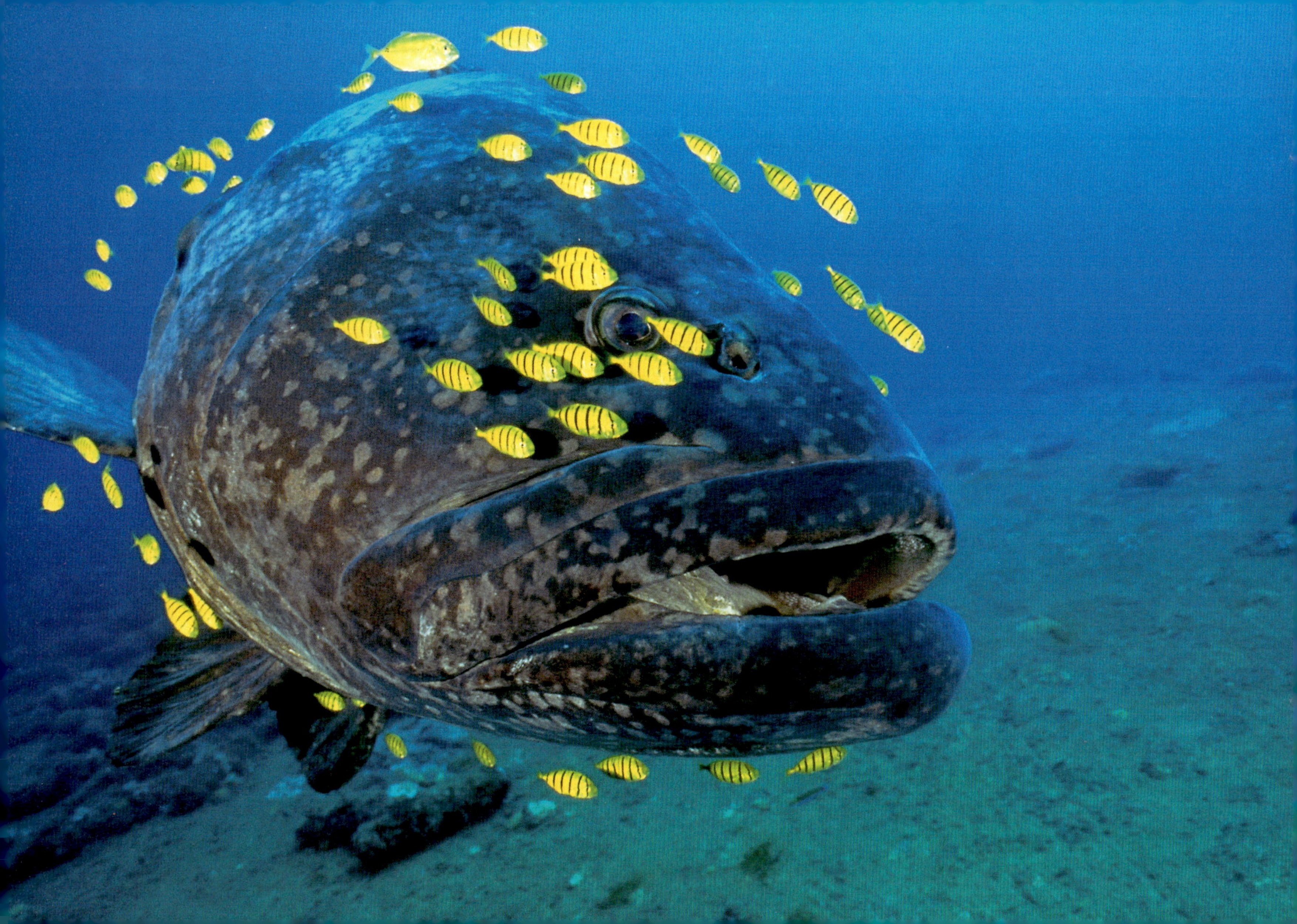

Chambered nautilus

Nautile

Nautilos en su
concha de cámaras

Caravela

Nautilus

النوتي في تجويف

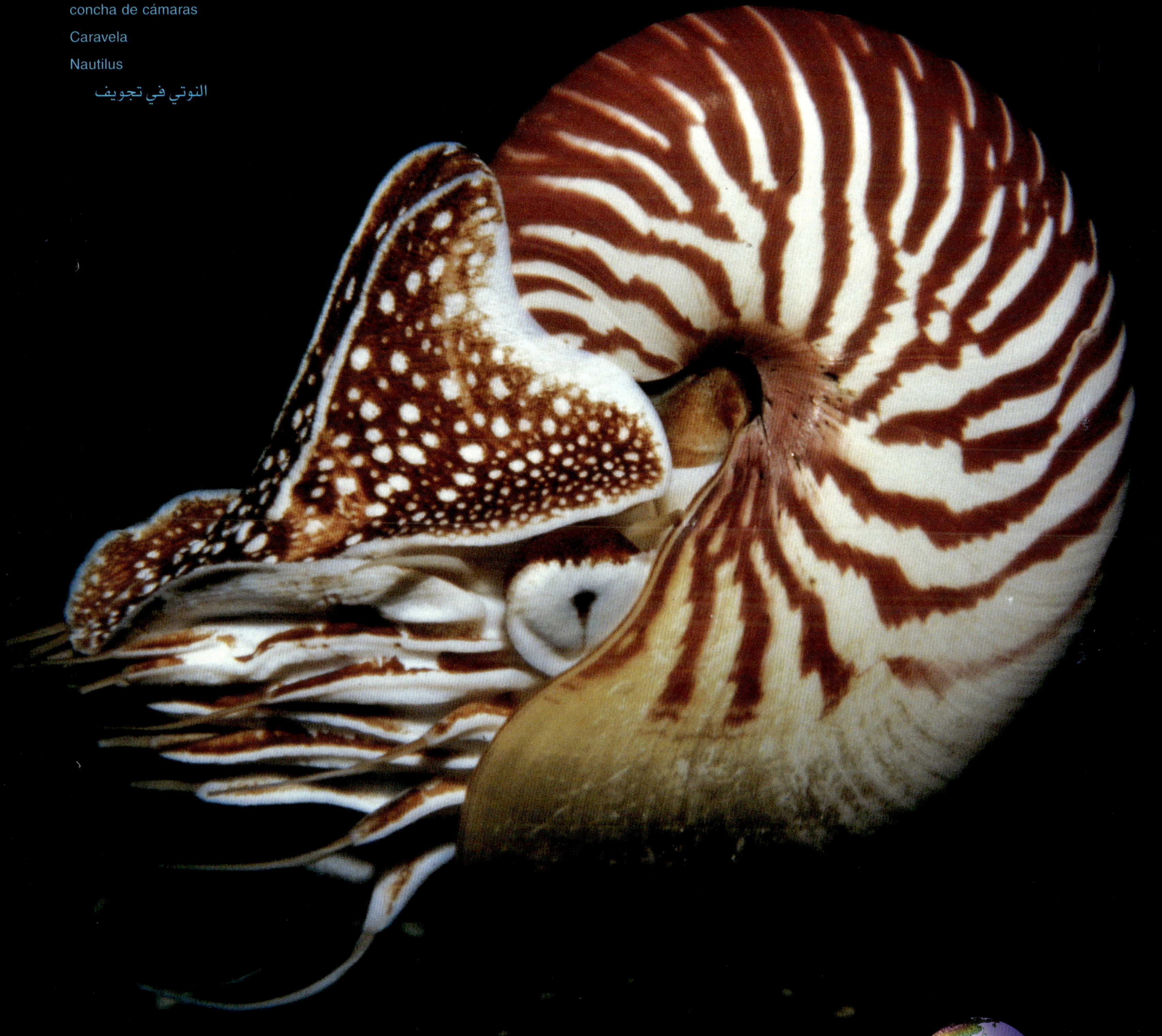

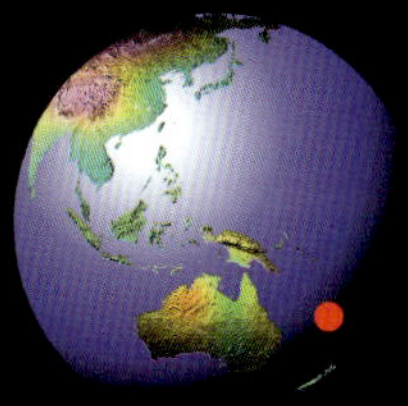

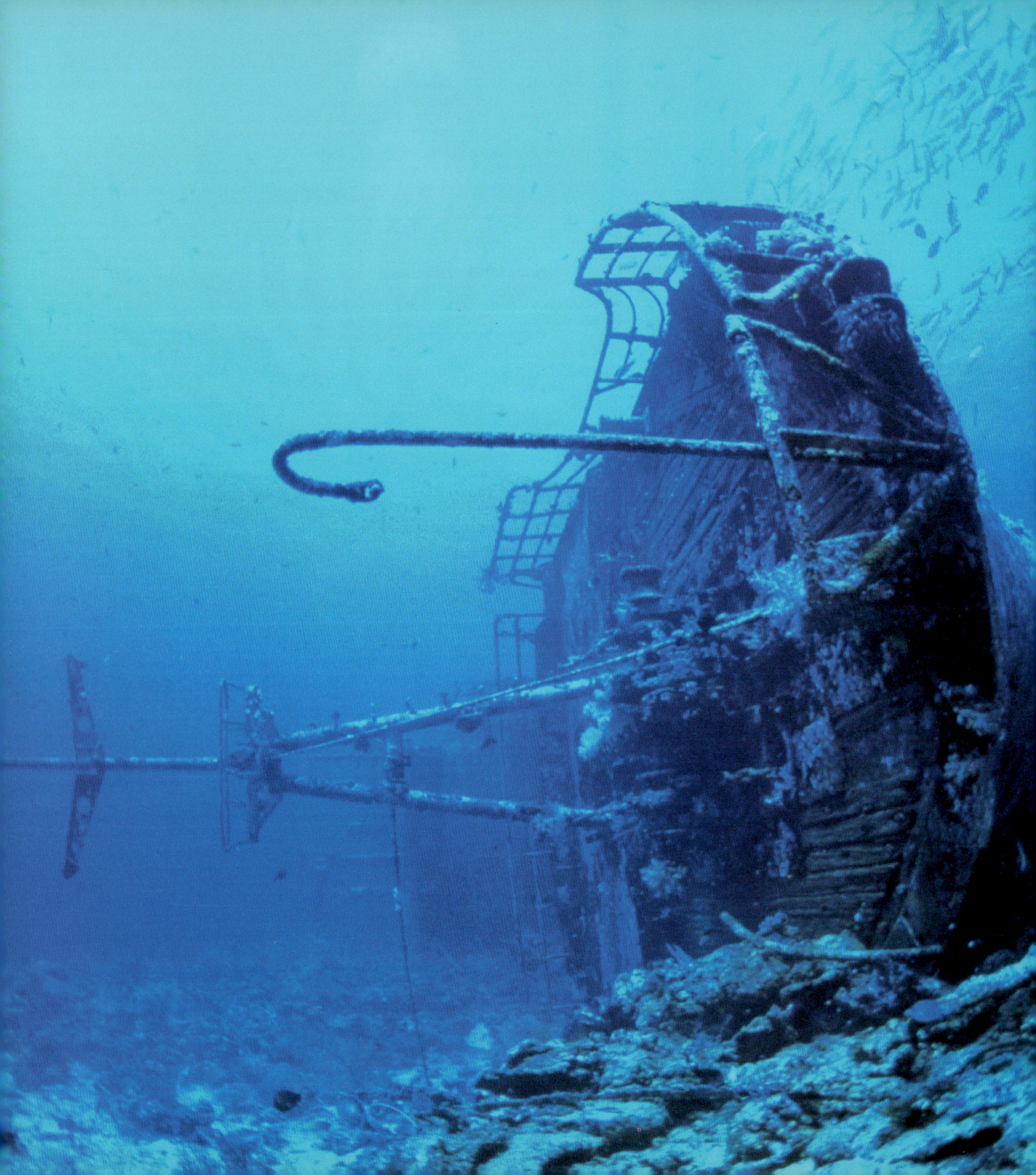

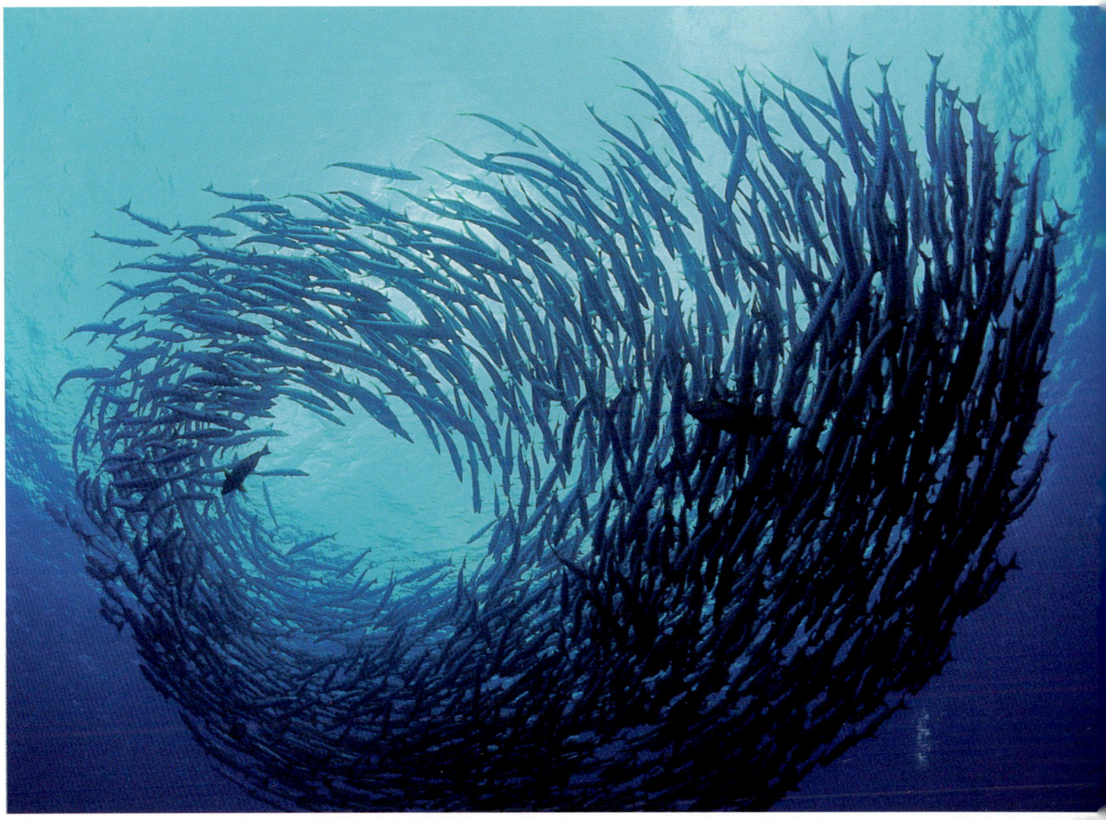

Barracuda

Barracuda

Barracuda

Barracuda

Barrakuda

البركودة

Wreck of m.v. Dak Yang

Epave de m.v. Dak Yang

Pecio Dak Yang

Restos do naufrágio do m.v. Dak Yang

Wrack der Dak Yang

حطام سفينة داك يانغ

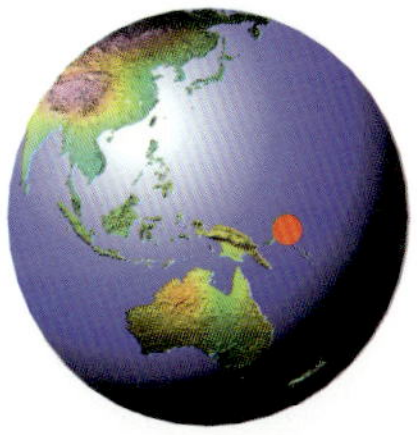

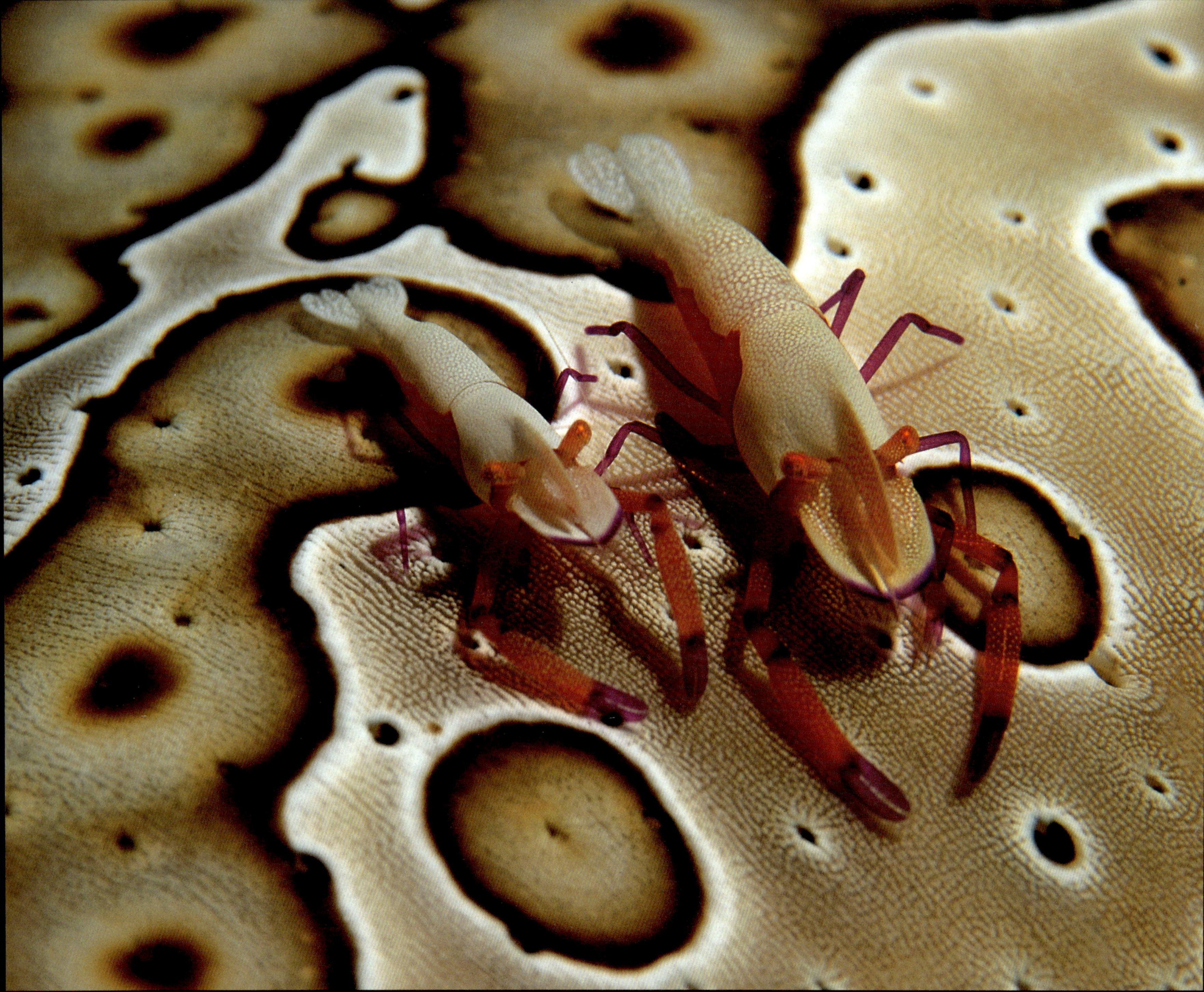

Periclimenes shrimp
on sea cucumber

Periclimenes crevette
sur concombre de mer

Camarón Periclimenes
sobre pepino de mar

Camarão Periclimenes
em pepino-do-mar

Periclimenes-Garnele
auf einer Seegurke

روبيان بريكليمنس على
نبات خيار البحر

A shrimp active at night

Crevette active la nuit

Camarón en acción por la noche

Camarão em actividade, à noite

Eine Garnele auf nächtlicher Jagd

روبيان ناشط ليلاً

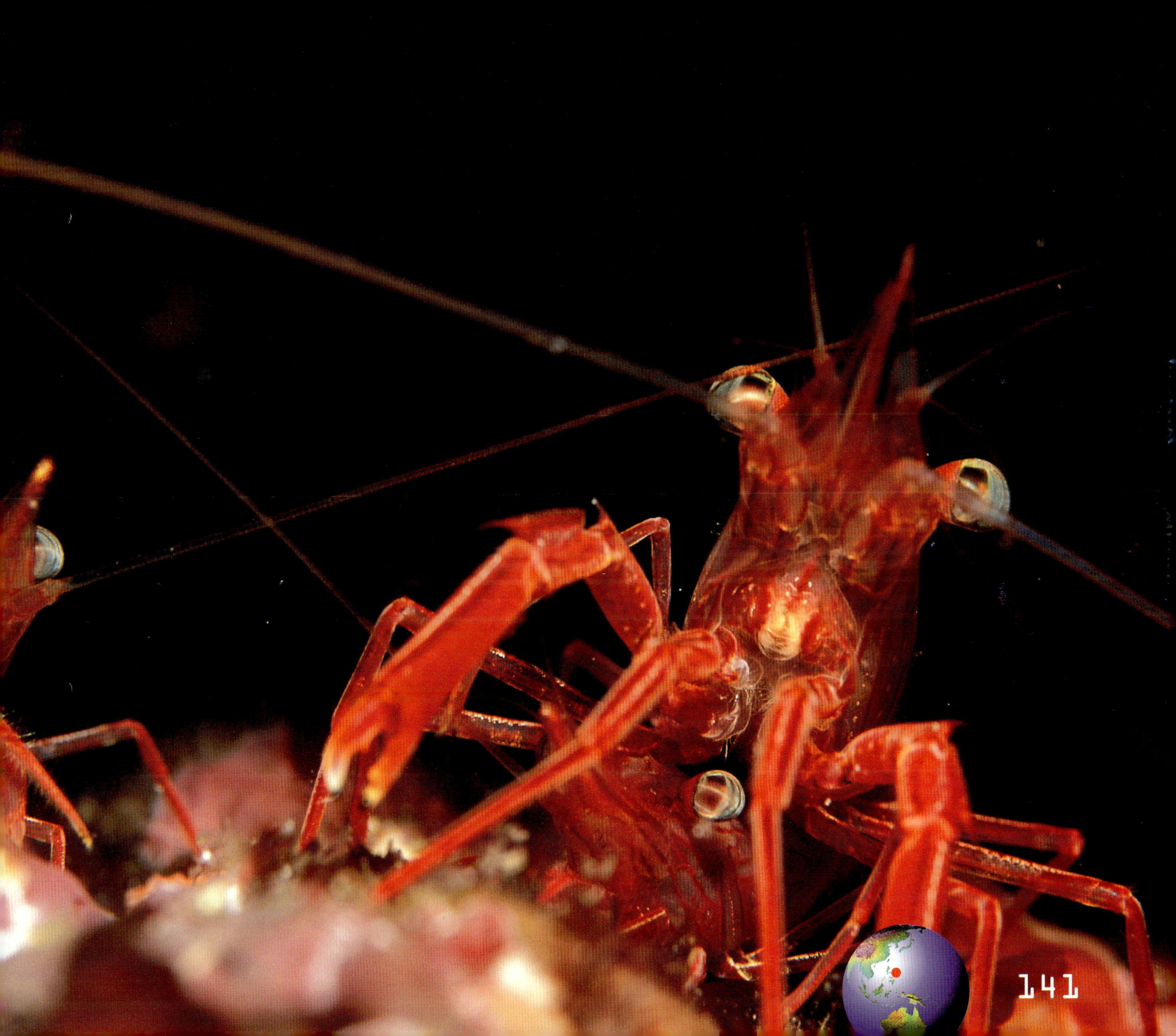

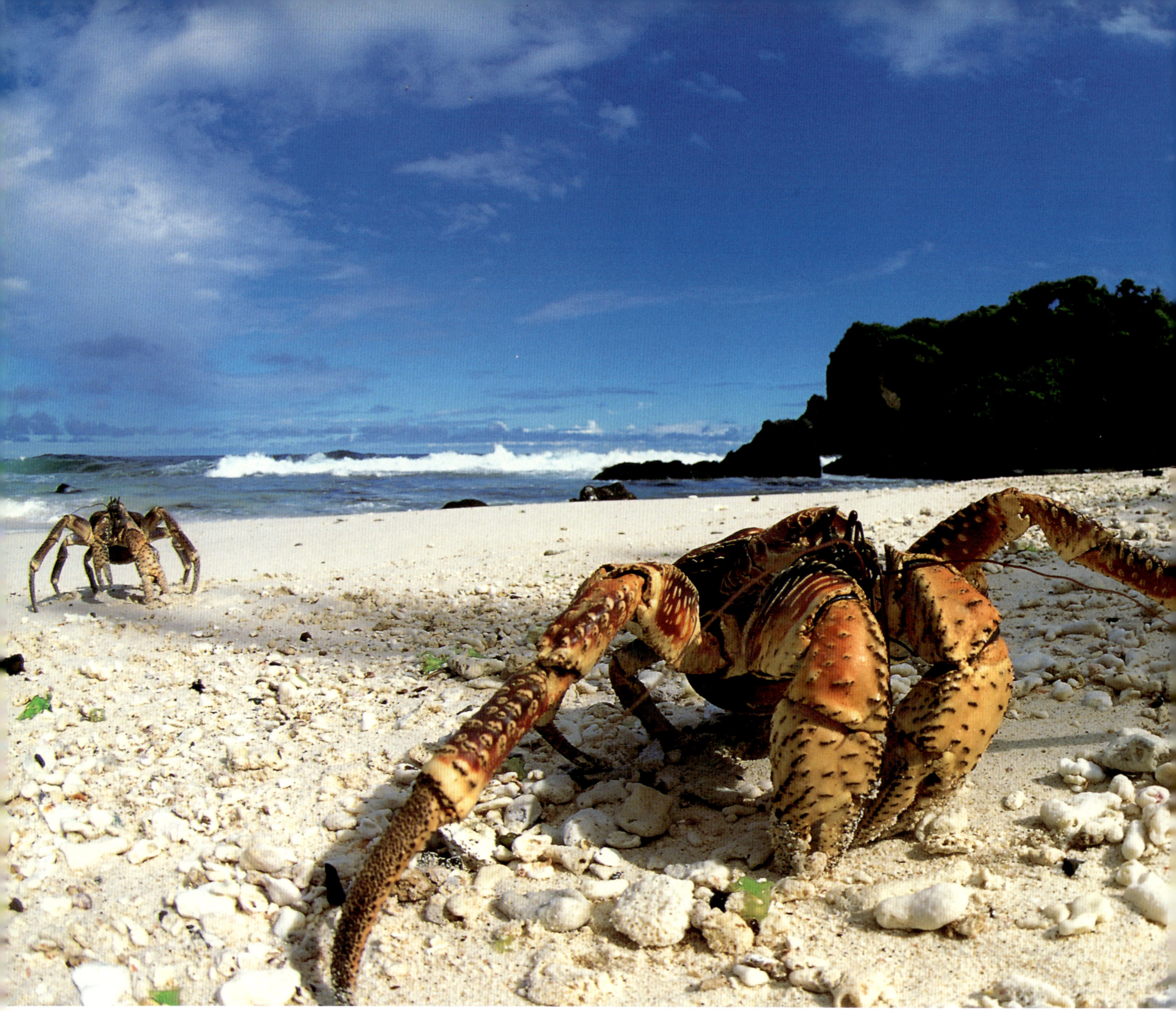

Coconut crab, *Birgus latro*

Crabe, *Birgus latro*

Cangrejo de cocotero, *Birgus latro*

Caranguejo dos coqueiros, *Birgus latro*

Diebskrabbe, *Birgus latro*

سرطان جوز الهند
Birgus latro

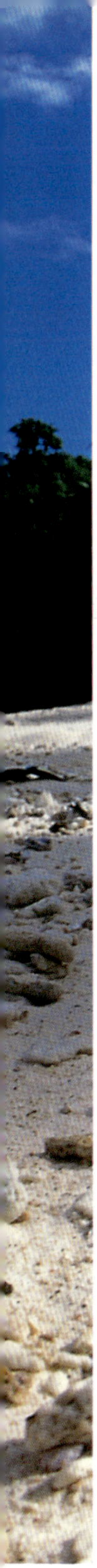

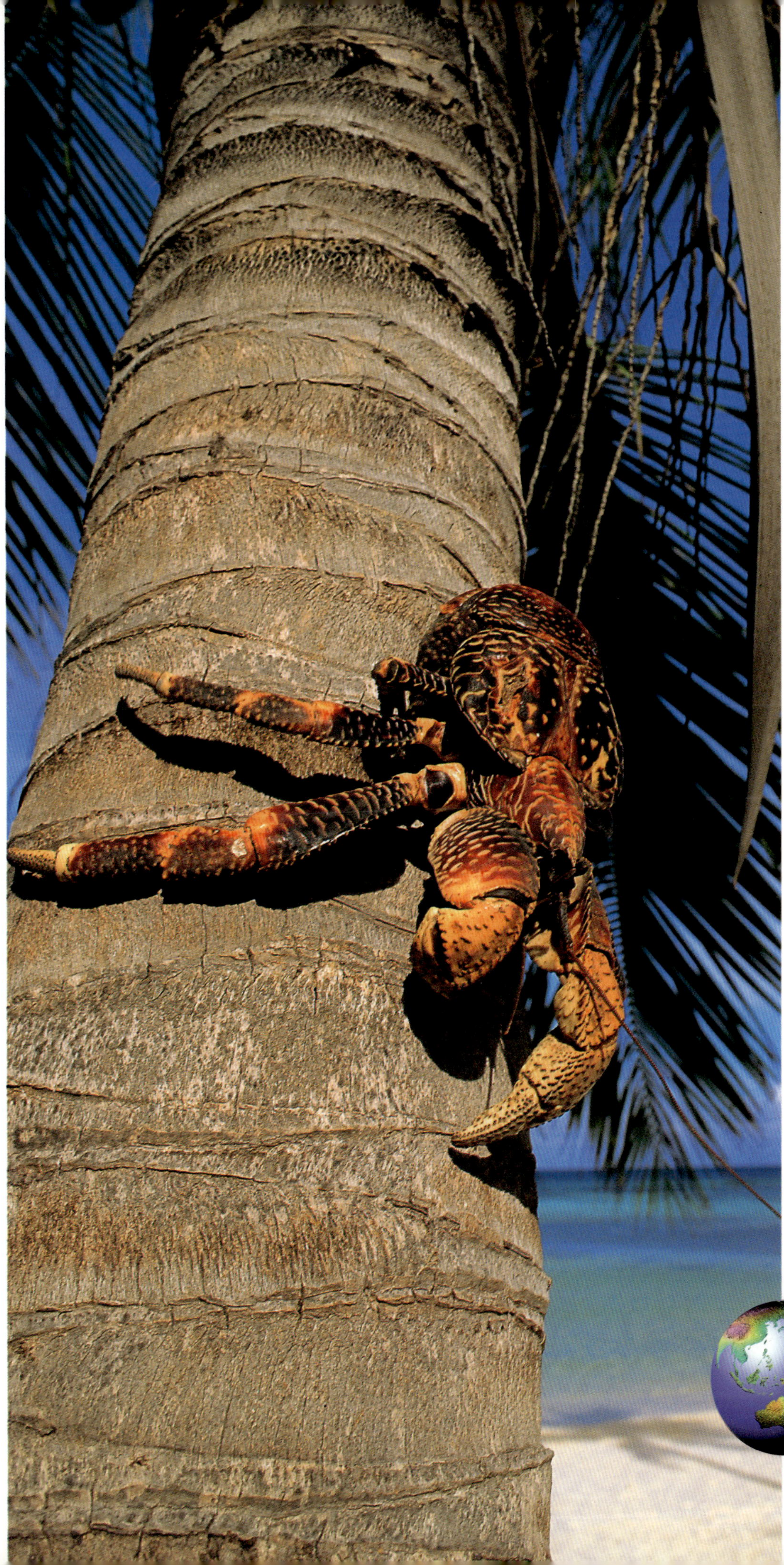

Coconut crab, *Birgus latro*, on palm trunk

Crabe, sur le tronc d'un palmier

Cangrejo de cocotero, *Birgus latro*, sobre tronco de palmera

Caranguejo dos coqueiros, *Birgus latro*, em tronco de palmeira

Diebskrabbe, *Birgus latro*, auf einem Palmenstamm

سرطان جوز الهند
على جذع نخلة *Birgus latro*

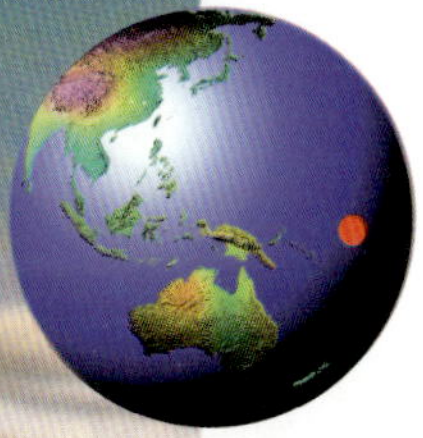

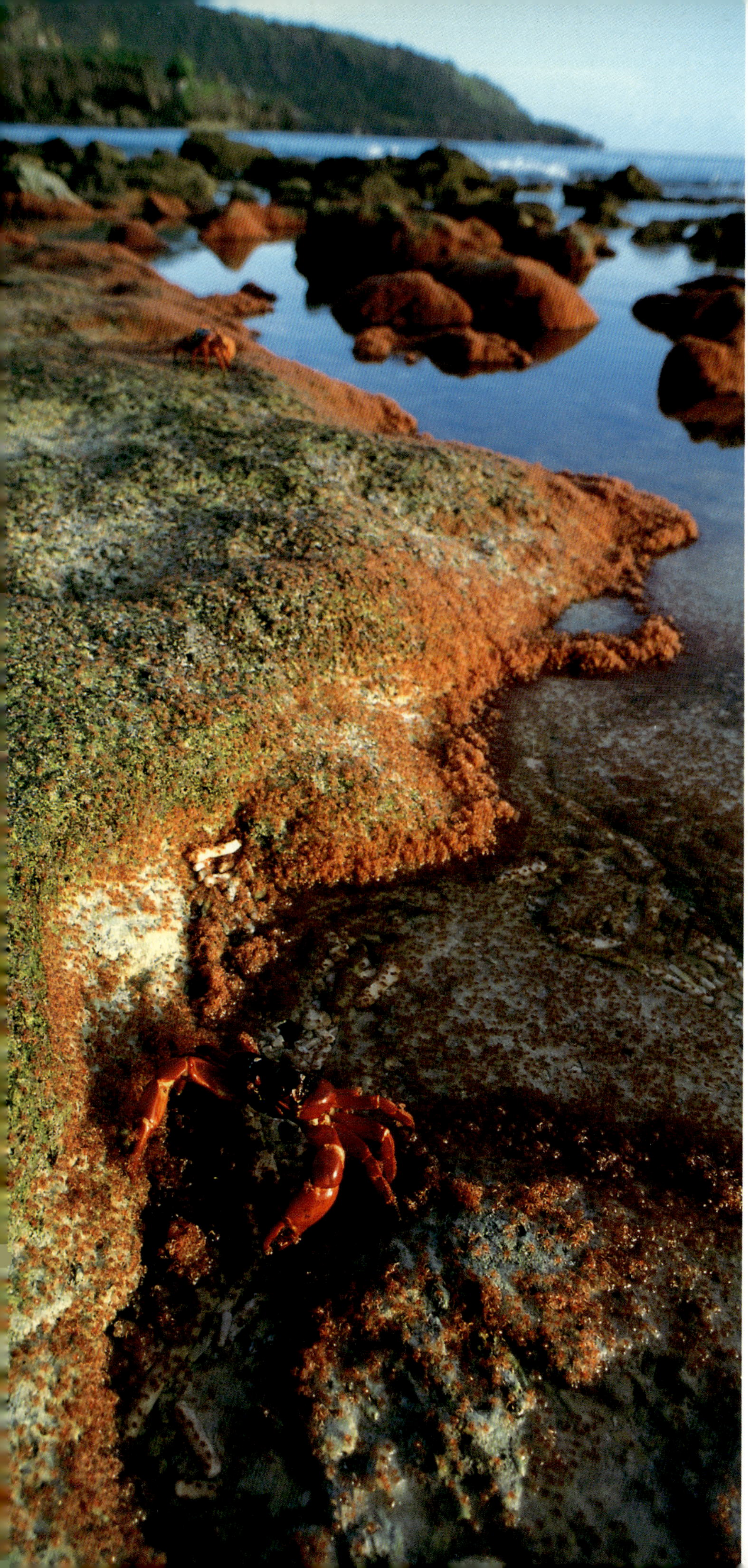

Red crab,
Gecarcoidea natalis,
migration

Crabe, en migration,
Gecarcoidea natalis

Migración de
cangrejo rojo,
Gecarcoidea natalis

Caranguejo-
vermelho,
Gecarcoidea natalis,
migração

Rote Tiefseekrabbe,
Gecarcoidea natalis,
auf Wanderschaft

سرطان احمر
Gecarcoidea natalis

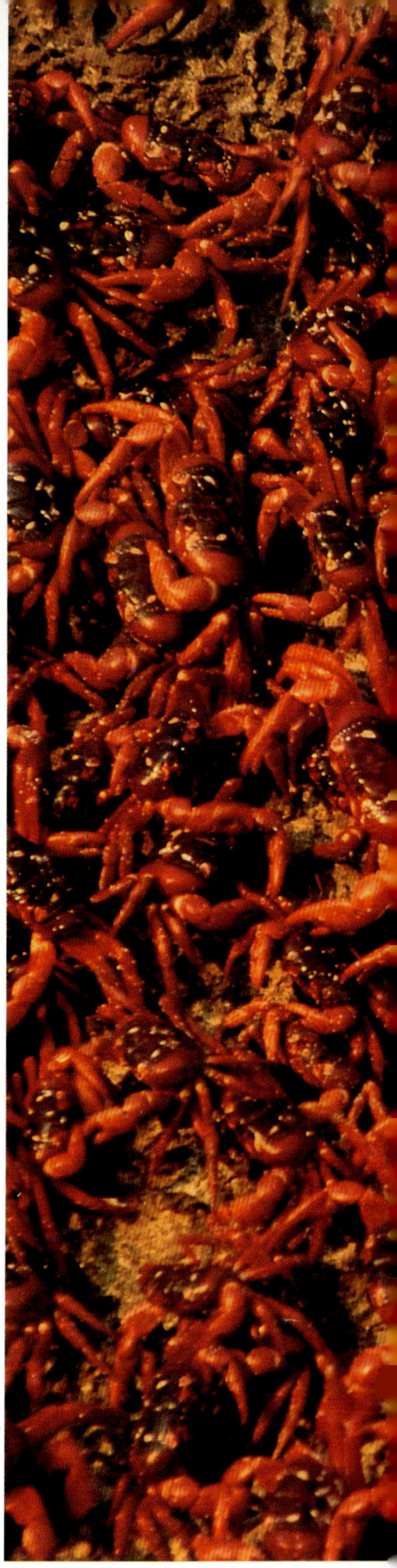

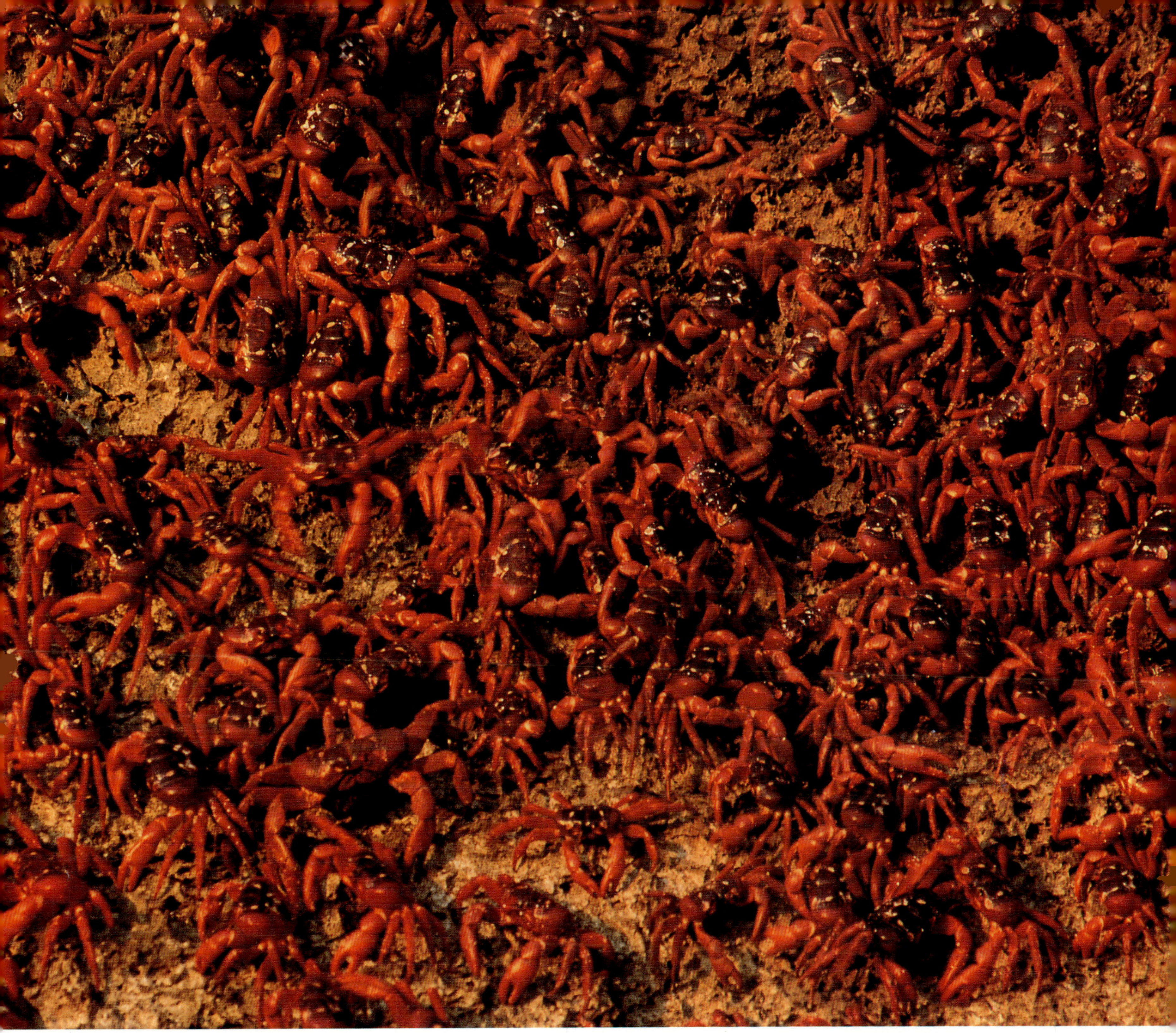

Millions of red crab spawning on beach

Millions de crabes frayant sur la plage

Millones de cangrejos rojos desovando en la playa

Milhões de caranguejos-vermelhos desovando na areia

Millionen Roter Tiefseekrabben beim Laichen am Strand

ملايين السراطين الحمراء تفقس على الشاطئ

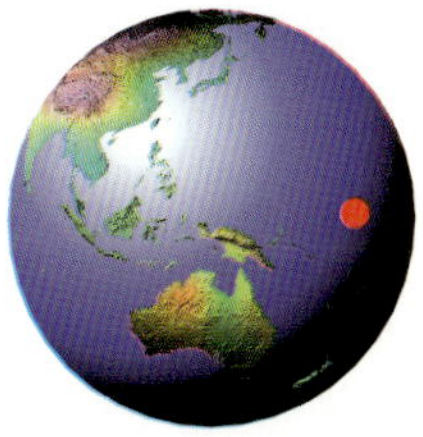

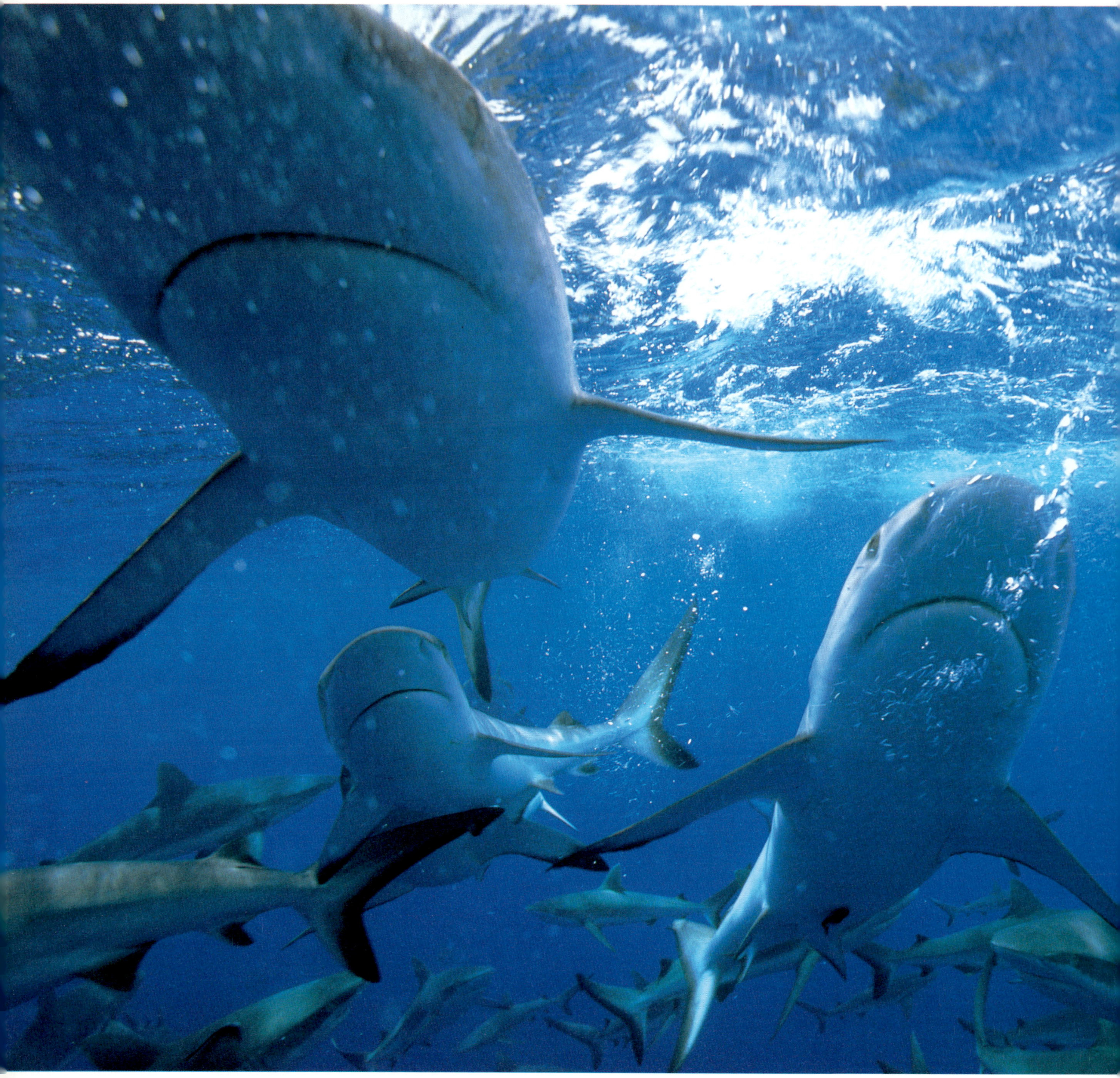

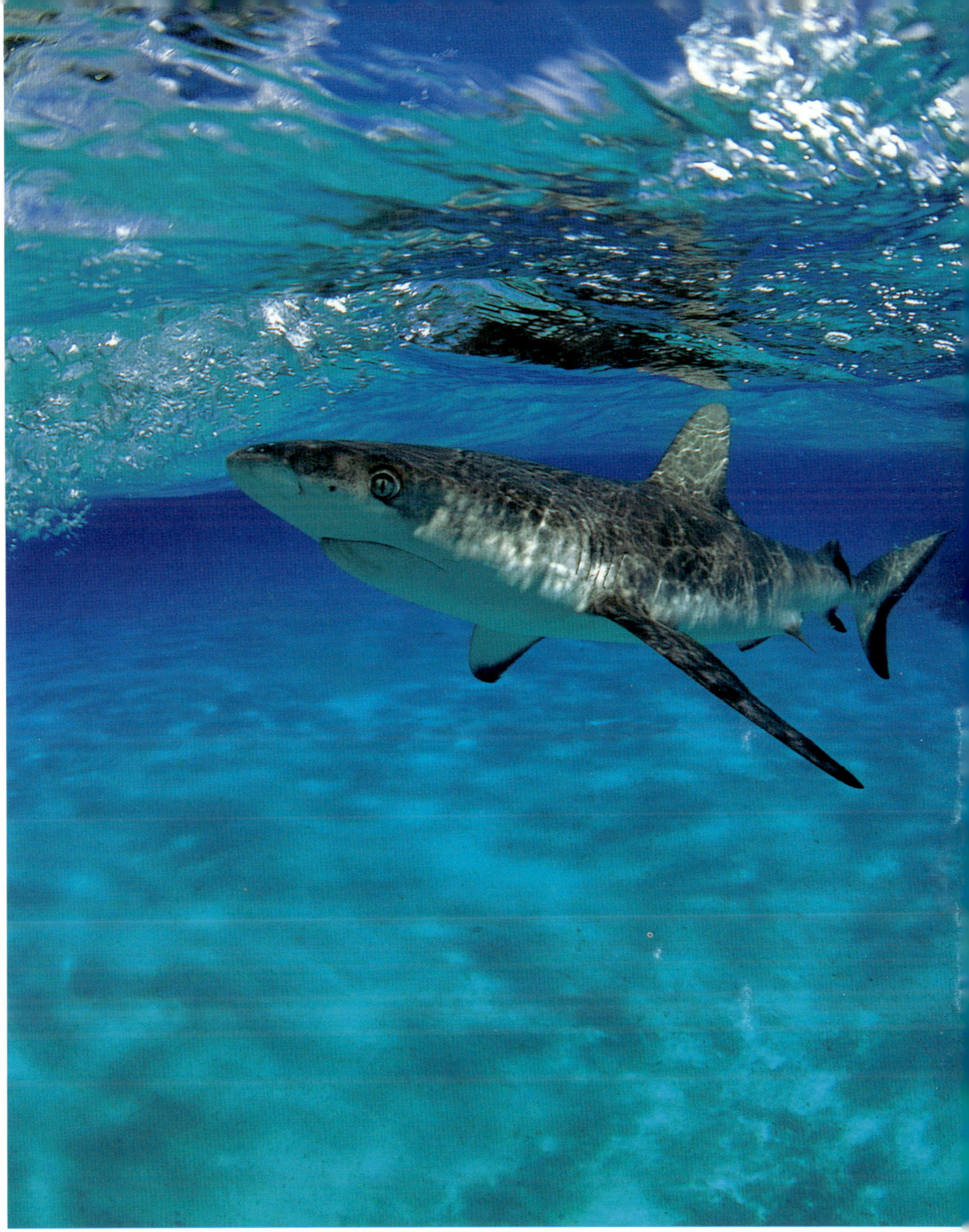

Grey reef shark, *Carcharhinus amblyrhynchos*

Requin gris des coraux *Carcharhinus amblyrhynchos*

Tiburón gris de arrecife, *Carcharhinus amblyrhynchos*

Tubarão cinzento, *Carcharhinus amblyrhynchos*

Grauer Riffhai, *Carcharhinus amblyrhynchos*

قرش رمادي على
حَدقرش رمادي على
حَدَب مرجاني
Carcharhinus amblyrhynchos

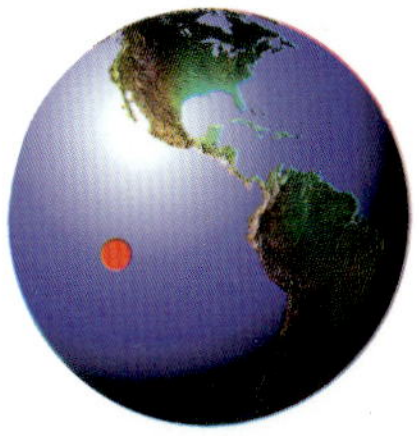

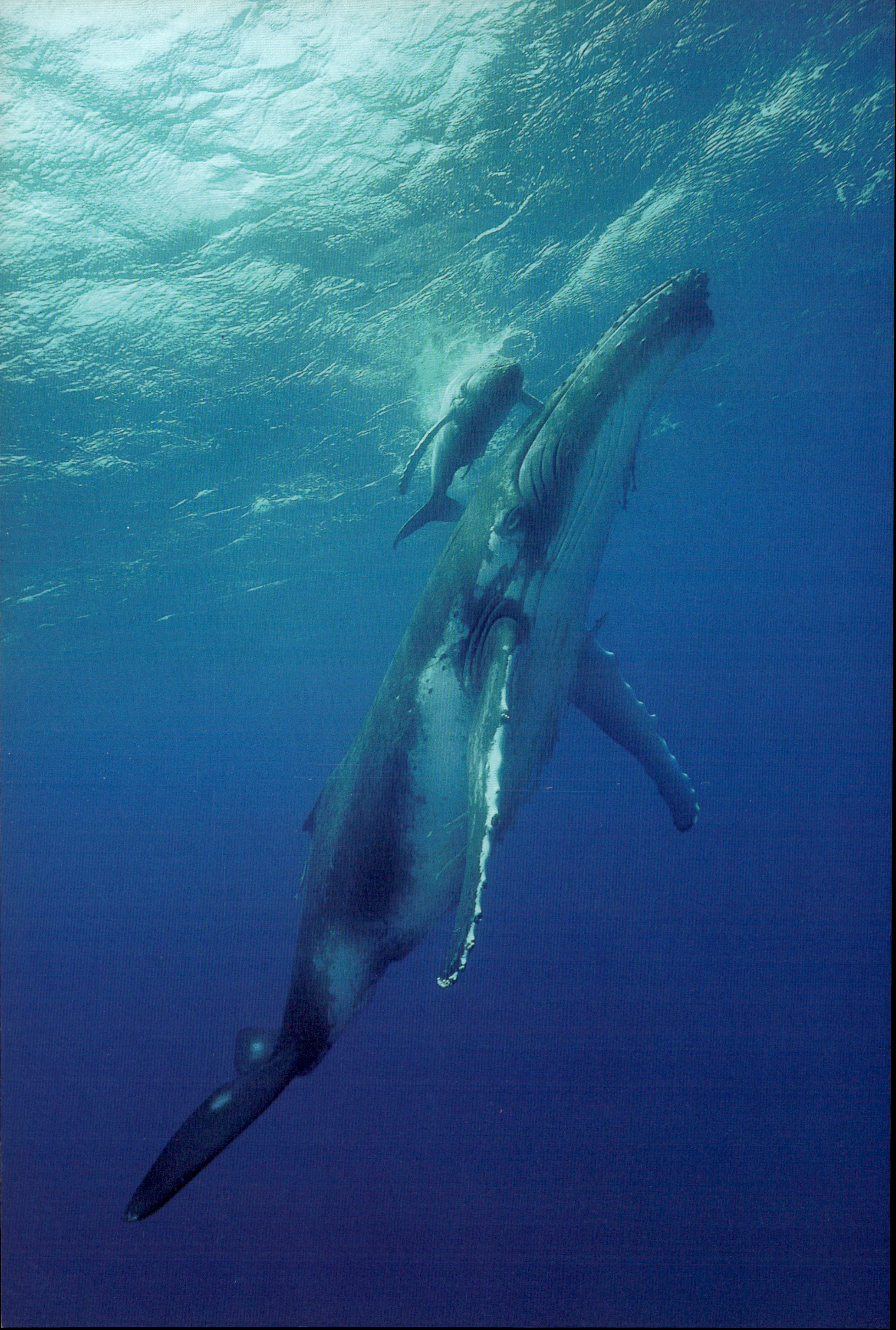

Humpback whale,
Megaptera novaeangliae

Mégaptère,
Megaptera novaeangliae

Ballena xibarte,
Megaptera novaeangliae

Baleia-de-bossa,
Megaptera novaeangliae

Buckelwal,
Megaptera novaeangliae

خوت مدندن
Megaptera novaeangliae

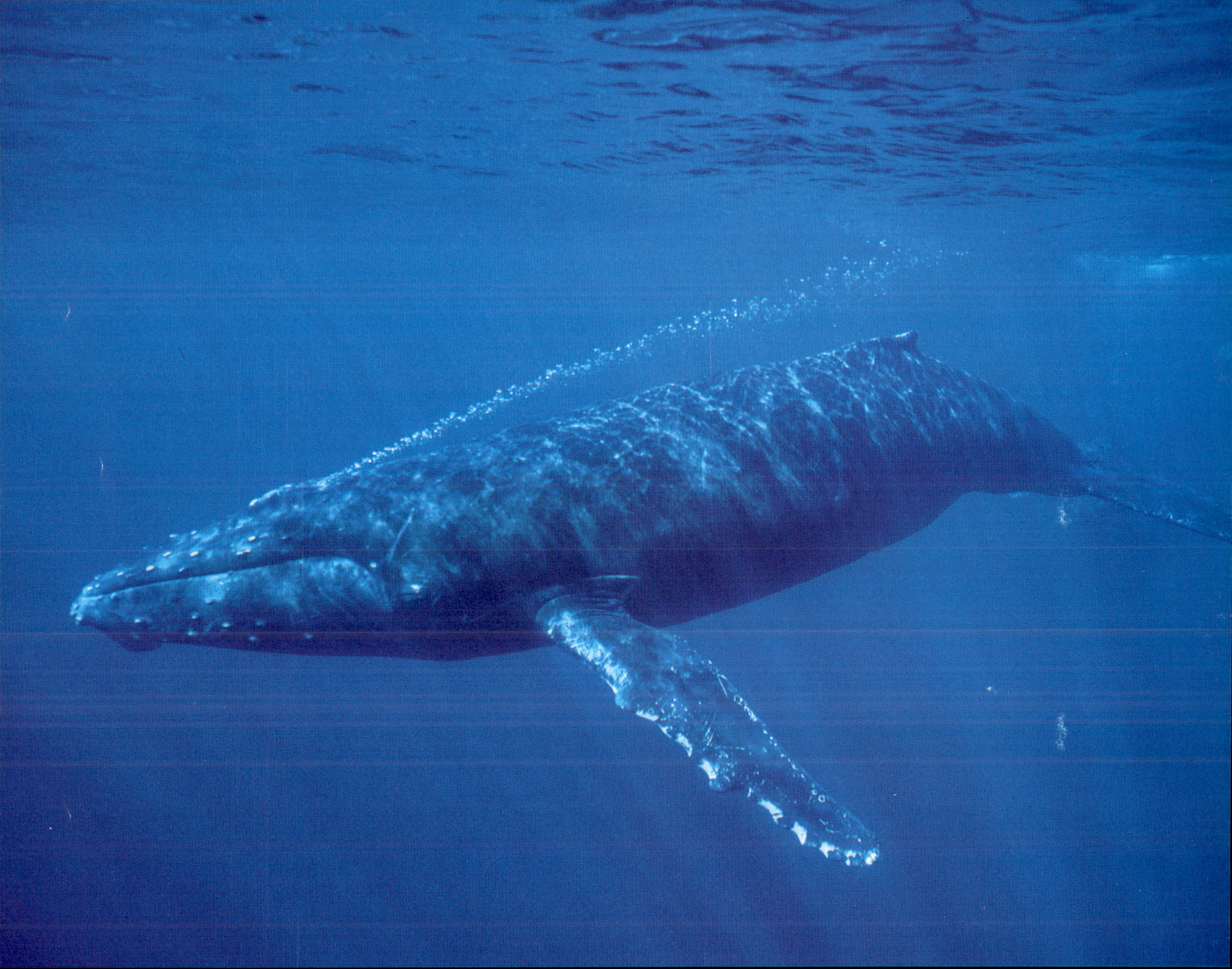

Humpback whale, *Megaptera novaeangliae*

Mégaptère, *Megaptera novaeangliae*

Ballena xibarte, *Megaptera novaeangliae*

Baleia-de-bossa, *Megaptera novaeangliae*

Buckelwal, *Megaptera novaeangliae*

حوت مدندن
Megaptera novaeangliae

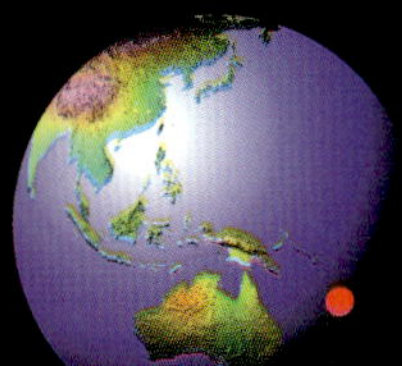

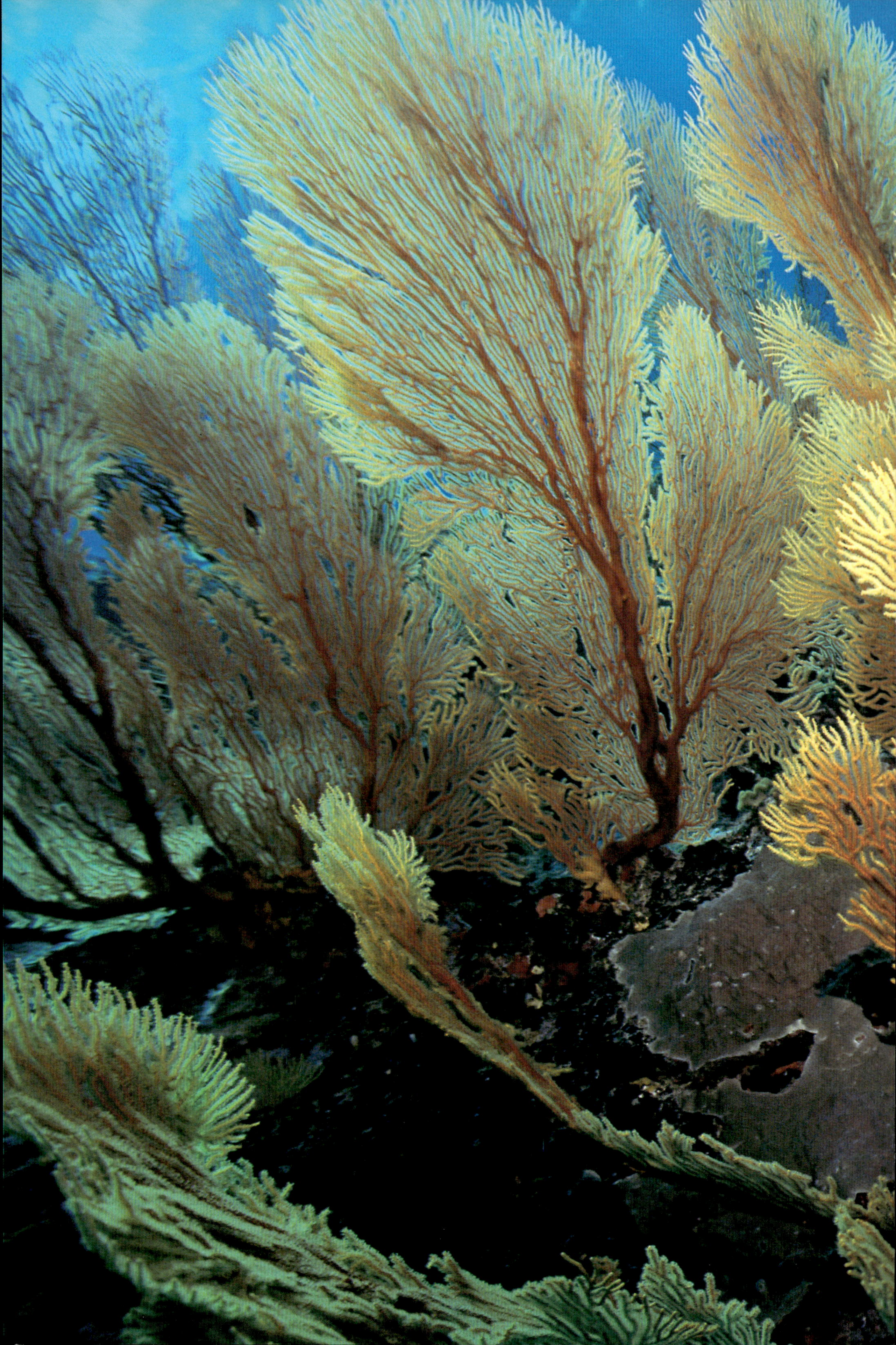

Reef wall with gorgonian sea-fans

Récif avec gorgone

Pared de arrecife con gorgonia de abanico

Recife com leques-do-mar

Riffwand mit Gorgonenaktinien

مروحة بحر غرغونية
على حائط حَدَب
مرجاني

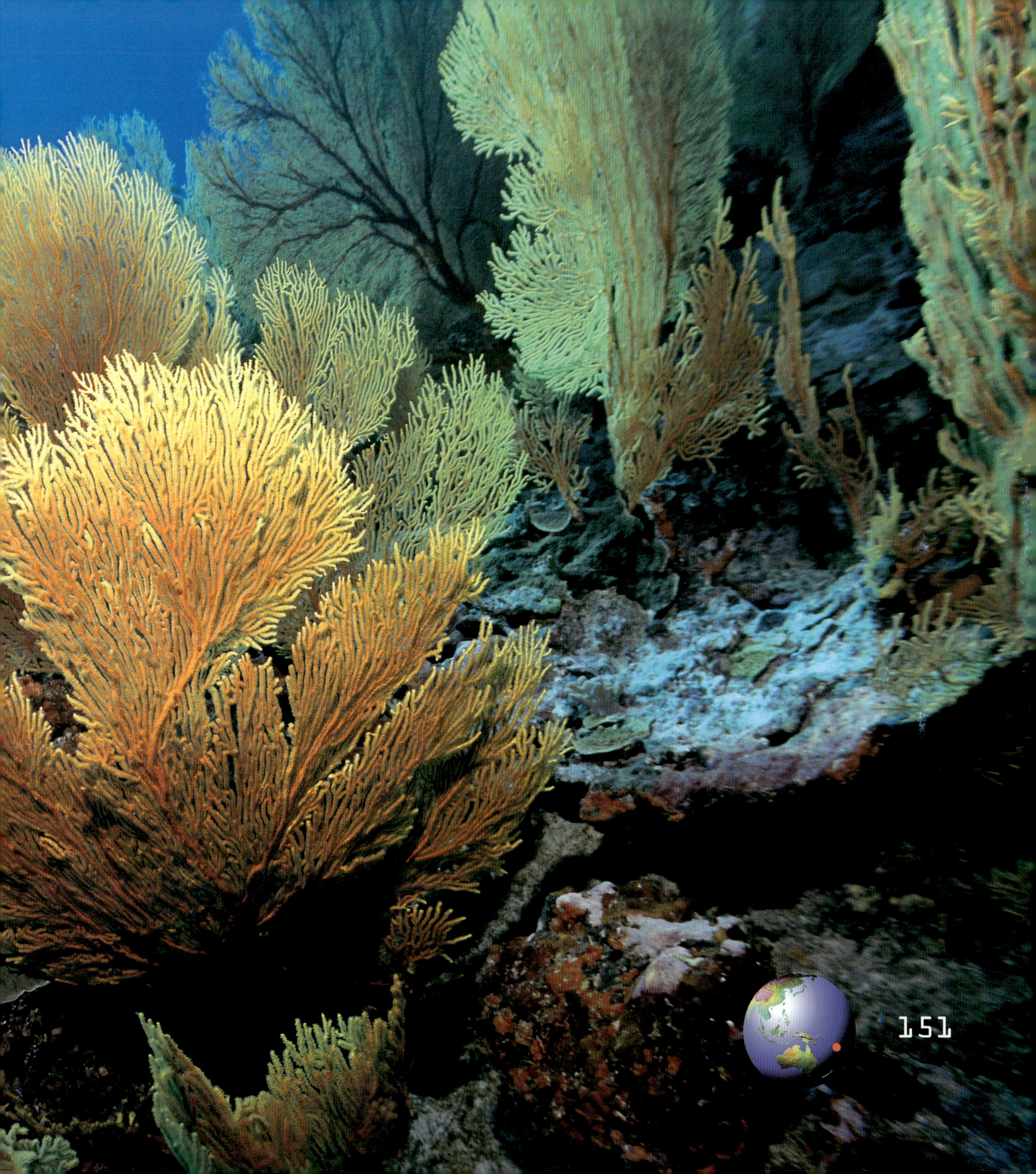

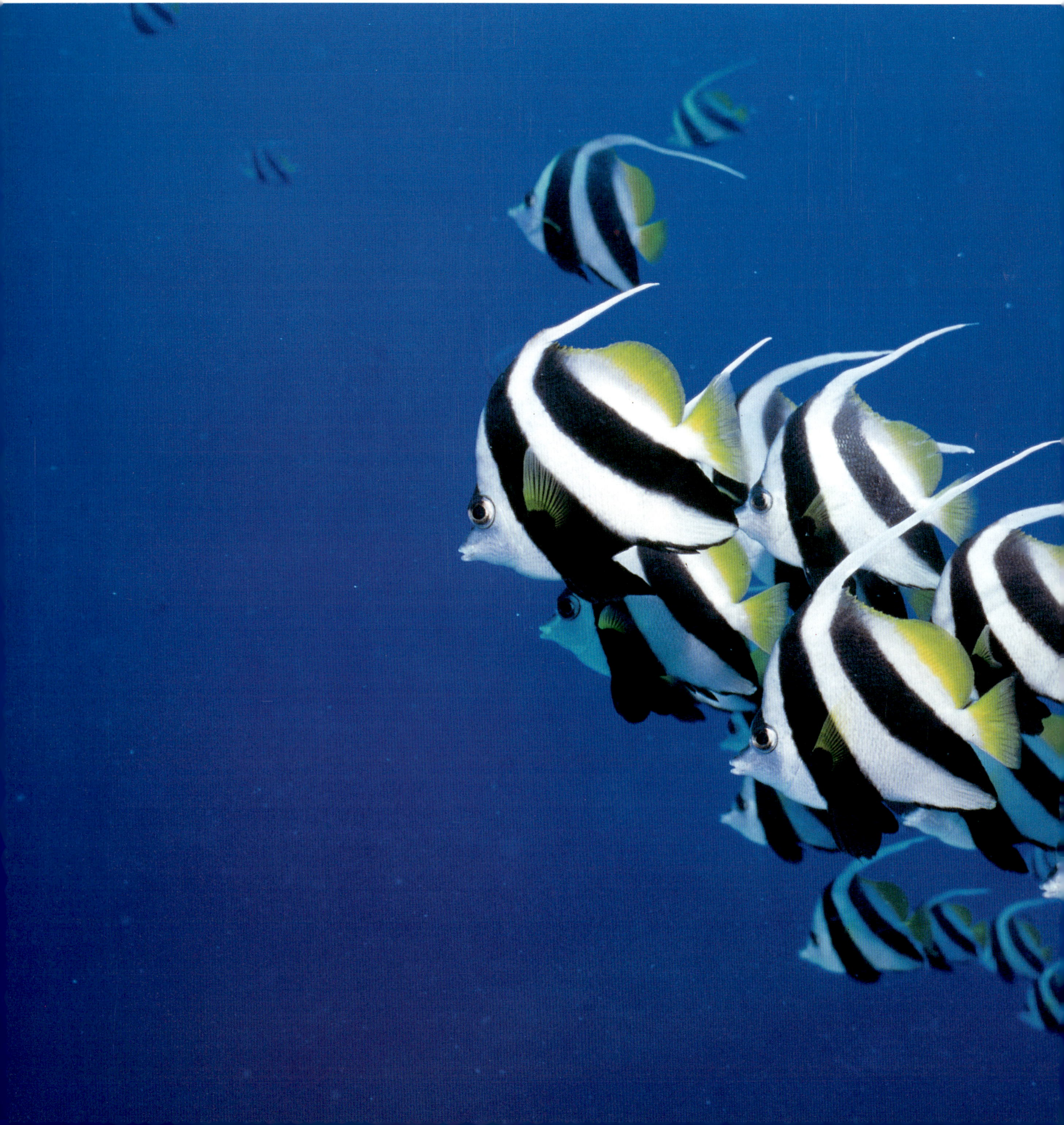

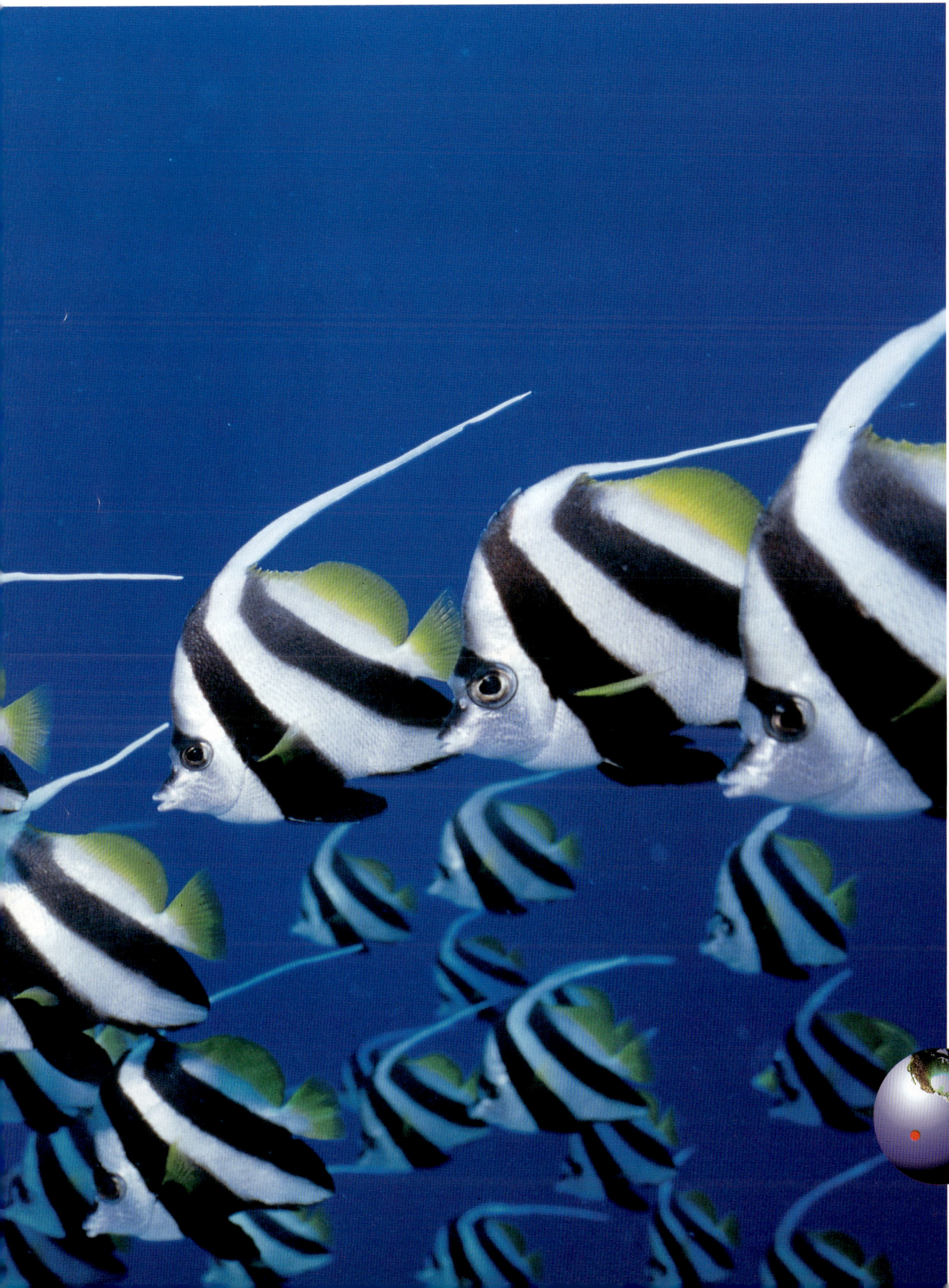

Longfin bannerfish, *Heniochis acuminatus*

Heniochis acuminatus

Pez estandarte de aleta larga, *Heniochis acuminatus*

Peixes-bandeira de barbatana longa, *Heniochis acuminatus*

Langflossen-Bannerfisch, *Heniochis acuminatus*

سمك السارية طويل الزعنفة
Heniochis acuminatus

Close-up of a blenny

Blennie en gros plan

Primer plano de un blenio

Grande plano de marachomba

Nahaufnahme eines Schleimfischs

لقطة عن قرب للدّلنيس

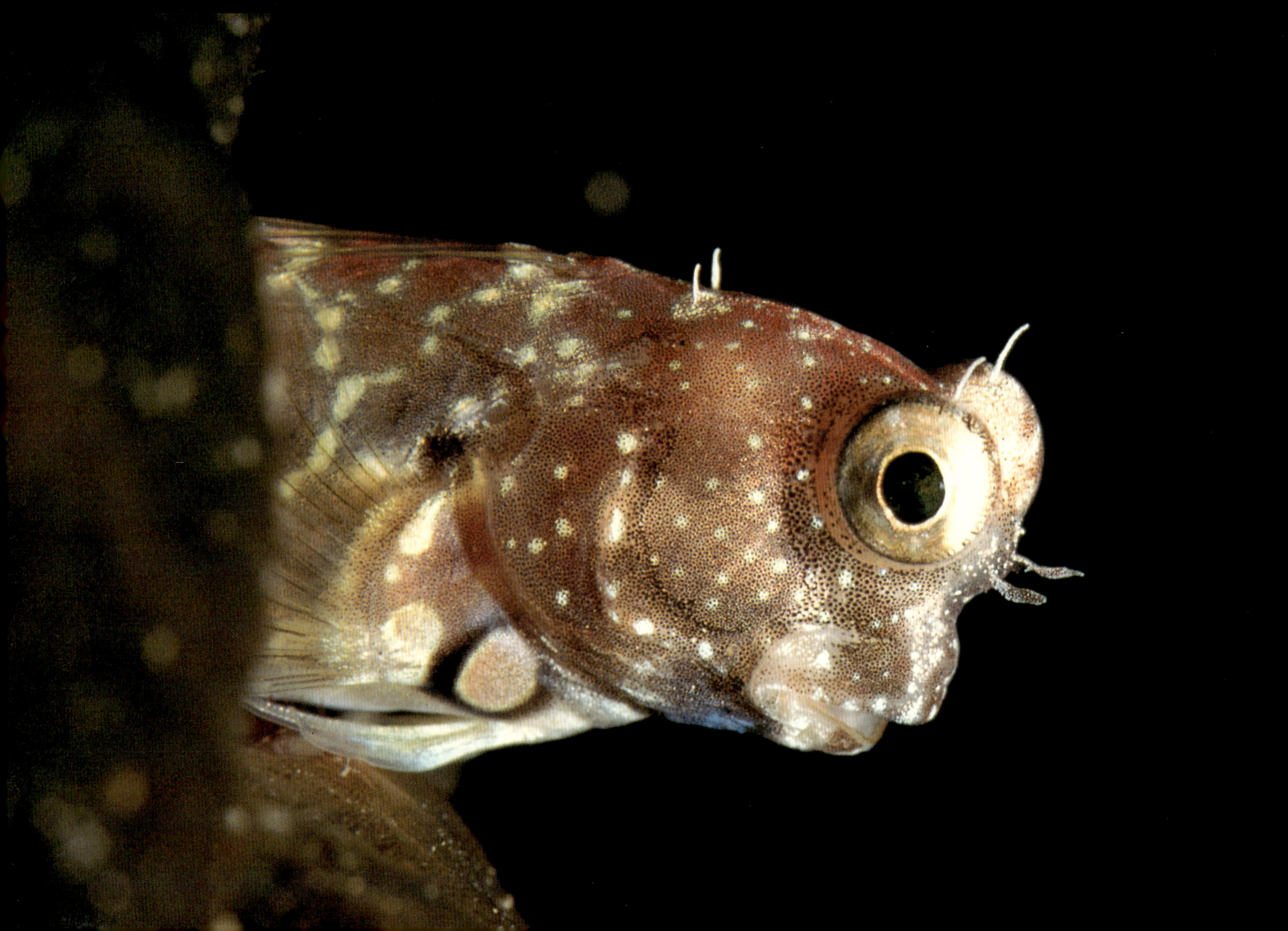

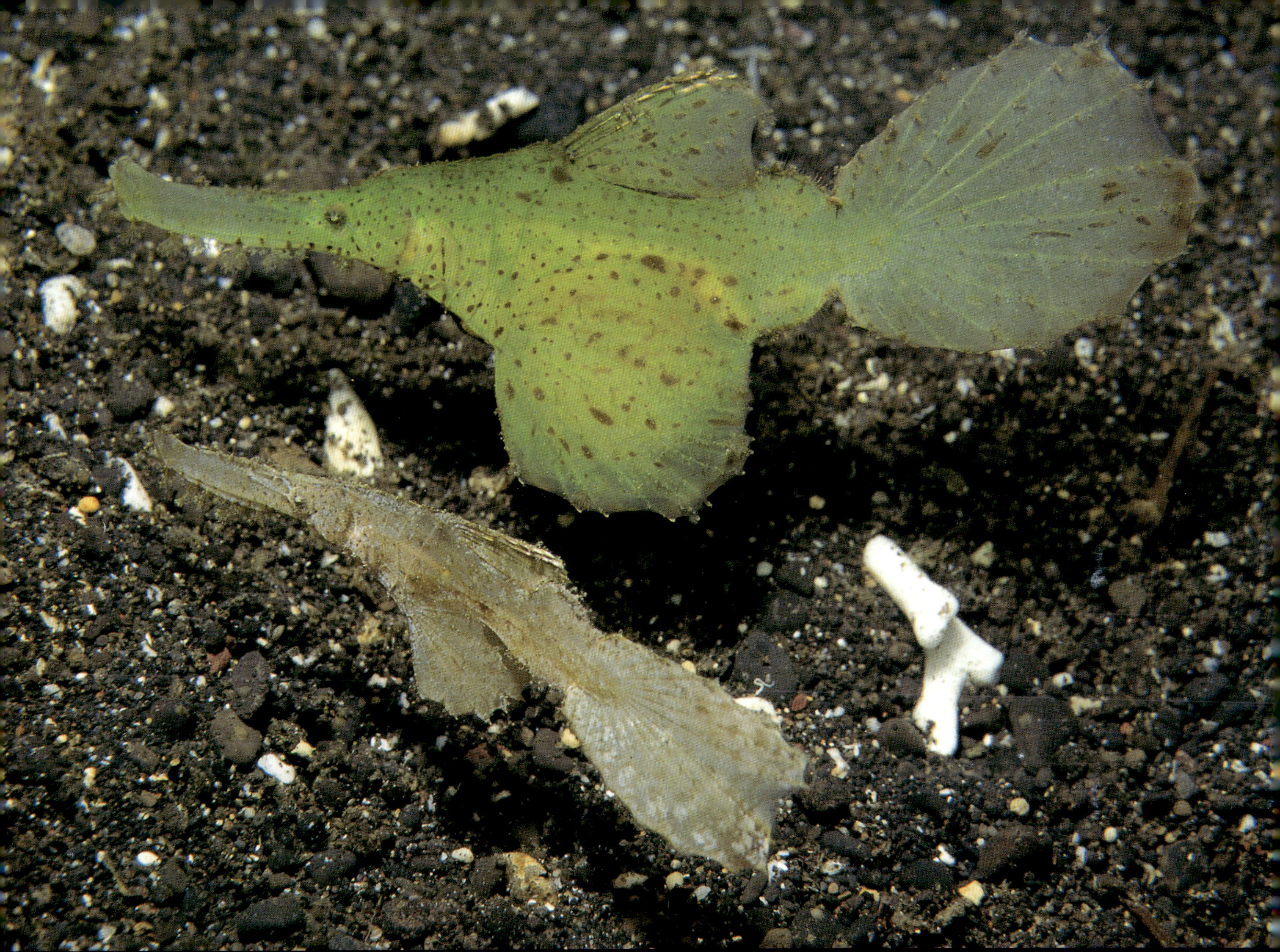

Ghost pipefish pair, *Solenostomus cyanopterus*

Pareja de peces pipa, *Solenostomus cyanopterus*

Seenadelpaar, *Solenostomus cyanopterus*

Syngnathe, *Solenostomus cyanopterus*

Par de peixes-agulha, *Solenostomus cyanopterus*

زوج من سمك
ابو زَمّارة
Solenostomus cyanopterus

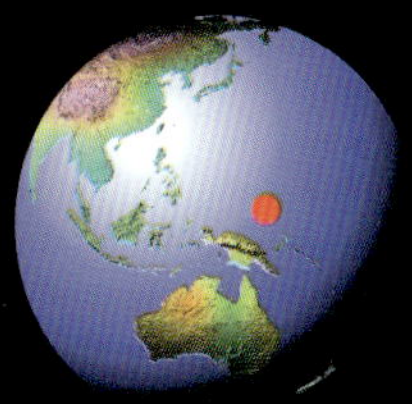

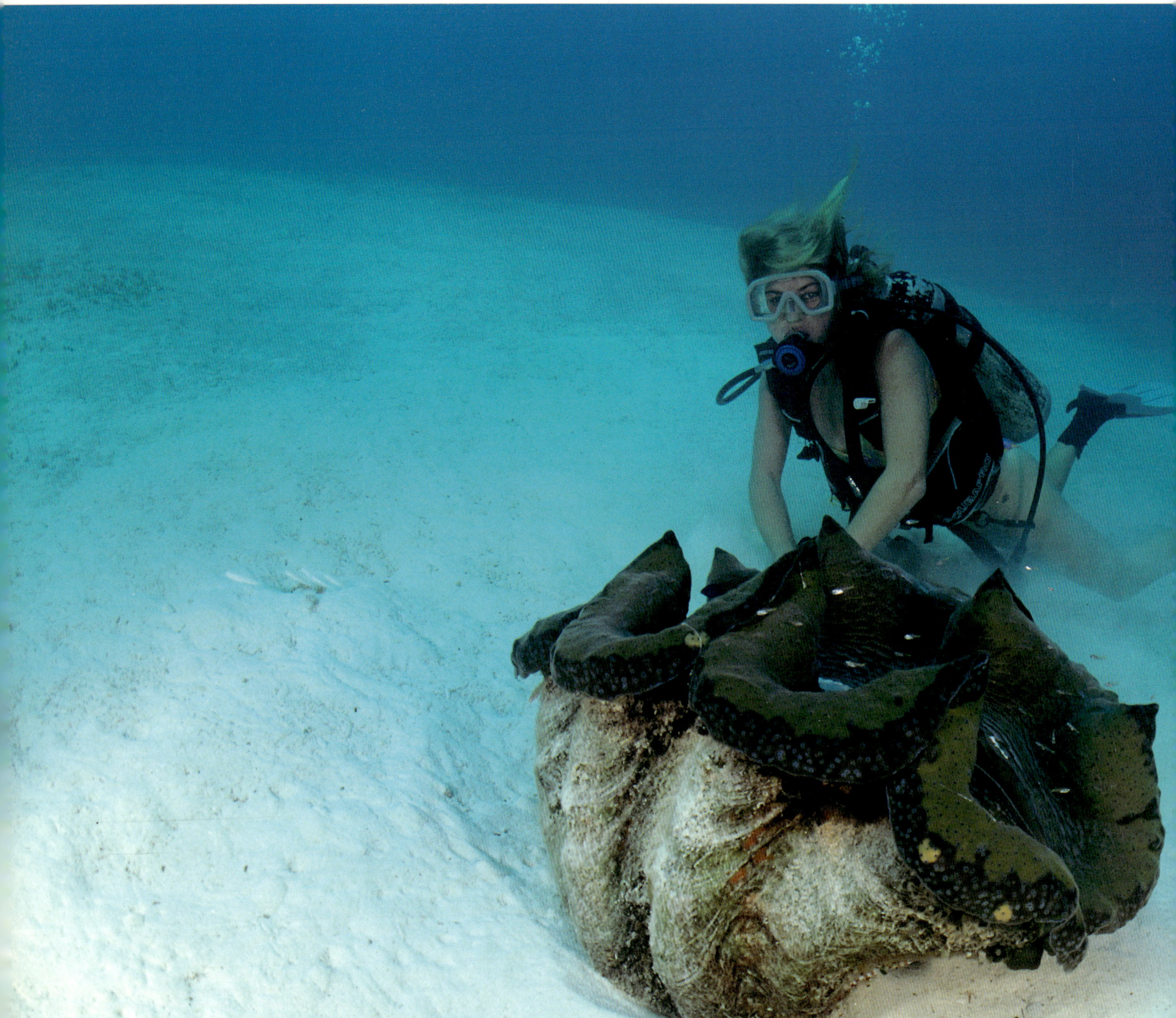

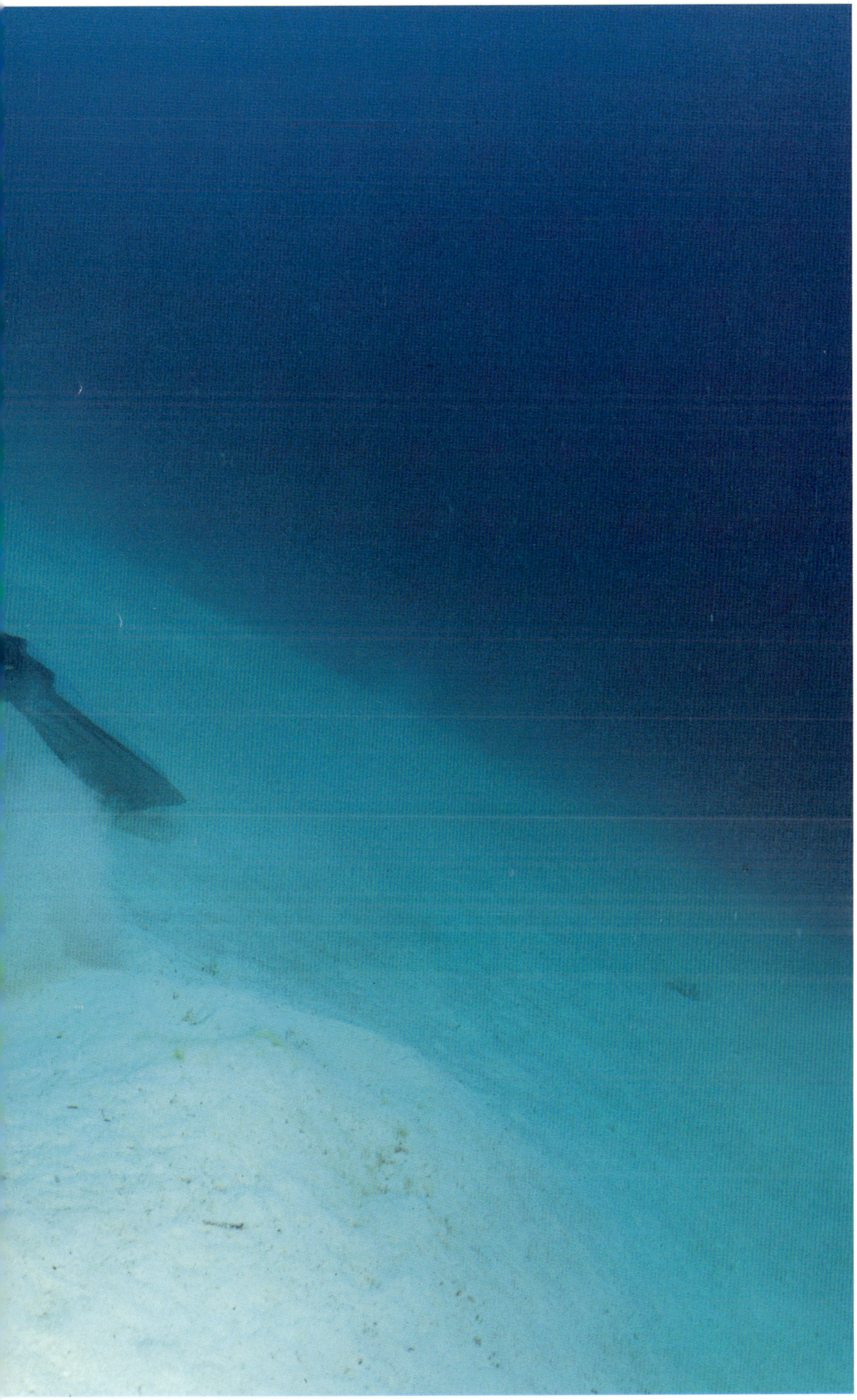

Giant clam, *Tridacna gigas*

Bénitier, *Tridacna gigas*

Tridacna, *Tridacna gigas*

Ameijoa gigante, *Tridacna gigas*

Riesenmuschel, *Tridacna gigas*

حلزون عملاق
Tridacna gigas

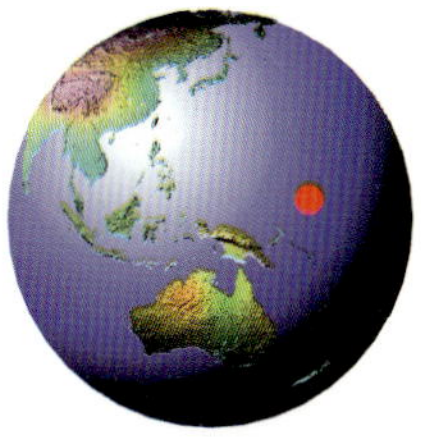

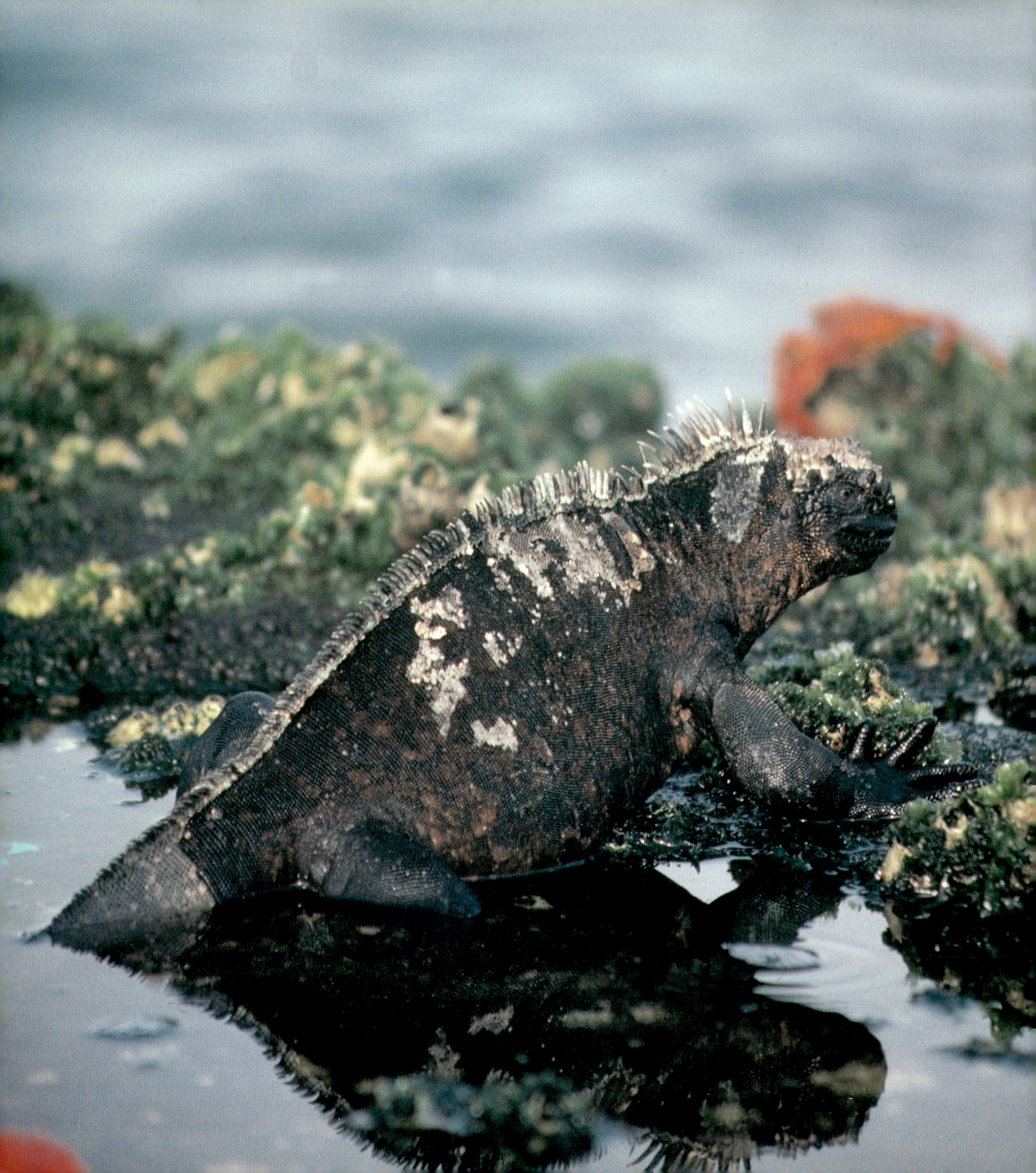

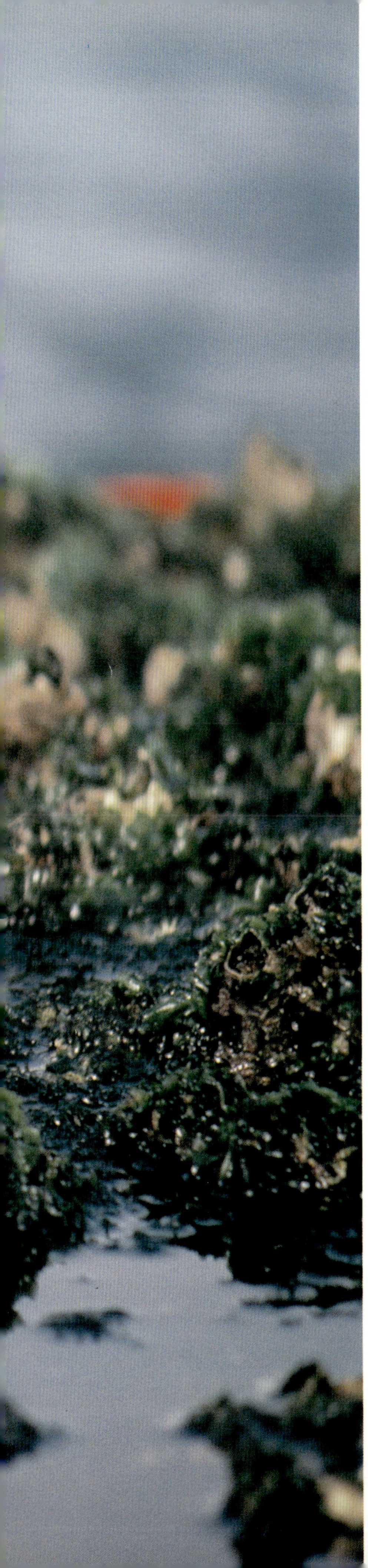

Marine iguanas feed on algae at low-tide in the Galapagos islands

Lézards de mer se nourrissant d'algues à marée basse dans les îles Galapagos

Iguana marina alimentándose de algas durante la marea baja en las islas Galápagos

Iguanas marinhas alimentando-se de algas na maré-baixa, Galápagos

Seeleguane ernähren sich auf den Galapagos-Inseln bei Ebbe von Algen

عظاءة بحرية تأكل الطحالب في مياه المد المنخفض في جزر جالاباجوس

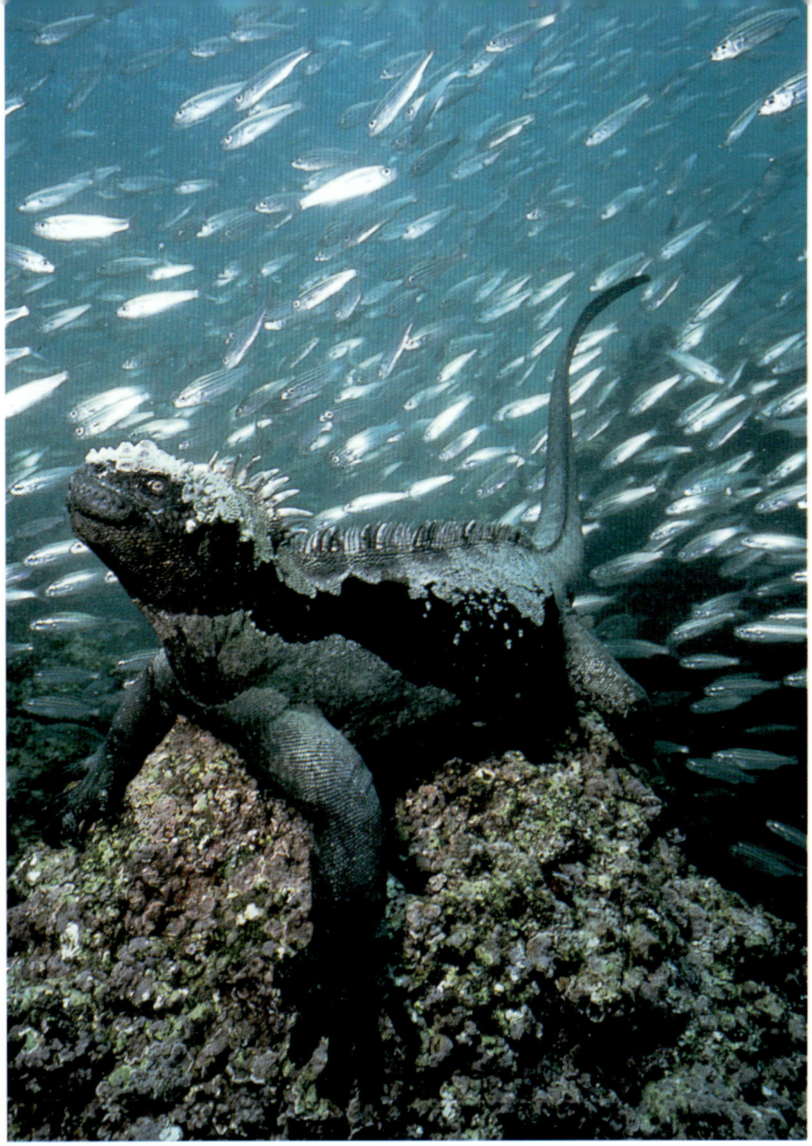

Marine iguana underwater

Lézard de mer sous l'eau

Iguana marina bajo el agua

Iguana marinha submersa

Seeleguan unter Wasser

عظاءة بحرية تحت الماء

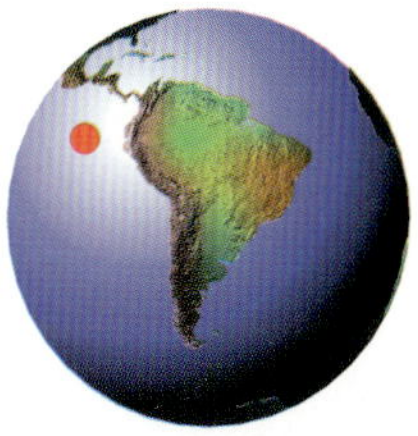

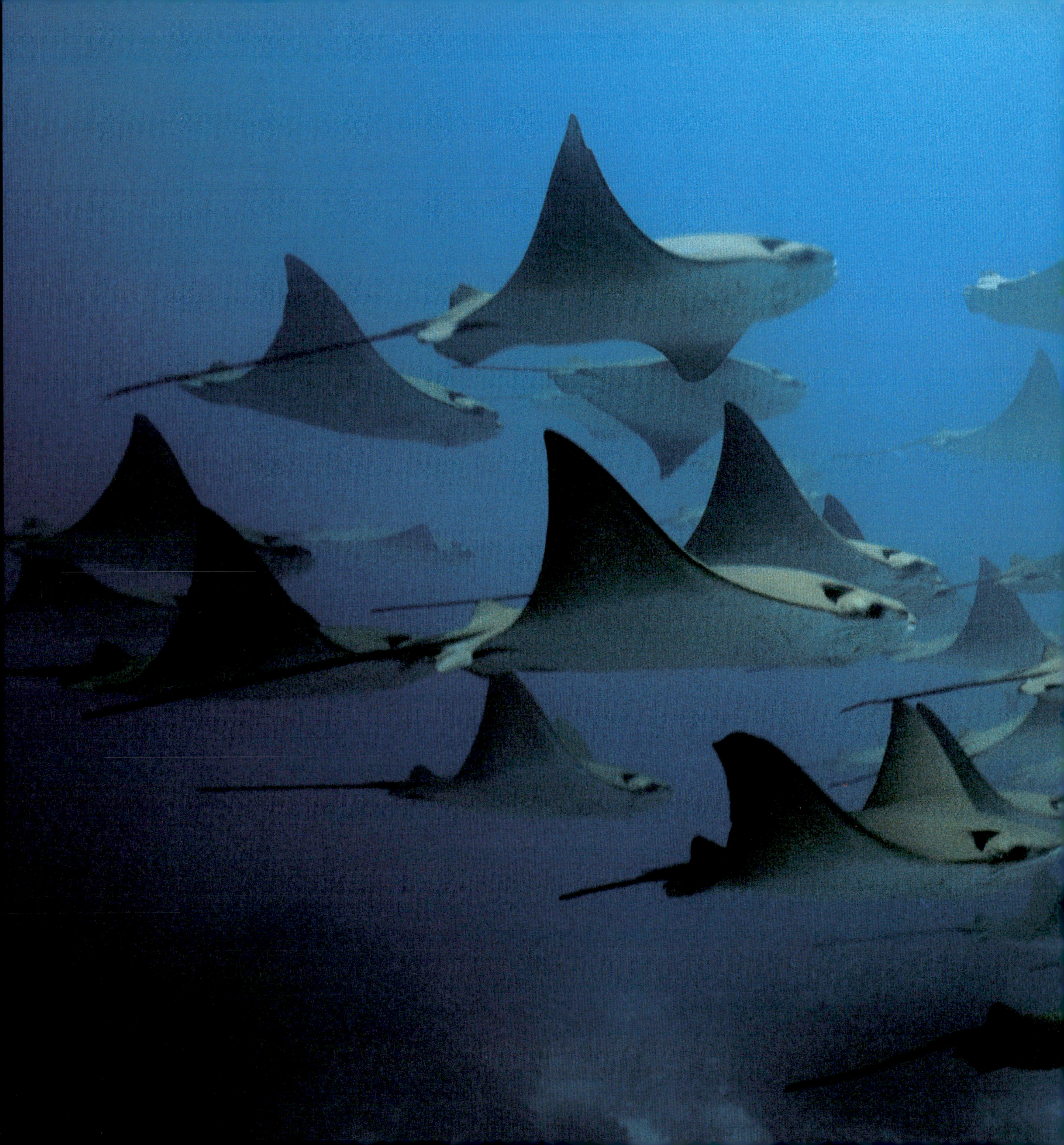

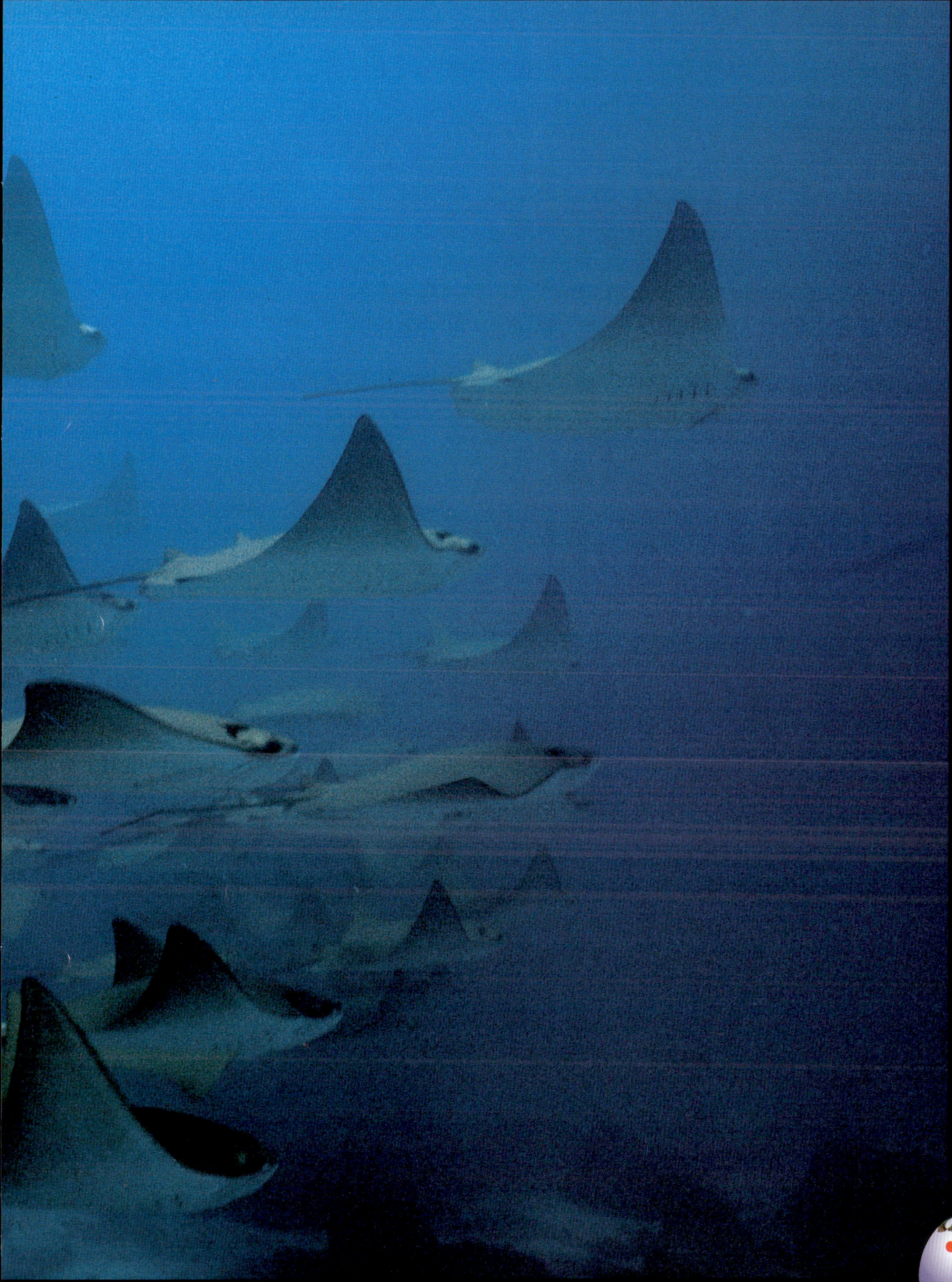

Bat rays schooling, *Myliobatus californica*

Banc de raies, *Myliobatus californica*

Banco de rayas murciélago, *Myliobatus californica*

Manta, *Myliobatus californica*

Ein Schwarm von Fledermaus-Rochen, *Myliobatus californica*

تجمّع لشفنين بحري *Myliobatus californica*

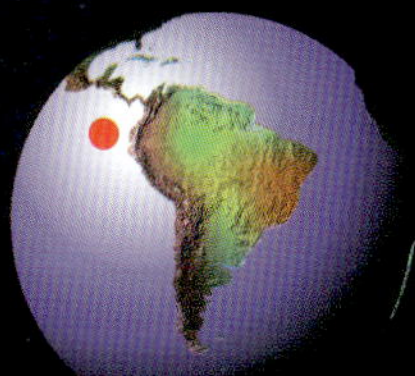

Galapagos sea lion playing

León marino de Galápagos jugando

Spiel von Seelöwen auf Galapagos

Otarie des Galapagos jouant

Leão-marinho de Galápagos brincando

أسد البحر

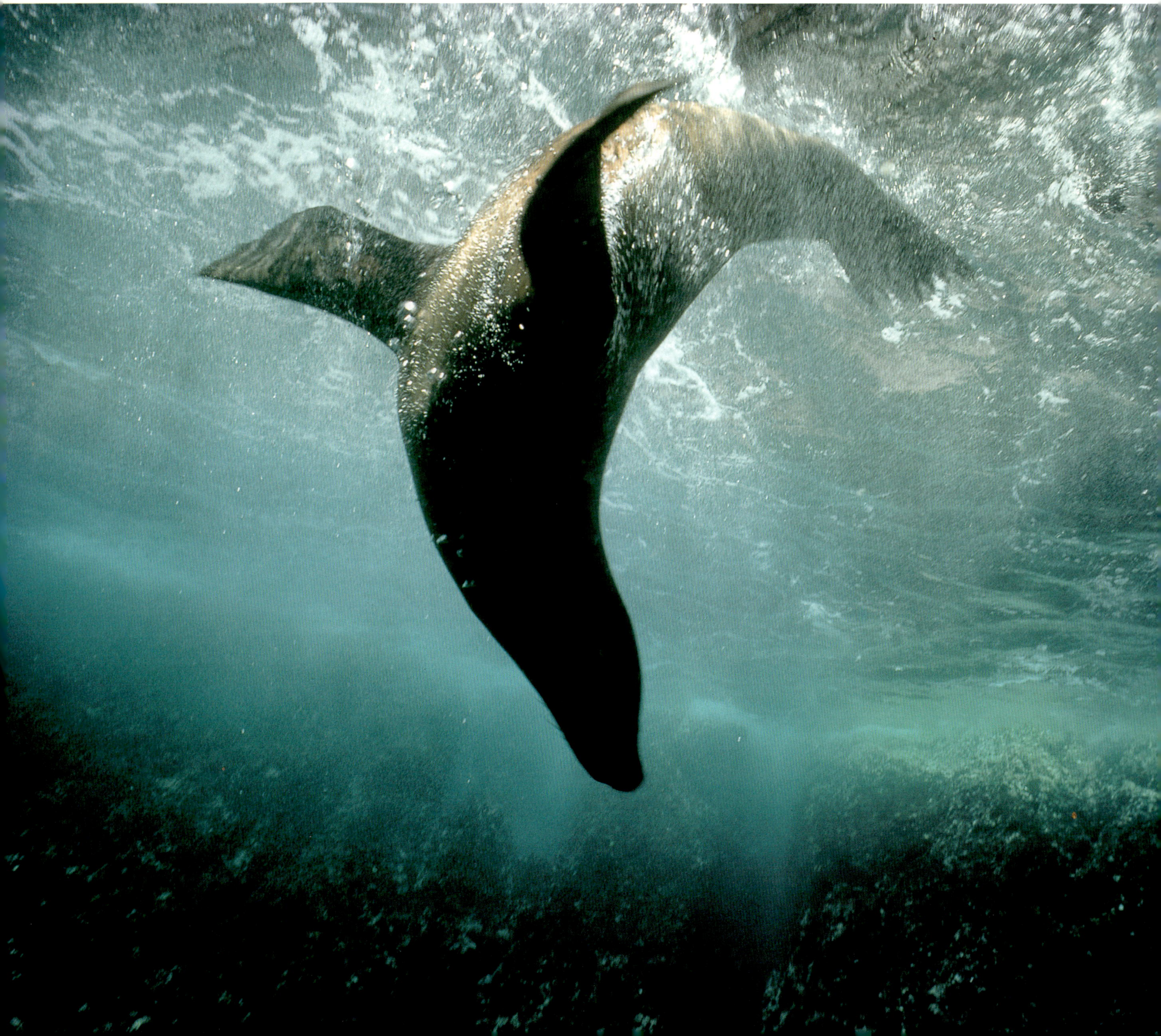

Californian (Galapagos) sea lion with young

Otarie de Californie (Galapagos) et son petit

León marino de California (Galapagos) con jóvenes

Leão-marinho da Califórnia (Galápagos) com cria

Kalifornischer Seelöwe mit Jungtieren

أسد البحر مع صغيره

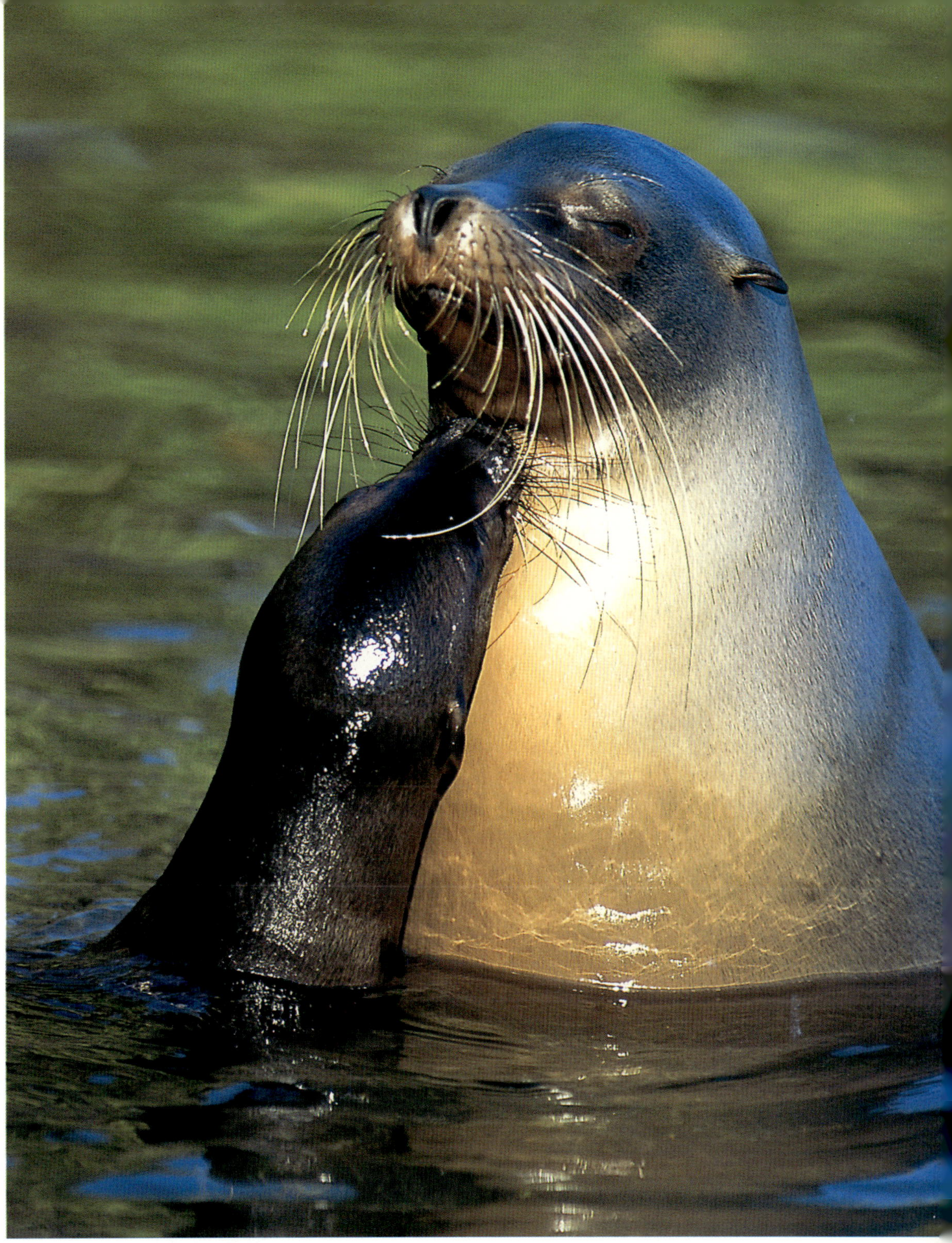

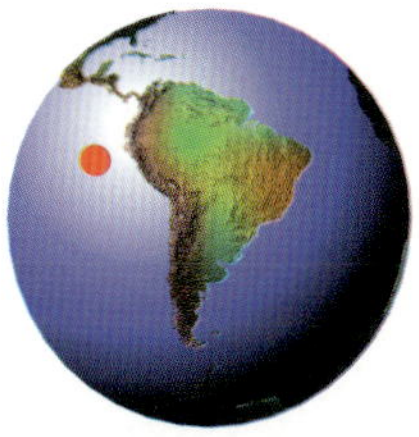

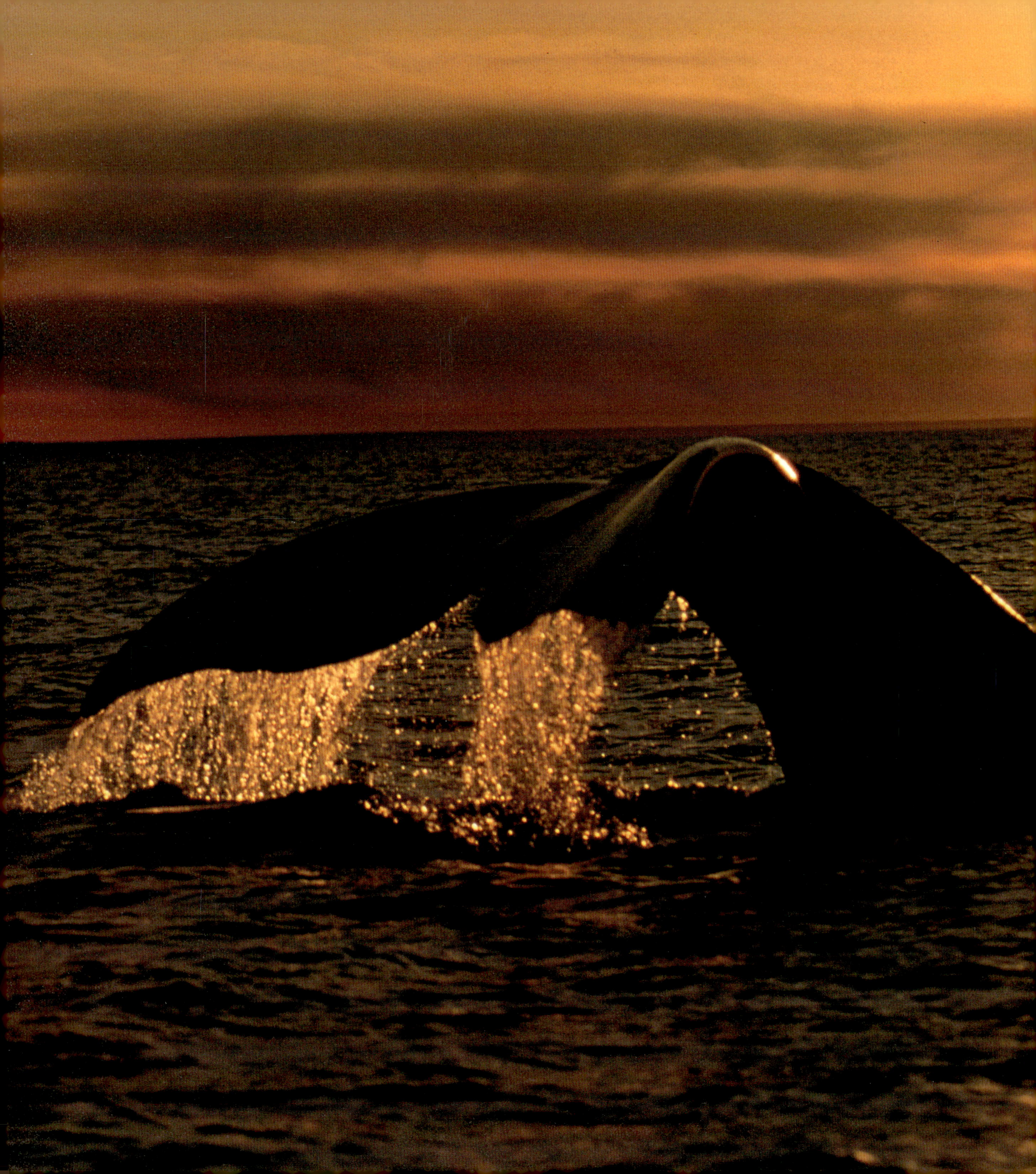

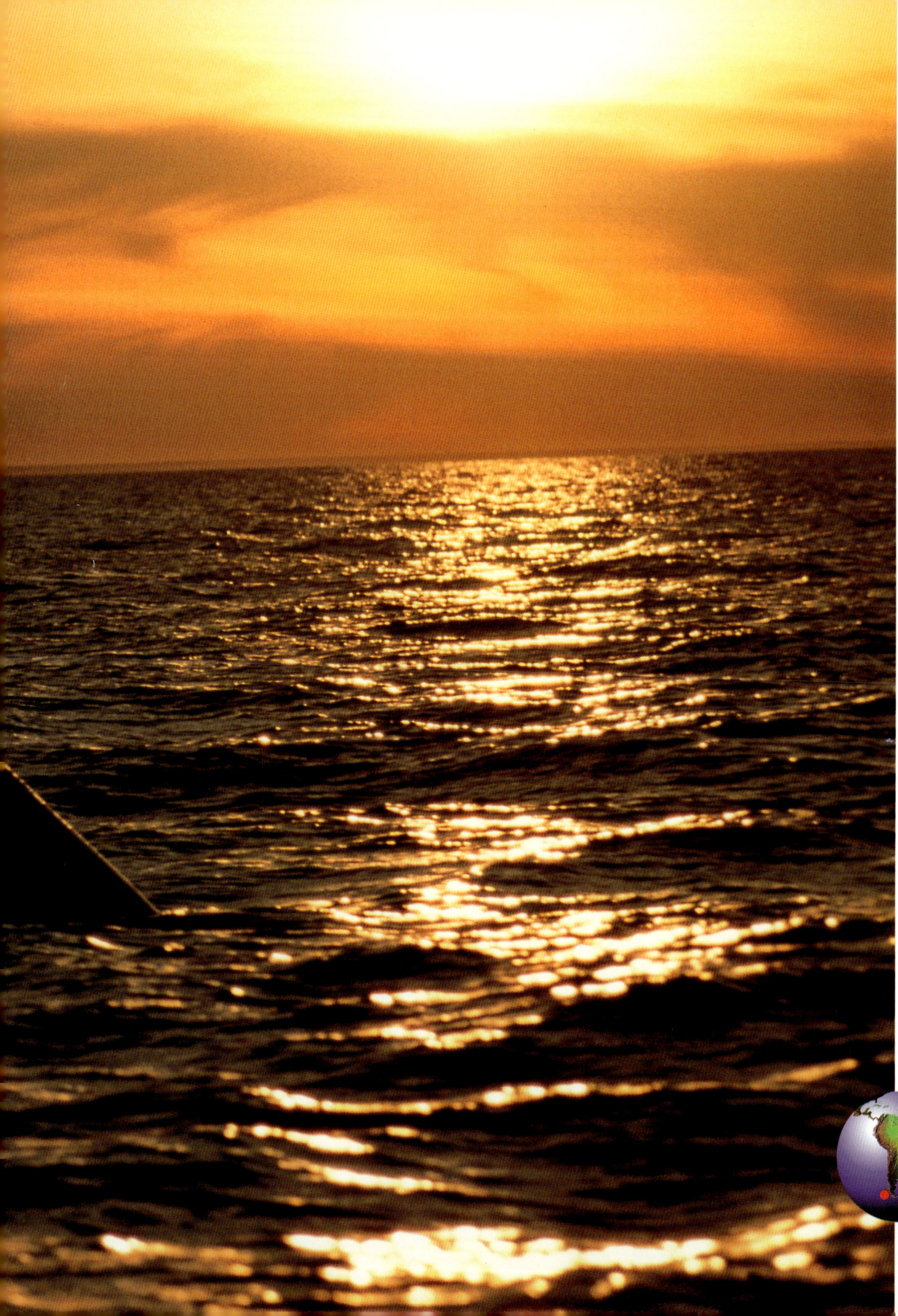

Southern right whale fluke

Nageoire de baleine

Platija ballena del Sur

Baleia-assassina atacando leão-marinho

Schwanzflosse eines südlichen Glattwals

قطيع من الحيتان الجنوبية

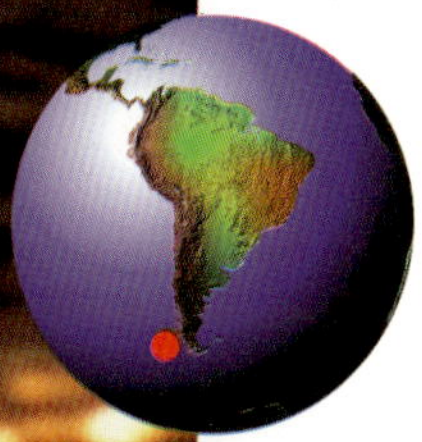

Killer whale
attacking sea lion

Epaulard attaquant
une otarie

Ataque de orca a
león marino

Baleia-assassina
atacando leão-
marinho

Ein Schwertwal
greift einen
Seelöwen an

حوت قاتل يهاجم
اسد البحر

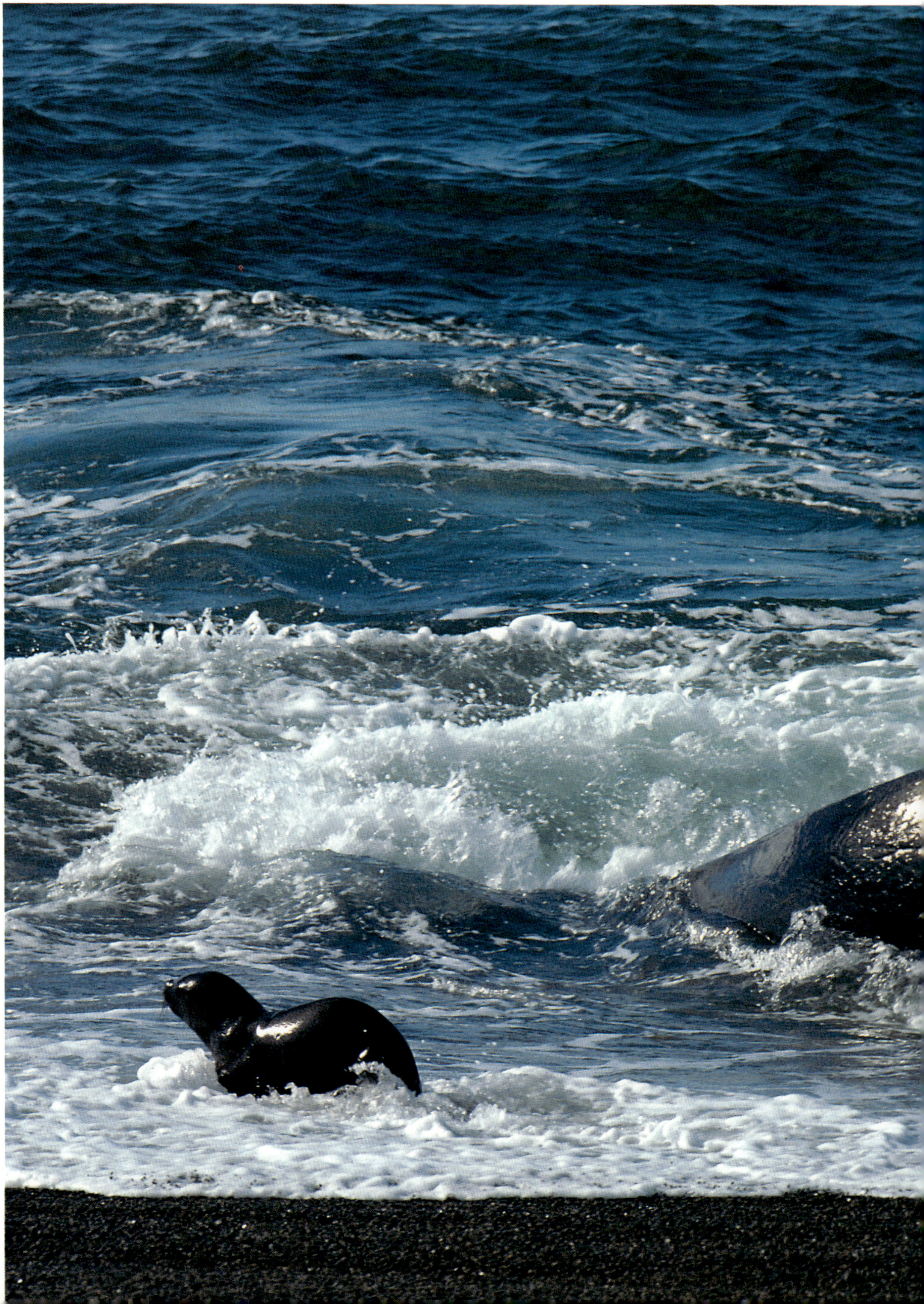

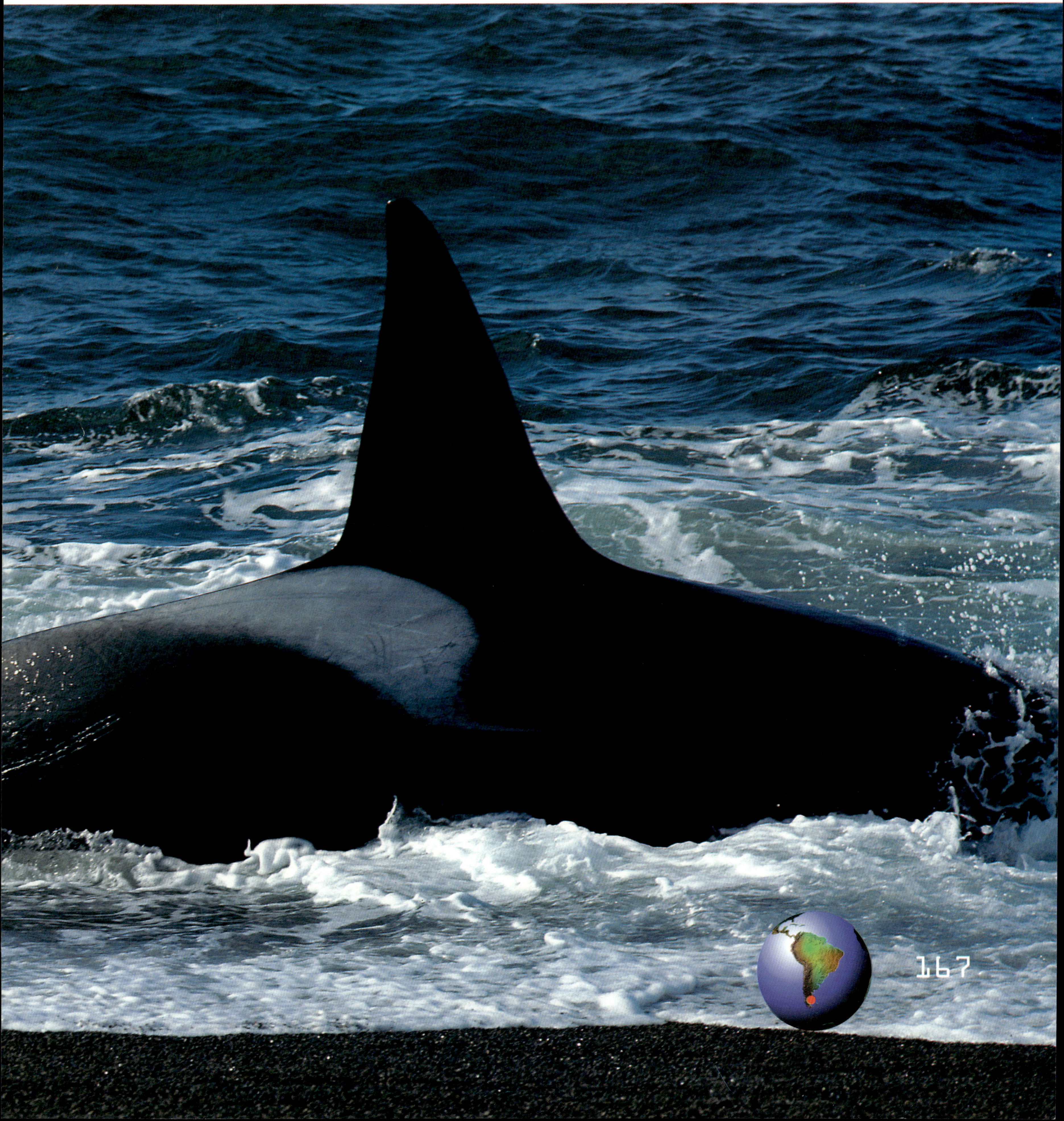

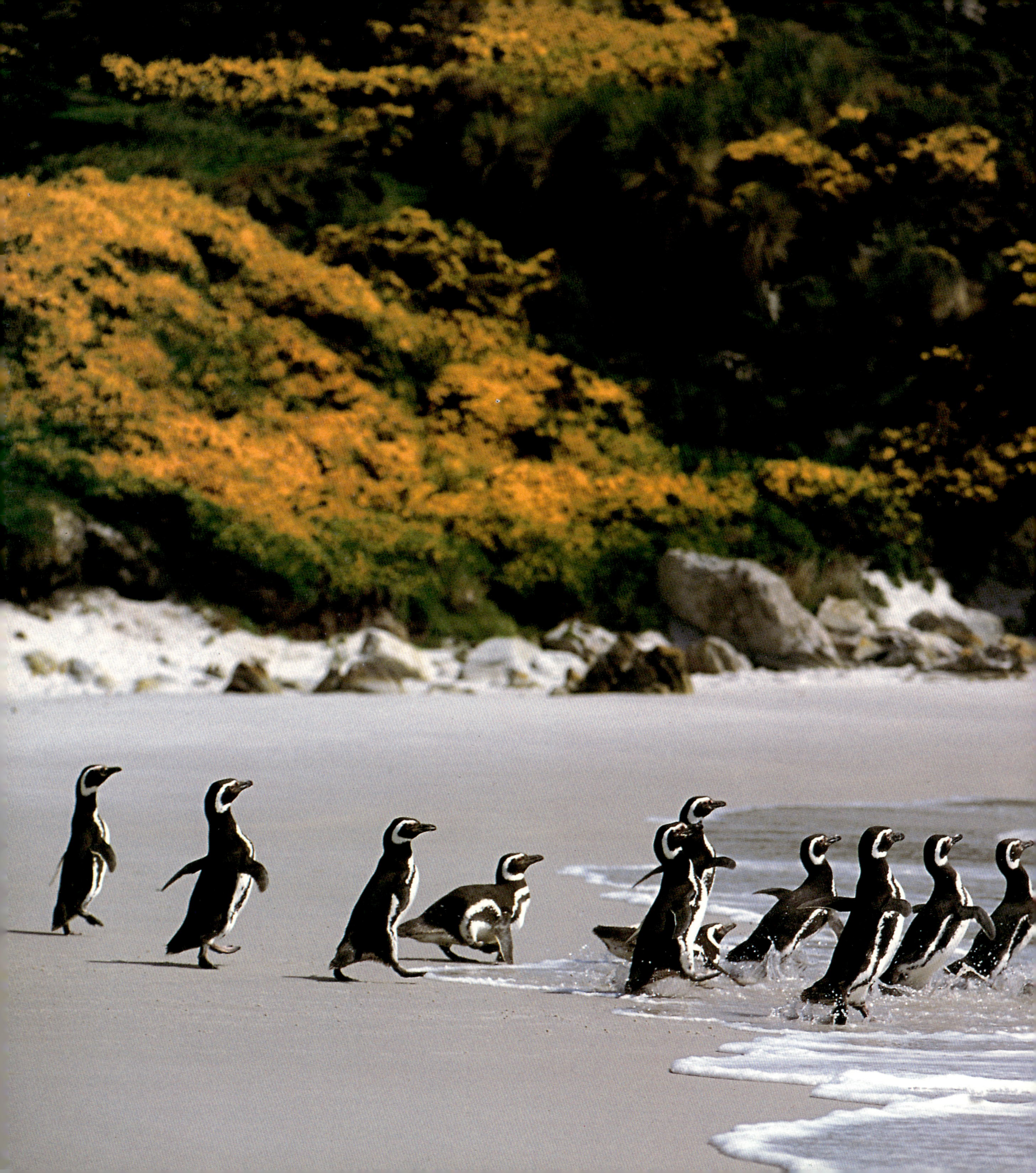

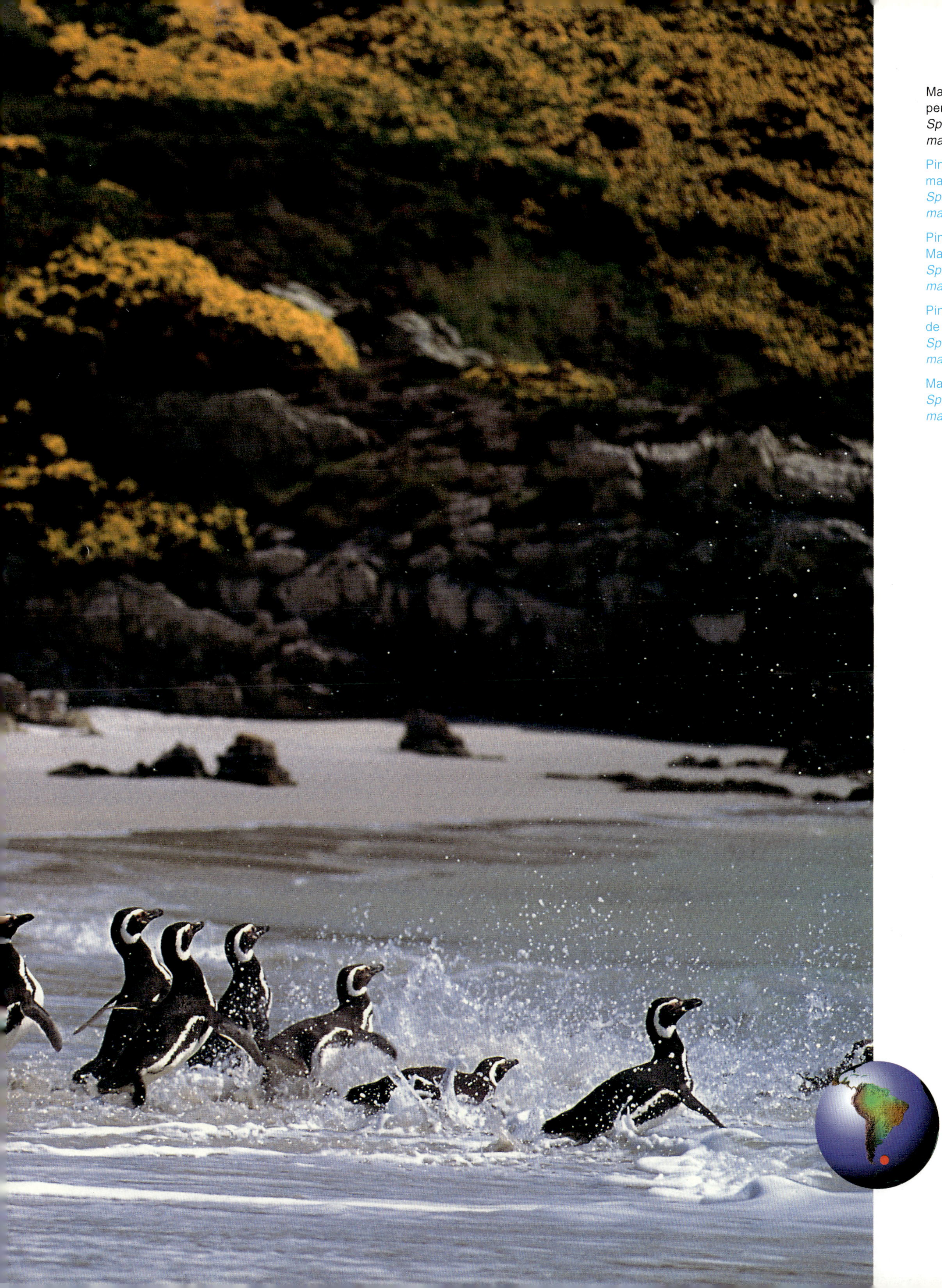

Magellanic
penguins,
*Spheniscus
magellani*

Pinguoins
magellaniques,
*Spheniscus
magellani*

Pingüinos de
Magallanes,
*Spheniscus
magellani*

Pinguins do Estreito
de Magalhães,
*Spheniscus
magellani*

Magellanpinguine,
*Spheniscus
magellani*

الأكتع الماجلاني
(البنجوان)
*Spheniscus
magellani*

Eastern stargazer,
Kathetostoma laeve

Uranoscope,
Kathetostoma laeve

Kathetostoma laeve

Kathetostoma laeve

Himmelsgucker,
Kathetostoma laeve

السمك النجّام
Kathetostoma laeve

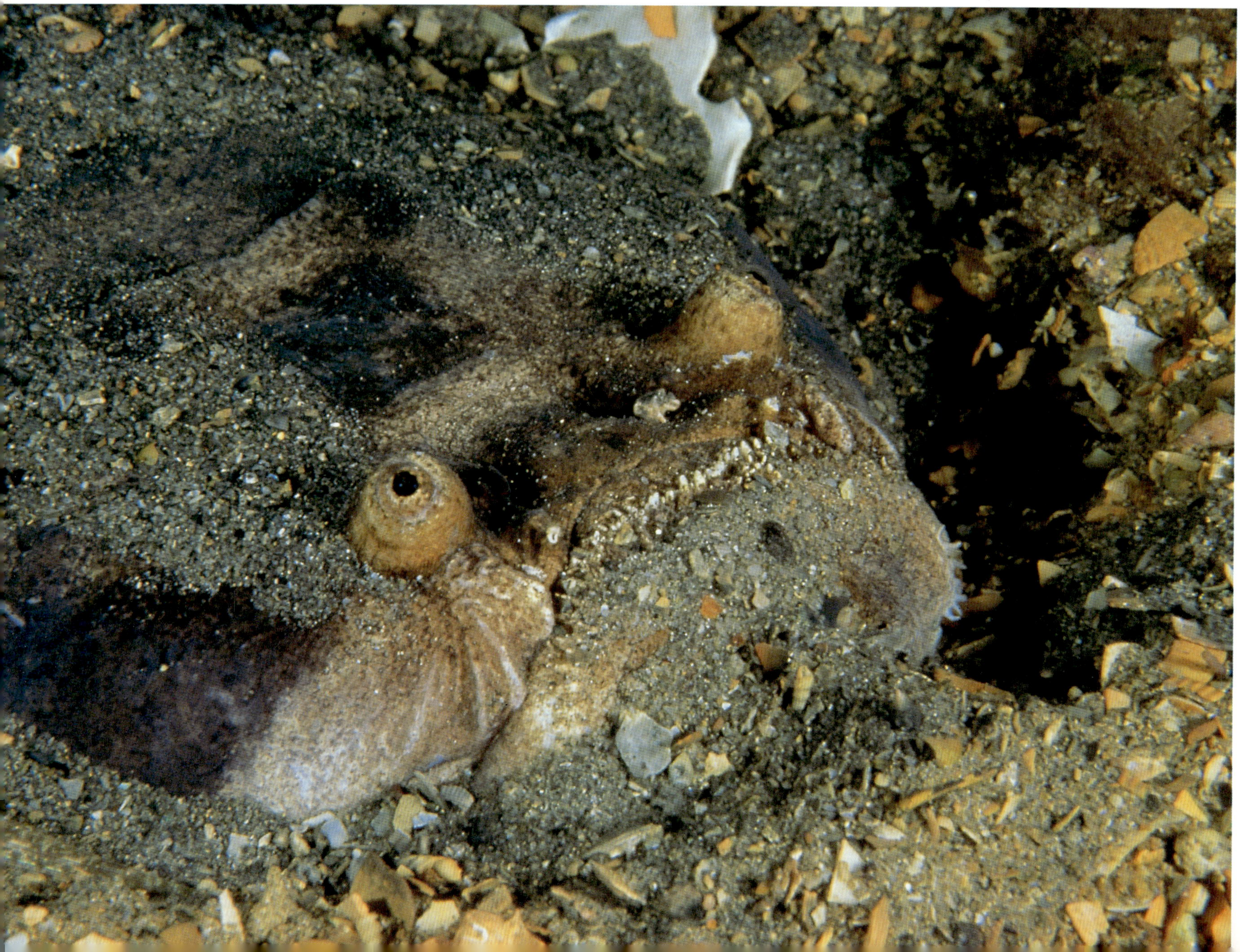

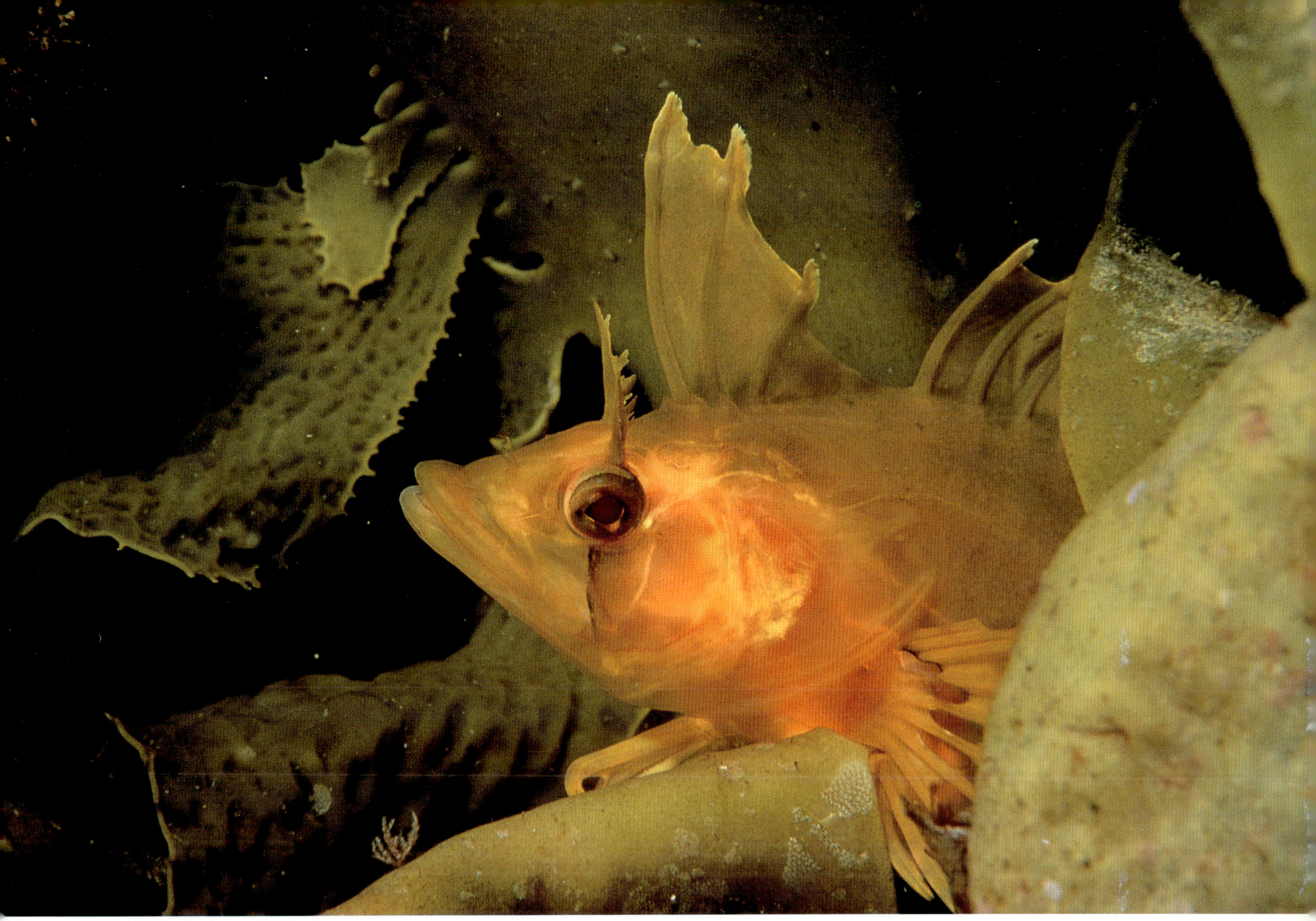

Sharp-nosed
weedfish,
Heteroclinus tristis

Heteroclinus tristis

Heteroclinus tristis

Heteroclinus tristis

Heteroclinus tristis

سمك الاعشاب الحاد
الانف
Heteroclinus tristis

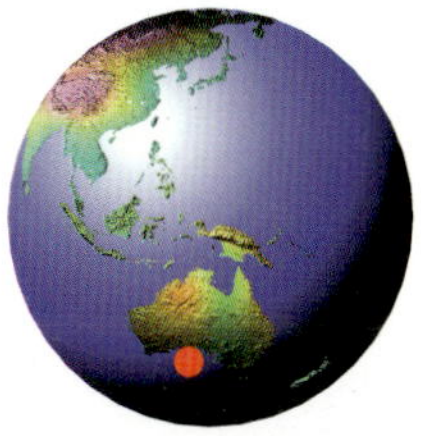

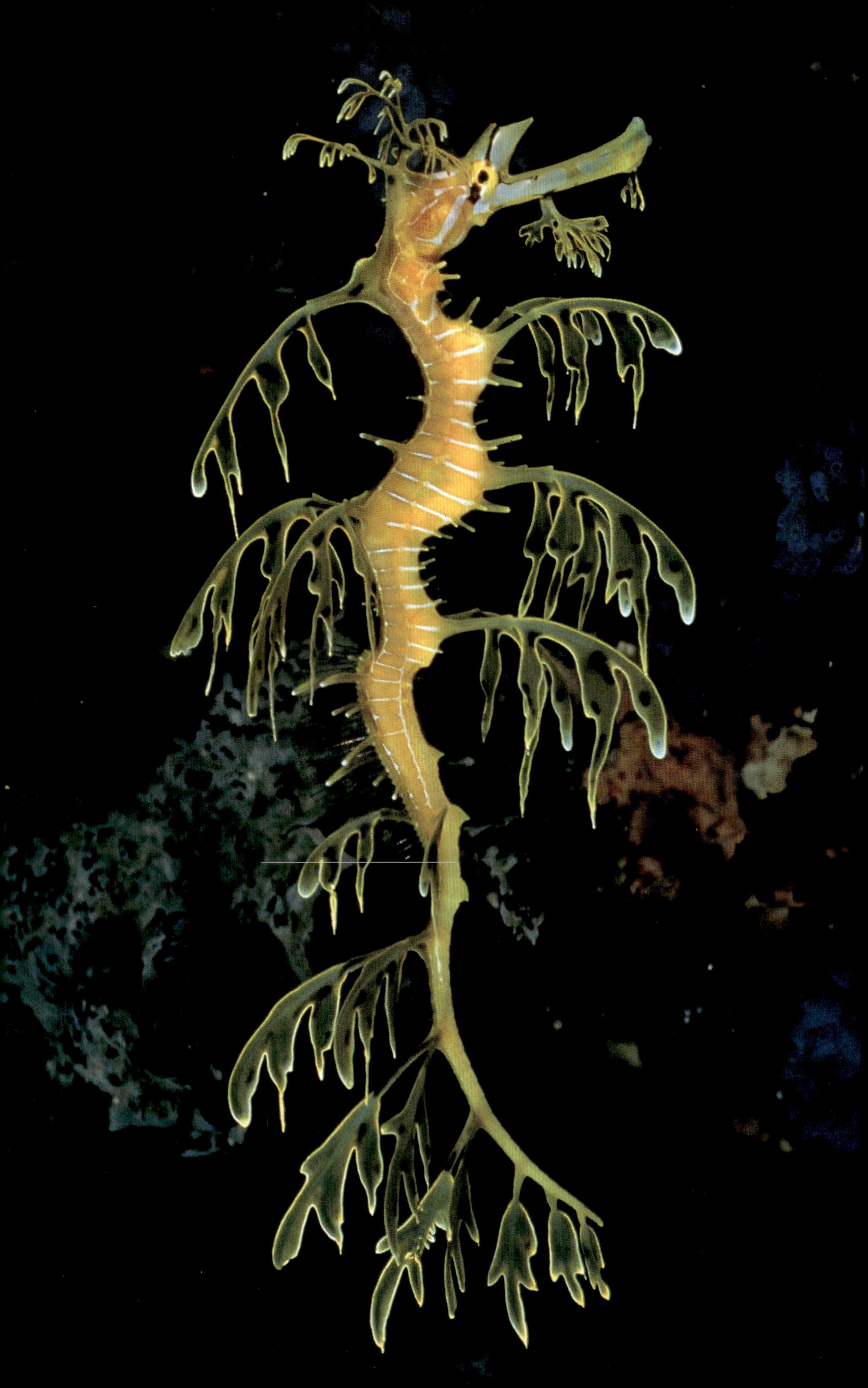

Juvenile leafy dragonfish, *Phycodurus eques*

Jeune dragon des mers, *Phycodurus eques*

Ejemplar joven de *Phycodurus eques*

Jovem peixe-dragão, *Phycodurus eques*

Junger Drachenfisch, *Phycodurus eques*

صغير سمك التنين الورقي
Phycodurus eques

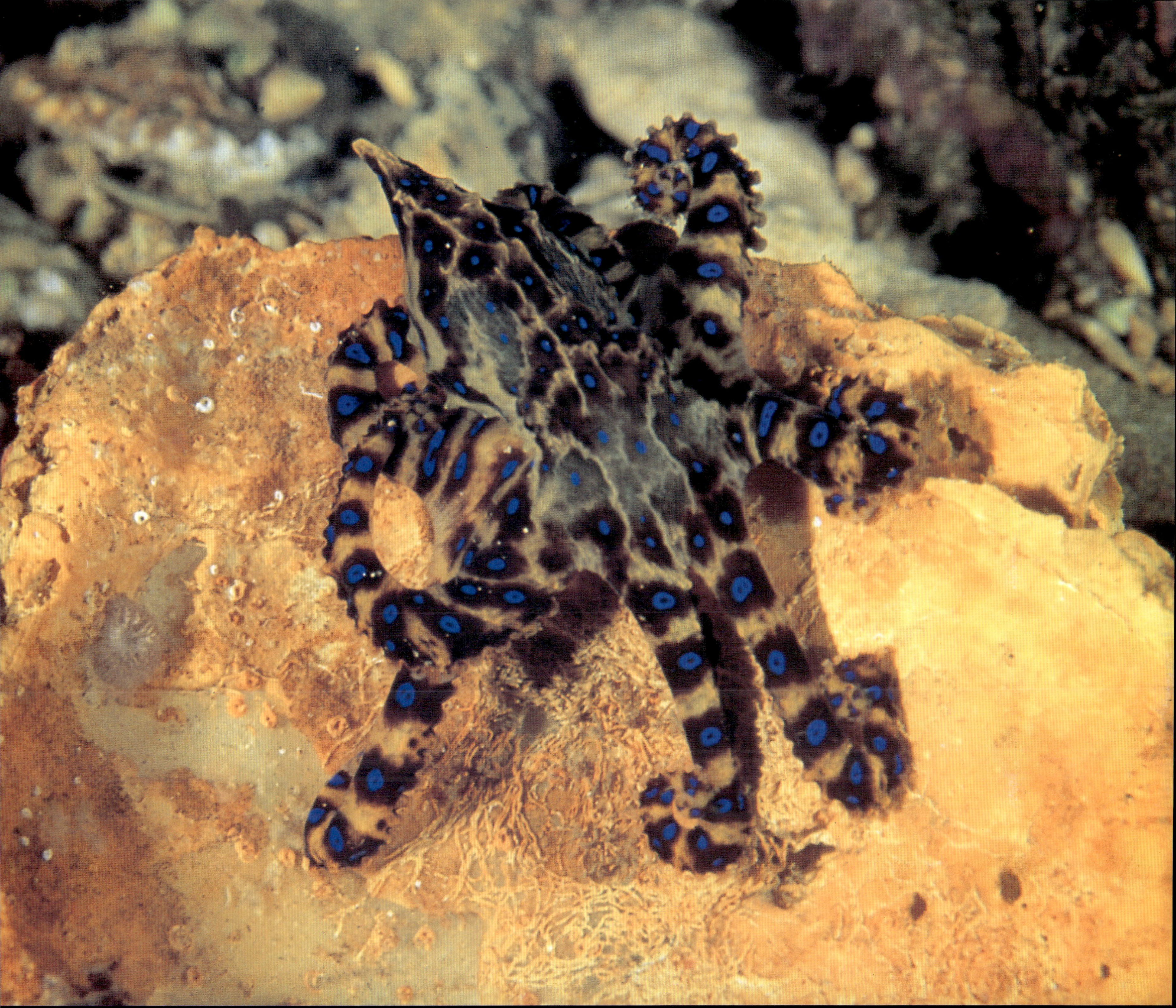

Southern blue-ringed octopus, *Hapalochlaena maculosa*

Pieuvre à anneaux bleus du sud, *Hapalochlaena maculosa*

Pulpo de anillos azules del sur, *Hapalochlaena maculosa*

Polvo de anéis azuis do sul, *Hapalochlaena maculosa*

Südliche Blauringkrake, *Hapalochlaena maculosa*

اخطبوط جنوبي ازرق
Hapalochlaena maculosa

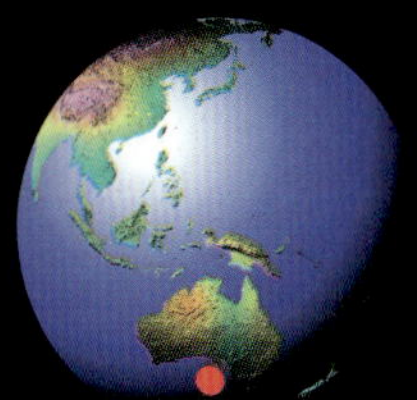

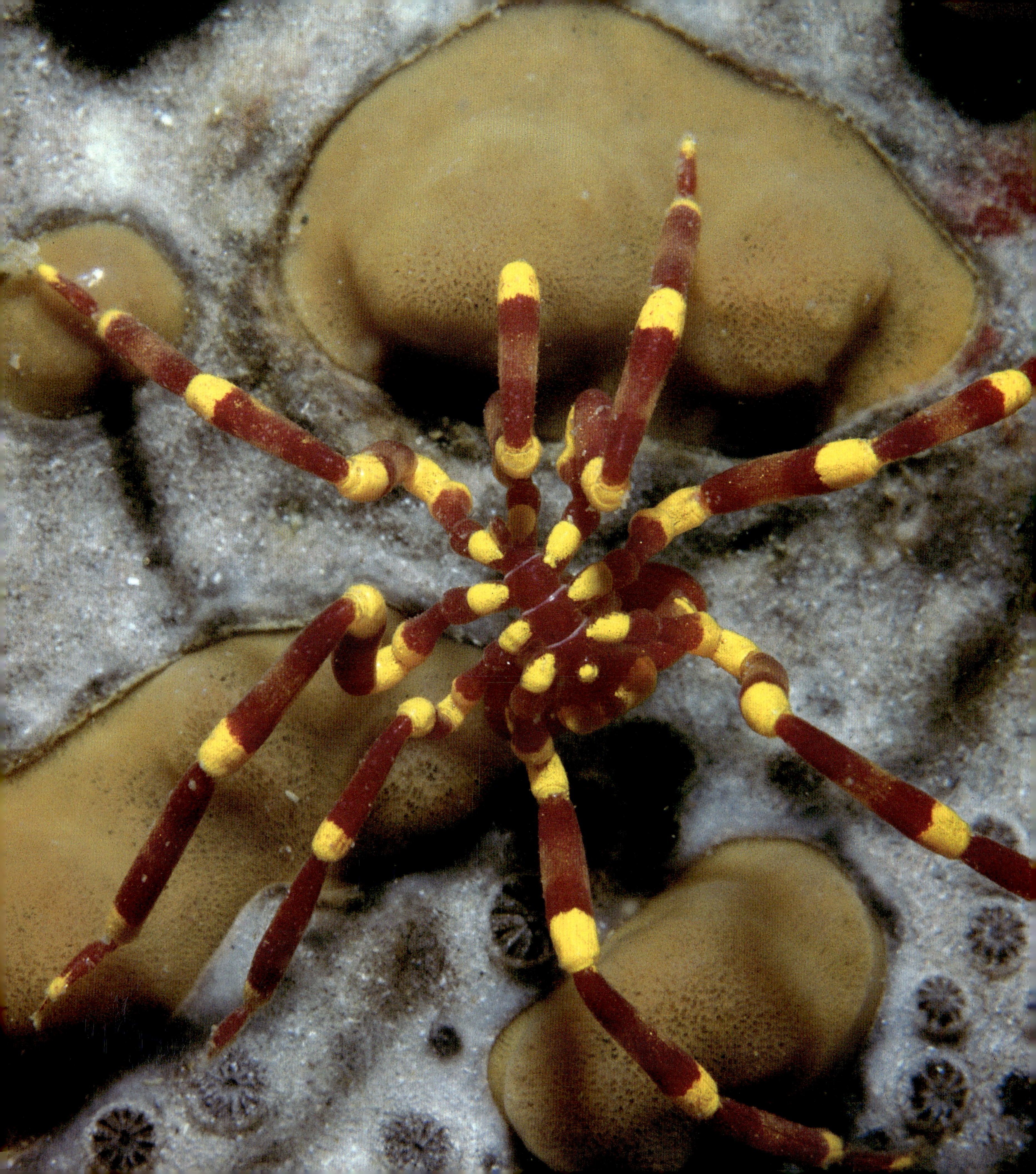

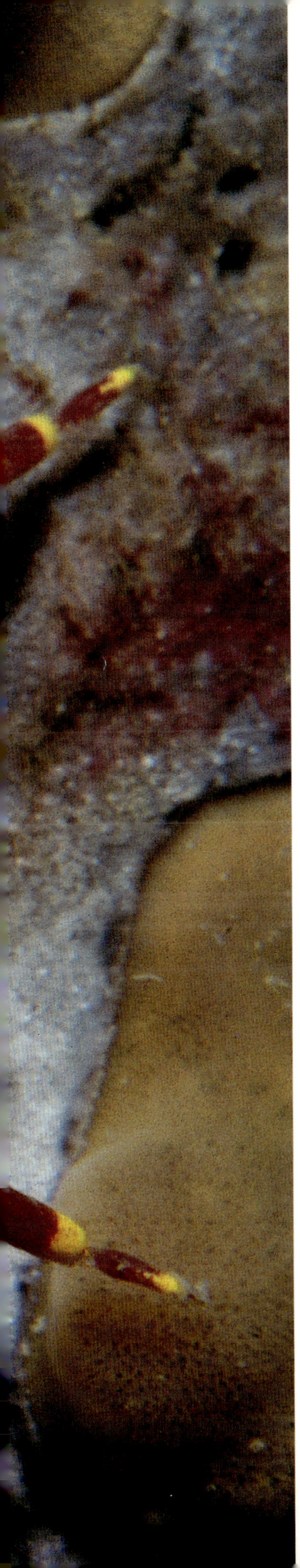

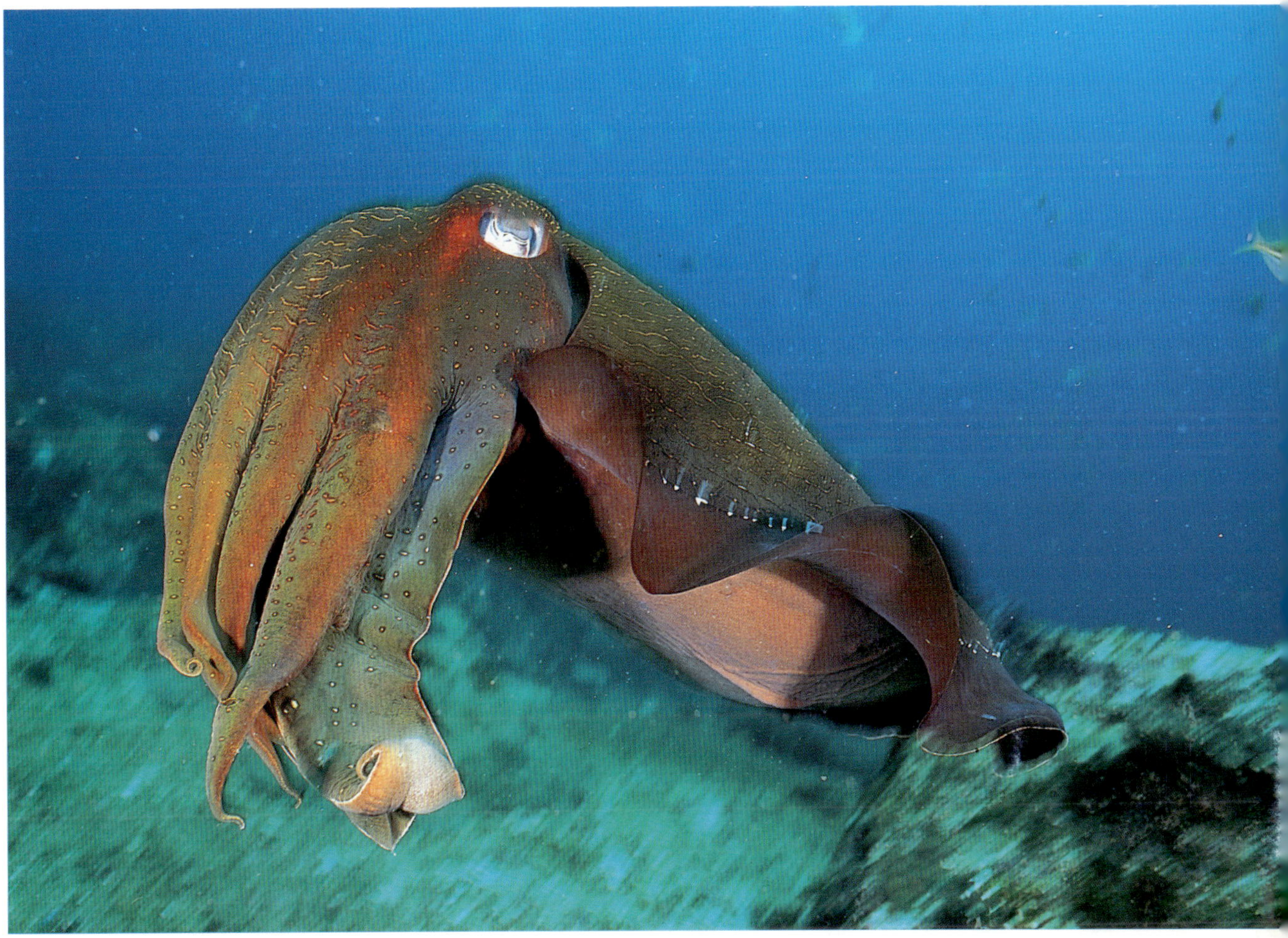

Giant cuttlefish, *Sepia apama*

Seiche géante, *Sepia apama*

Sepia gigante, *Sepia apama*

Sita gigante, *Sepia apama*

Riesentintenfisch, *Sepia apama*

حبّار عملاق
Sepia apama

Sea spider, Pycnogonidae

Araignée de mer, Pycnogonidae

Araña de mar, Pycnogonidae

Aranha-do-mar, Pycnogonidae

Seespinne, Pycnogonidae

عنكبوت بحري

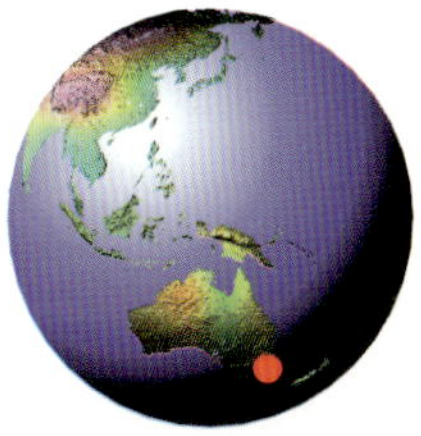

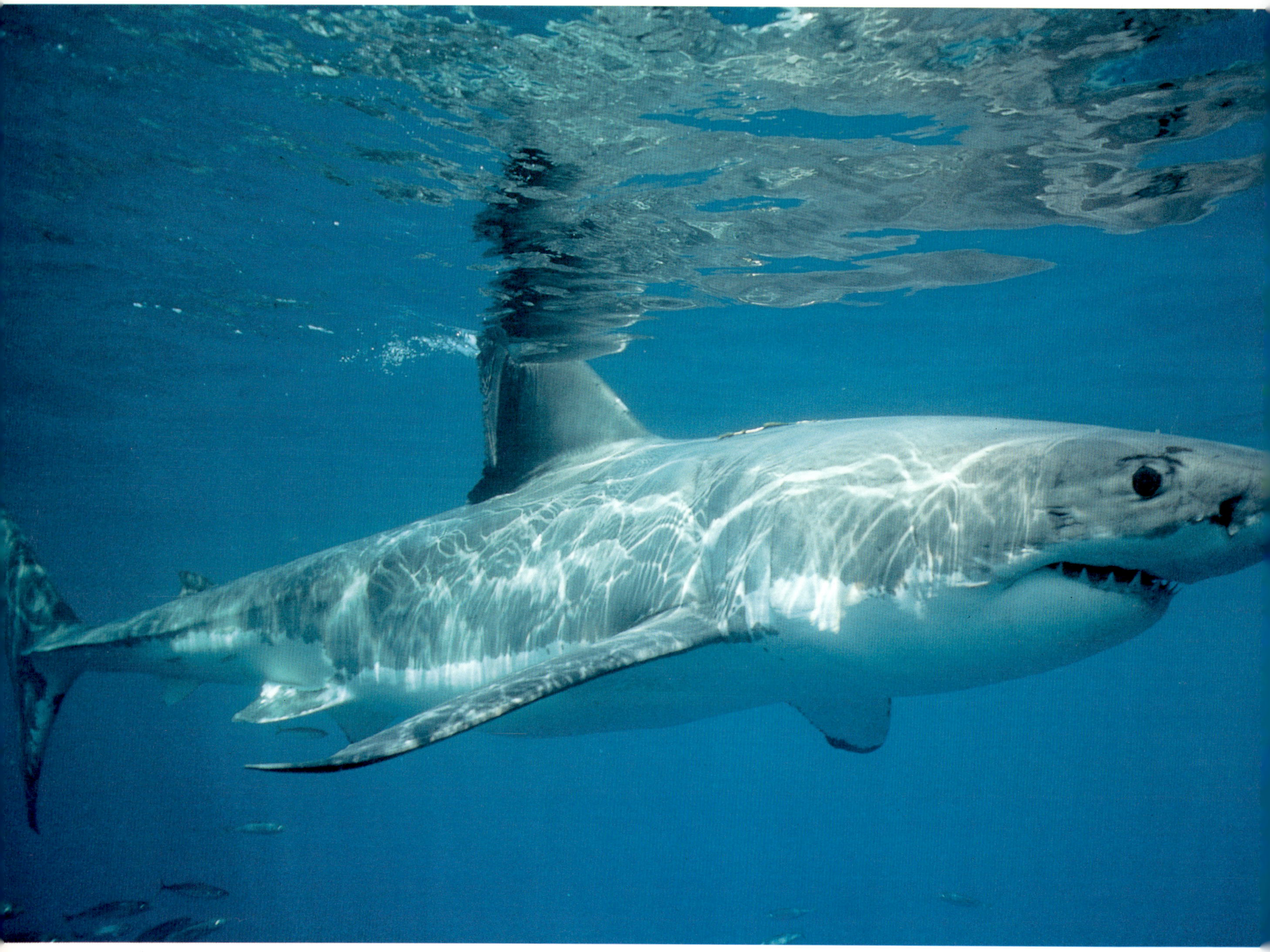

Great white shark, *Carcharodon carcharias*

Requin blanc, *Carcharodon carcharias*

Tiburón blanco, *Carcharodon carcharias*

Grande tubarão-branco, *Carcharodon carcharias*

Weißhai, *Carcharodon carcharias*

قرش ابيض ضخم *Carcharodon carcharias*